江戸三〇〇藩 最後の藩主

うちの殿さまは何をした?

八幡和郎

光文社新書

目次

第四章　情報不足が戊辰戦争の悲劇を生んだ ―― 161

【コラム】

（写真・資料提供）
松平容保写真：会津武家屋敷蔵
毛利敬親写真：毛利博物館蔵
徳川慶勝写真：徳川林政史研究所蔵
徳川慶喜写真：茨城県立歴史館蔵
山内豊範写真：土佐山内家宝物資料館蔵
蜂須賀茂韶写真：徳島城博物館蔵
江戸城写真「旧江戸城写真帖」：東京国立博物館蔵
高知城写真：土佐山内家宝物資料館蔵
若松城写真：会津若松市蔵
徳島城写真：徳島城博物館蔵
名古屋城写真：徳川林政史研究所蔵

はじめに　三〇〇藩の殿さまが見た幕末維新

ペリー来航という事件をきっかけに、泰平の眠りにあった東洋の小さな島国は、わずか半世紀にして世界屈指の強国に変身する革命の嵐に突入した。わずか四隻の軍艦が世界史を変えたとすればまことに不思議なことだが、この黒船来航が大騒動となって幕府の終焉につながるドラマの始まりになったのは、幕府と殿さまたちのなんとも日本的な対応がゆえであった。

老中首座・阿部正弘《あべまさひろ》たちは、オランダによるペリー来航の予告を無責任に聞き流した。そして、いざ黒船が現われると、狼狽して方針もないまま外様大名などにまで善後策をアンケートするという奇想天外で無責任な行動に出てしまい、それこそ百家争鳴で国内統制が取れなくなった。それまで幕府に意見を言うなど畏れ多くてできなかった殿さまたちが、一気に意識のうえで自立してしまったことが、もともと裸の王様だった幕閣の権威を粉々にしてしまった。

黒船来航に始まり廃藩置県に至るまでの怒濤の時代は、討幕派の志士たちと、そのライバルである「新撰組」や「白虎隊」のような幕府方の武士たちの死闘として語られるのが普通だが、江戸時代にあってそれぞれの地方の絶対君主だった殿さまたちの視点で幕末維新のドラマが何だったのかを見ていけば、目から鱗が落ちるような新しい発見がいくらでもあるはずである。

しばしば、日本がいまの泥沼から再生するかどうかは、薩長土肥《さっちょうどひ》のような地方の力が花開くかどうかにかかっているといわれる。市民レベルの覚醒とともに元気な知事や市町村長が注目されているが、維新の志士になぞらえるべき市民とともに、いまの知事や市長にあたる当時の大名たちが、黒船来航に始まる危機にどう立ち向かい、新しい時代を創るためにどのような役割を果たしたか知ることは、今日的な意味のないことではあるまい。

もちろん、諸侯のなかには、島津斉彬《しまづなりあきら》、徳川斉昭《とくがわなりあき》、山内容堂《やまのうちようどう》、井伊直弼《いいなおすけ》、松平容保《まつだいらかたもり》といった個性豊かでよく知られた人々もいる。だが、彼らのような例外的な存在にだけスポットライトを当ててしまうと、明治維新というものがこの国にとって何であったのか正しく理解することができなくなってしまう。本書では、平凡な殿さまも含めた三〇〇諸侯すべてについて人間模様を追ってみよう。

なお、本書では年代はすべて西暦に統一した。別に政治的な主張からではない。水野忠邦《みずのただくに》の改革が行われた天保《てんぽう》時代は一五年までである。ところが、嘉永《かえい》年間のペリー来航から戊辰《ぼしん》戦争まではわずか一四年間しかないのに、その間に安政《あんせい》、万延《まんえん》、文久《ぶんきゅう》、元治《げんじ》、慶応、明治と六回も改元されているのだ。このように元号が頻繁にかわると随分と長い年月だと誤解してしまう。そういうことを避けたいと思ったから、あえて西暦を採用した。

また、ひとことで三〇〇藩というが、幕末維新期には細かく出入りがある。ここでは、一八六八年一月に御三家付家老各家が、翌月に岩国の吉川《きっかわ》家が諸侯として認められ、さらに同年中に出羽《でわ》の生駒《いこま》家など交代寄合と呼ばれた高禄の旗本が大名扱いされたところまですべてを含めた。石高も幕末維新期には頻繁に賞罰が出されて出入りがあるのだが、それ以前のものがなじみが深いので、原則としてはそれで記しておいた。

預かり米などという制度の存在も含めて、石高についてはいろいろなとらえ方ができるところであり、たとえば彦根藩など、二〇万石から三五万石までどの時点で何万石だったのか、郷土史家などの間でも意見が分かれてしまうほどである。研究書でもないので、あまり厳密にどの時点でということにはしていないので断っておきたい。

藩名については、藩庁所在地名を基本としたが、尾張藩や土佐藩のように旧国名などが一般に親しまれているような場合は例外とした。また、かつては、讃岐を讃州《さんしゅう》といったように呼ぶことが多かったが、最近は少なくなっているので避けたのだが、長州と紀州については例外的に採用した。

〝最後の藩主〟をどの時点で捉えるかだが、実質的には、大政奉還と王政復古の直後である一八六七年末あたりがよいのでないかと考え、第三章から第六章における各藩についての説明で、彼らについて太字で記した。ただし、その後、一八六九年の版籍奉還までに交替があった場合には、「最後の藩主」などとして紹介した(一八六八年に認められた新諸侯については版籍奉還時の藩主を太字にしてある)。それ以降、廃藩置県までに家督を嗣いで新たに藩知事となったものについては、記述していない。なお、五万石以上の藩主については年齢を記した。すべて一八六七年末の時点でのものである。

また、城跡の現状についての紹介は、すべての城について行い、陣屋《じんや》(本格的な防御設備を持たない居館。三万石以下に多い)については省略した。観光の参考にしてほしい。

第一章 殿さまはどのような人たちか

戊辰戦争に向かう上田藩・松平忠礼（中央）

江戸生まれ江戸育ちの殿さまたち

県民性ものが大流行だが、上杉鷹山《うえすぎようざん》はどこの出身かというと、たいていの人は山形県米沢《よねざわ》と答えるだろうが間違いである。なにしろ、彼は日向高鍋藩秋月家《ひゅうがたかなべはんあきづき》からの養子である。しかし、それなら宮崎県人かといえば、それも間違いである。なんとなれば、江戸生まれで高鍋には足を踏み入れたことすらない。

島津斉彬、徳川斉昭、松平容保、鍋島閑叟《なべしまかんそう》、松平春嶽《しゅんがく》、伊達宗城《だてむねなり》、水野忠邦、阿部正弘、堀田正睦《ほったまさよし》といった幕末維新の主役たちはいずれも江戸生まれで、領国生まれというと山内容堂、井伊直弼、島津久光《ひさみつ》、毛利元親《もうりもとちか》といった、生まれた時点では大名の跡継ぎの立場になかった殿さまが多いのである。

江戸時代の大名たちは、明治になると裃や衣冠束帯を洋風の夜会服に着替え、鹿鳴館《ろくめいかん》時代の艶やかな主役となった。こうした変身を、全国各地に割拠していた殿さまとその家族たちが領国をあとに東京に出て来てのことと思っている人が多いが、実は、大名の家族が領国に住めるようになったのは、一八六二年に参勤交代が緩和されてからのことであって、それまでは、もっぱら江戸住まいだったのである。

したがって、大名が生活の本拠を領国に置くことができた期間は、わずか一〇年足らずにすぎなかったし、その期間ですら、江戸に留まることを選んだ大名も多かった。

もちろん、江戸時代もはじめのころは、大名の生活の本拠はそれぞれの領国だった。そうであればこそ、将軍秀忠《ひでただ》の娘たちでも、前田利常《まえだとしつね》と結婚した珠姫《たまひめ》は金沢に、本多忠刻《ほんだただとき》と再婚した千姫《せんひめ》は姫路に住み、珠姫は両親と再会することもなく北陸の土となり、千姫は再度夫に先立たれて江戸に戻ってきた。

ところが、参勤交代が制度化された後は、大名の正室と嗣子は江戸に住まされることになった。いうまでもなく、かなりの殿さまが領国で側室の子として生まれたわけだが、江戸生まれのほうが多かったのは当然だし、領国で生まれても嗣子になったとたんに江戸に引っ越すことになったから、江戸育ちの割合はもっと大きかったのである。

阿部正弘など福山に滞在したのは一度きりで、それも半年だけである。このあたり、本当に現代の二世代議士とそっくりである。

参勤交代は、遠隔地については、毎年四月に行われた。しかし、関東の大名は半年ごととか、蝦夷《えぞ》の松前《まつまえ》氏は六年ごと、対馬《つしま》の宗《そう》氏は三年ごととか、あるいは、水戸藩のように江戸に常駐する定府《じょうふ》大名も二六家あって、いろいろな例外があった。

徳川三〇〇年の泰平を大名として過ごした殿さまたちは、幕末維新の騒乱のなかで思いもかけない領国での生活や、先祖たちの昔話のなかでしか知らなかった戦場に立つという経験をし、伸るか反るかの厳しい選択を迫られる日々を過ごした後に、東京における上流社会の優雅な社交生活を手に入れた。しかも、そこには、煩わしい政治や窮屈な日常、それに参勤交代もなかった。

しかし、新しい時代には新しい序列があった。公《こう》・侯《こう》・伯《はく》・子《し》・男《だん》にランク付けされた爵位を内示されたとき、激動の時代の浅はかな行動に臍《ほぞ》をかんだ殿さまも多かった。あるいは、かつての家臣たちと同列にされて口惜しい思いをした殿さまもいる。そういう悲喜こもごもに至る道を本書では追っていくが、まずは、その前提として、殿さまとはどういう人たちであるか、もう少し覗いてみようと思う。

殿さまの半分が愛知県出身のなぞ

江戸時代の大名の五〇パーセント以上が愛知県出身だというと驚く人が多いだろうが、そうなのである。大名には徳川家の親戚である親藩、関ケ原以前からの家来である譜代、それ以降に臣従した外様と三つのカテゴリーがあるとされる。このうち、親藩はもちろん、譜代のほとんども三河出身である。

外様としては、薩摩の島津とか陸奥の南部といった土着勢力もいるが、織田や豊臣の系統に属する大名も多く、彼らは尾張を中心に美濃や近江出身者によって構成されている。もちろん、この大名はどこ出身と簡単に割り切れるものではないが、ここでは戦国時代末期にどこに住んでいたかといったことで分類してみると、三河が一一八、尾張が三五、美濃が一八、近江が一一、京都八などとなる（三七六ページ参照）。

譜代については、大半は三河以来の松平家股肱《ここう》の家臣たちだが、かなり例外もある。東三河の土豪である戸田、牧野、奥平《おくだいら》などは、家康以前の時代には松平家のライバルだった。彦根の井伊は、遠江《とおとうみ》出身で今川の旧臣である。信濃の小笠原、甲斐の岡部あたりは、武田攻略後に合流したたし、館林《たてばやし》の秋元《あきもと》などは北条旧臣である。

さらに、江戸時代になって旗本などから大名になったものがいる。その多くは、関ケ原以前からの家臣で、禄高が少なかったものや大名の親戚であるが、なかなか面白い存在もある。綱吉の小姓《こしょう》からのし上がった柳沢吉保《やなぎさわよしやす》は甲斐の武田旧臣であるし、吉宗が紀州藩主から八代将軍になったときには、紀州藩を存続させて家臣たちもそのままにしたが、それでも二〇〇人ほどを江戸に連れてきた。そのなかから、加納《かのう》、有馬《ありま》（吹上藩《ふきあげ》）、田沼といった大名が出ている。

また、将軍の生母の実家として大名になったのが、家綱の母の実家である増山《ましやま》と、綱吉の母・桂昌院《けいしょういん》の本庄である。さらに、家光正室の弟を祖とする鷹司《たかつかさ》(松平)といったものもある。

また、脇坂家(龍野藩)のように譜代や親藩から養子を取った結果として譜代扱いされるようになった大名もあるし、前田家分家の七日市《なのかいち》藩のように外様出身でも旗本であったことがあると譜代である。

親藩には、松平一四家と呼ばれ、それぞれの本拠地の名前が付いて「大給《おぎゅう》松平」などと呼ばれる家康以前に本家と分かれた大名と、家康の子供たちの子孫があり、前者はほかの譜代とほとんど同じ扱いだった。この一四松平は、明治になって「大給」などという姓に変えたりもしている。

本来は松平を本姓としない諸大名も松平姓を与えられて、島津家あたりまで「松平薩摩守《さつまのかみ》」などと名乗ったこともあるが、ほとんどは明治になって本姓に復した。それでも、たとえば、同じ家康の母の再婚先である久松系でも、松山藩は久松に戻ったが桑名藩はそのままだからややこしい。

いずれにせよ、徳川家康は、譜代大名や自分の実子の子孫以外の親藩にはあまり大きな石高を与えず、そのかわり、官僚として使って彼らに強い権限を与えた。本来は名誉会長的なポストである大老には、井伊家のほか、酒井など一五万石クラス以上の殿さまが就いたが、老中はだいたい一〇万石以下で、将軍の近親者などは少なかった。外様や親藩の有力大名は避けられ、権力から遠ざけられたのである。

養子を迎える際には、殿さまの親戚ということも多かったが、将軍家や有力大名からということも多かった。とくに江戸時代も後半になると、将軍の子供でも新しい藩を創る余裕がなかったので、どこかへ養子に出すということになった。一一代将軍家斉《いえなり》の子息は、紀伊、尾張、福井、津山、明石、徳島、田安、清水に養子に出ている。

逆に大名家の息子で跡継ぎになれない場合には、他大名に養子に行くのが最高のチャンスだが、有力家臣の家を嗣いだり、まれではあるが、一万石程度を分与されて新しい藩をたてることもあった。その場合には、新田開発などで生まれた土地が当てられることが多かったし、新たに城や陣屋を構えることなく、元の藩の城内に同居したり、江戸定府だったりすることもあった。

また、実子があっても幼少であると、つなぎのような形で隠居した元藩主が復帰したり、庶流の者、あるいは他藩からの養子にショートリリーフさせることもあった。もちろん、婿養子も珍しくなかった。上杉鷹山は、吉良上野介《きらこうずけのすけ》の実子である上杉綱憲《つなのり》の娘が秋月藩黒田氏に嫁《か》し、その娘が高鍋藩主夫人となって産んだ子であるから血縁関係はある。そして、前藩主重定《しげさだ》の婿養子であり、重定の実子・治広《はるひろ》につなぐためのショートリリーフでもあったというややこしさである。

みな親戚の大名家

戊辰戦争で米沢の上杉家が会津側に立ったひとつの理由は、この際、越後あたりに領地を得ようという気持ちがないわけでもなかったらしいが、二世紀も前の一六四五年に、あやうく無嗣断絶となりかねないところを会津藩祖・保科正之《ほしなまさゆき》に救ってもらったことに恩義を感じているからである。

豊臣時代に五大老の一人だった上杉景勝《かげかつ》の孫・綱勝《つなかつ》は、子供がないまま死んでしまった。ここでお家断絶でもおかしくなかったのだが、綱勝夫人の父であった正之が必死に工作して、領地半減で済ませてくれたのである。そのときに養子に入ったのが、吉良上野介と上杉家から入った夫人の間に生まれた綱憲である。

平和な時代にあっては、武力よりもこのような縁戚こそが最も強力な保身手段となった。

大名の縁組は、武家諸法度《ぶけしょはっと》により幕府の許可を得て行われた。正室のもらい先としては、一族やのちに書く公家、さらには将軍家や旗本というのもあったが、大名同士ということがいちばん多かった。あるいは、大名の一族の娘の場合には、藩主の養女としてから出すことが多かったし、箔《はく》をつけるために、将軍家や公家の養女とすることもあった。

ただ、縁組の相手が名家であればあるほど物入りであった。その最たるものが、将軍家との縁組で、東京大学の赤門は、一一代将軍家斉の娘・溶姫《やすひめ》が加賀一三代藩主・斉泰《なりやす》に輿《こし》入れしたときに、将軍の姫の御殿の象徴としてわざわざ建てられたものである。しかも、この縁組のために、前田家は幕末に曖昧な態度に終始し、そのために公爵になれなかったのだという伝説を生んだ。

ここでは、大名の縁談の「相場」を知っていただくために、具体例として、加賀前田家、松代真田《さなだ》家について歴代の藩主正室の実家を列挙してみよう。藩名は便宜上、その時代の封地でなく幕末の領地を採用している。

前田家の始祖利家《としいえ》の妻である「芳春院《ほうしゅんいん》まつ」は、織田家の家臣の娘で利家の従姉妹だったが、二代目利長《としなが》夫人は織田信長の娘、三代目利常《としつね》夫人は徳川秀忠の娘である。その後は、水戸（家光養女）、会津、尾張（綱吉の養女）、会津、高松、紀伊、紀伊、大聖寺《だいしょうじ》、尾張（後妻として鷹司家)、そして一一代将軍家斉の娘・溶姫、久留米(後妻は鷹司家)と続く。

真田家であるが、小大名でありながら徳川、北条によく対抗した名将昌幸《まさゆき》の子孫である。昌幸の長男でありながら、関ケ原では父とたもとを分かって徳川方についた信幸《のぶゆき》は、徳川四天王の一人本多忠勝《ただかつ》の娘婿だった。そのあと、鳥羽、宇和島、西条、大聖寺、桑名、前藩主、前藩主、郡山、高松、大村と続く。前藩主の娘が二回あるのは、藩主自身が彦根藩及び桑名藩からの婿養子だったからである。

もちろん、大名は多くの側室を持った。子孫を残すことが何より大事であるし、当時は、高年齢出産を避ける必要もあり不可欠だった。まして、奥方は江戸にいなければならないから、参勤交代で国元に帰るときには現地妻も必要だったわけである。

側室については、将軍であろうが大名であろうが、第二夫人的なしかるべき血筋の女性は少なかった。将軍家ですら、それなりの家柄から側室になっているのは、六条家の息女で伊勢慶光院の門跡《もんぜき》となっていたものを家光が還俗《げんぞく》させて側室にしたお万《まん》の方《かた》を別にすると、綱吉の側室となった清閑寺《せいかんじ》宮家の大典《おおすけ》局、九代将軍の側室で一〇代将軍の母となった梅溪《うめたに》家の娘くらいである。これらは、正室に付き添って京都から下ってきたりしたものを将軍が見初めたという例外的なケースであり、大名家の娘が側室になったといったケースは皆無である。

外戚が力を持つことを防ぐ知恵でもあったということだろう。だから、有名な殿さまの母親の出自を見ると、多いのは下級家臣の娘であるが、なかには井伊直弼の母が江戸隼《はやぶさ》町の商人の娘だとか、山内容堂の母が高知の、島津久光が江戸三田のそれぞれ大工の娘だとかいうものもあり、なかなかバラエティに富んでいる。

会津の殿さまなのに「肥後《ひご》」と呼ばれるのはなぜ？

「忠臣蔵」で松の廊下の刃傷沙汰《にんじようざた》の主人公となるのは、浅野内匠頭《あさのたくみのかみ》と吉良上野介であって、浅野長矩《ながのり》とか吉良義央《よしなか》とかいった氏名で呼ばれることはあまりない。現代でも、山本局長とか鈴木主任とかビジネスの世界で使うのと同じだし、面と向かって、「局長さん」「主任さん」と呼びかけるように、「内匠頭殿」、「上野介殿」といわれたのである。

大名たちの官位は、代々まったく同じというわけではないし、襲封《しゆうほう》するのが幼少の時だったりすると低かったりするが、だいたいは継続している。だから、譜代大名の有力者である酒井家の二大血統は、左衛門尉《さえもんのじよう》家(庄内藩)と雅楽頭《うたのかみ》家(姫路藩)と区別されたりもした。

このほか、掃部頭《かもんのかみ》といえば井伊(彦根藩)、大膳大夫《だいぜんのだいぶ》といえば毛利(長州藩)を指した。あるいは、知事を意味する国守の称号でも、蜂須賀阿波守《はちすかあわのかみ》とか浅野安芸守《あきのかみ》といったように領地と一致することもあったが、松平肥後守といえば会津、藤堂和泉守《とうどういずみのかみ》は伊勢、大石蔵之助《おおいしくらのすけ》が預けられて切腹した屋敷の主の細川さんは越中守《えっちゅうのかみ》といったように、何の関係もないことも多かった。だから、信長が秀吉を「筑前」と呼んだように、慶喜は会津の松平容保を「肥後」と呼んだのである。

当然に官位による格付けはあるわけで、時期によるが、尾張と紀伊が従二位大納言《じゅにいだいなごん》あたり、水戸と一橋など三卿が従二位中納言《ちゅうなごん》、従三位《じゅさんみ》が加賀、あと彦根、会津、薩摩、伊達、越前、高松あたりが上位に並んでいる。

ちなみに、官位がないとどう呼ばれるかというと、島津久光は藩主になることなく殿さまの父として「国父《こくふ》」と称された。そこで、最初に薩摩兵を率いて上洛したときには、朝廷との関係では島津三郎と幼名で呼ばれた。

こうした官位や官名は、幕府によって割り当てが代行されていたとしても、その権威が朝廷に由来するものであることはいうまでもない。おそらく江戸時代の多くの庶民や普通の侍たちにとっては、京都に天皇という尊い方がいらっしゃるということすら、ほとんど意識のなかになかったのではないだろうか。東日本では特にそうらしかった。その一方で、殿さまたちや、将軍家に近い人々にとってほど、皇室や京都の公家たちの世界は近しいものになり、

幕末維新 主要藩主の履歴書

藩名	氏名	父	生地	通常の官位
加賀	前田慶寧	藩主	江戸	従三位　加賀守　参議
薩摩	島津忠義	一族	鹿児島	従三位　薩摩守　左近衛中将
仙台	伊達慶邦	藩主	仙台	正四位上　陸奥守
尾張	徳川慶勝	高須藩主	江戸	従二位　権大納言
紀州	徳川茂承	西条藩主	江戸	従二位　大納言
熊本	細川慶順	藩主	熊本	正四位　越中守　中将
福岡	黒田長溥	薩摩藩主	江戸	従四位下　筑前守　侍従
広島	浅野長勲	藩主一族	広島	従四位下　安芸守　侍従
長州	毛利敬親	藩主	江戸	従四位下　大膳大夫
佐賀	鍋島直正	藩主	江戸	従四位下　肥前守　侍従
水戸	徳川慶篤	藩主	江戸	従三位　権中納言
彦根	井伊直憲	藩主	江戸	従四位下　掃部頭　侍従
鳥取	池田慶徳	水戸藩主	江戸	従四位上　因幡守　左近衛中将
津	藤堂高猷	津藩主	江戸	従四位下　和泉守
福井	松平慶永	田安家	江戸	正四位下　越前守　左近衛権中将
岡山	池田茂政	水戸藩主	江戸	従四位上　弾正大弼　左近衛権少将
会津	松平容保	高須藩主	江戸	従四位下　肥後守　左少将
徳島	蜂須賀茂韶	藩主	江戸	従四位上　阿波守　侍従
土佐	山内容堂	藩主一族	土佐	従四位下　土佐守　侍従
久留米	有馬頼咸	藩主	久留米	従四位下　中務大輔　左中将
秋田	佐竹義堯	相馬藩主	相馬	従四位下　侍従　右京大夫
南部	南部利剛	藩主	盛岡	従四位下　大膳大夫
米沢	上杉成憲	藩主	米沢	従四位下　大膳大夫
松江	松平定安	津山藩主	津山	従四位下　筑後守　侍従
前橋	松平直克	久留米藩主	江戸	従四位上　大和守　少将
庄内	酒井忠篤	藩主	鶴岡	従四位下　左衛門尉

※幕末維新時には異例の官位授与もあったので、ここでは、それぞれの藩の藩主が多くの場合得ていた官職と官位を掲載した。

この意識のギャップによる上下の対立もしばしばみられた。

京都の公家などとの縁組も盛んだった。そのなかには、近衛《このえ》家とかってその荘官《しょうかん》だった島津家や庶流だと称した津軽家といった特別のつながりもあった。公家との縁組によって、大名は京都の文化や政治についての情報を得ることができたし、公家の方では財政的な援助を受けることもできたのだ。明治天皇の母方祖母も平戸《ひらど》藩松浦《まつら》氏の出であるし、徳川慶喜の母は有栖川宮《ありすがわのみや》家の出身である。

縁組は公家だけでなく、その家人などを側室として迎えるといったこともあった。彼女たちも京都文化の伝道師としては十分な価値があったのである。将軍家自身についても、五代将軍綱吉の母は、京都の八百屋の未亡人が二条家の家人と再婚したときに連れていった子供だった。また、正室は鷹司家から迎え、側室のなかには清閑寺大納言家の息女である大典局もいて、その姪である竹姫《たけひめ》がのちに綱吉の養女となって島津家に嫁し、これが島津家が外様でありながら幕政に関与する契機となった。

いずれにせよ、江戸での社交生活を楽しく送るためにも、京都との縁組のメリットがだんだん大きくなってきたのである。それに加え、江戸時代も後半になると、幕府自身が権威の正統性を主張するために、政治的にも皇室の権威に頼るようになってくる。

幕府が朝廷に頭が上がらなくなった三つの理由

皇室の権威は、南北朝の動乱、日本国王を名乗った足利義満《あしかがよしみつ》という独裁者の出現、戦国時代への突入というなかで地に墜ち、大嘗祭《だいじょうさい》などの行事も廃れたほどだった。だが、応仁の乱を避けて地方に下った公家が京都の文化を地方に普及させ、都への憧れをかき立てた。そして、戦乱を終わらせ統一を回復する求心力として、幕府にかわり朝廷が注目されるようになった。とくに源氏でも平家でもなかった豊臣秀吉は、全面的に皇室を利用して天下を取った。

ところが、徳川家康が征夷大将軍《せいいたいしょうぐん》に就いたのは、朝廷からすれば、もともと村上源氏の久我《くが》家がもっていて、義満の時に足利家に移っていた源氏の氏の長者としての権利を徳川家に認めるという程度の意味でしかなく、家康は朝廷の権威など当てにせず豊臣家を実力で追い落としたのである。

その後も、家光のころまでは、皇室は警戒すべきだという意識があって、「禁中並公家諸法度《きんちゅうならびにくげしょはっと》」では皇室や公家の行動を事細かに規制し、政治への介入を防止した。また、秀忠の娘である和子《かずこ》を後水尾《ごみずのお》天皇の中宮とし、多くの女中や御用人と称する武士を送り込んで御所を思うままに仕切らせた。秀忠や家光はたびたび諸大名を従えて上洛し、伏見城や二条城で重要決定を行い、皇室、公家、市民に大盤振る舞いをしているが、これは裏を返せば、皇室や京都の諸勢力を恐れてのことでもあった。

しかし、一六三四年の上洛以降は、一四代将軍家茂《いえもち》のときまで将軍上洛はなくなり、将軍が諸侯を引き連れての遠出は日光が目的地になった。京都は、利用価値もないかわりに恐れるほどのこともないというふうになったのである。生まれながらの将軍ならではの自信である。ところが、京都の権威は三つの意味で復活してくる。

第一は、世の中が平和になってくると、幕府の権威も軍事力でなく文化の優位性で維持する必要が出てくる。そうなると、朝廷とか足利幕府といった京都のやり方を真似るのがいちばん手っ取り早い。

吉良上野之介のような足利時代の名家を登用して幕府の諸儀式を荘厳なものにさせたり、家光の正室を鷹司家から迎えたのをはじめ、春日局《かすがのつぼね》の後任の大奥取締を六条家出身のお万の方にさせ、京都出身の側室であるお玉に五代将軍綱吉を産ませたりした。

さらに、六代将軍家宣《いえのぶ》の正室が近衛基熙《もとひろ》の娘だったことから、基熙自身が下向して江戸城の生活指導までする羽目になった。

第二は、御三家など徳川一族が将軍家と同格であることを主張するために、自分たちの主人が皇室であると主張したことである。石清水八幡宮《いわしみずはちまんぐう》につかえる武士の娘を母に持った尾張義直《よしなお》も、朝廷と幕府が対立するなら朝廷に与《くみ》するという考えだったが、水戸光圀《みとみつくに》は『大日本史』を編纂《へんさん》するという作業のなかで尊皇思想の理論武装を進めた。

幕末の水戸藩主斉昭は、父の治紀《はるとし》から、「養子に行くときも譜代大名はよろしくない。譜代は何かことがあれば将軍家に従順でなくてはならないから、天子に弓を引くことになるかもしれない。我らは、将軍家がどんなにもっともだったとしても、天子に弓を引く場合には従えないと心得よ」とまで教え込まれている。

第三に、しょせんは覇者でしかない徳川家が天下を維持する理屈として、より永続性の高い皇室の権威を利用したいと考えるようになったことである。それは、また、将軍家が傲慢になりすぎることを恐れてのセルフコントロールの意味もあった。

「六十余州は朝廷から預かられているものであるので、かりそめにもご自身のものだなどと思し召してはなりませんし、将軍として天下を治めることは御職分であります」と松平定信《さだのぶ》が若い将軍家斉に与えた「将軍家心得一五ケ条」の一節は、そういう意味で理解すべきであろう。

松平定信は、京都御所の大改修を行って皇室の権威を上げることにも貢献した。現在の京都御所は、平安時代風の様式をよく遺しているが、これは、定信の指示で当時の研究の成果の範囲内で復古デザインを実現した寛政再建時のデザインをもとに、安政年間の火災後に再建したものである。それ以前のは、もっと書院造りの影響を受けた中世風のものだったことは、たとえば、御所の建築を移築したといわれる大津市の三井寺や円満院に残る建築からも想像できる。

中央集権か、雄藩連合か？

ヨーロッパがナポレオン戦争の下にあった一八世紀から一九世紀への変わり目あたりから、我が国では幕府を将軍独裁から雄藩連合にかえていこうという潮流が力を得てくる。江戸中期以降になると、藩政改革に成功して豊かになる藩と窮乏する藩の差がはっきり出てきた。また、財政の硬直化や増税の困難さのなかで、幕府も地方も財政難になった。

そこで、中央政府である幕府の役割を縮小して、そのかわりに藩の自主性を拡大しようとか、幕府の政策運営にも雄藩の参加を求めるといった路線が現れた。

その前史としての江戸中期の動きを見ると、八代将軍吉宗は、中央政府と徳川(江戸)藩との二つの顔を持つ幕府の機能のうち、江戸・京都・大坂や全国に散在する天領を治める徳川藩の藩主として熱心に構造改革に努めたが、復古的な色彩が強かったので成果が十分に出なかった。

また、全国政府としては、体制の安定を図るためにむしろ大名領国の固定化や新大名創設の抑制などを進めた結果、大名たちは領国は将軍から預かっているという意識を失い、かえって幕府の統制力を弱体化させた。

もう少しのちの田沼意次《たぬまおきつぐ》の時代は、蝦夷地などの開発や貿易の拡大によって中央政府としての権力を生かしつつ、徳川藩を近代的な重商主義国家に変えていこうとした。積極的な輸出振興策などはその表れである。これが成功していたら、やがては、雄藩も幕府のいうがままにならざるを得なかっただろう。

続く松平定信は、幕閣の要職を握る譜代小大名や吉宗が紀州から連れてきた側近グループに反発する大諸侯たちの支持で就任しただけに雄藩には弱く、意識的ではないものの雄藩連合路線への下地をつくったといえる。定信失脚後の家斉親政期は、ほとんどよく考えることすらなしに流れに任せただけだったといってよい。いってみれば「失われた五〇年」である。

そして、黒船来航を目前に控えた一九世紀中葉の幕閣では、水野忠邦と阿部正弘の路線対立が際だった。とくに、天保の改革で水野忠邦が挑戦し、そして、抵抗勢力に敗れて失脚の原因になった政策のなかに、「上知令《あげちれい》」と「三方領知替え《さんぼうりようち》」がある。これは、日本が近代国家に変身するためには絶対に必要な政策であり、明治維新の先駆を成すものだったのだ。

庄内・長岡・川越の三角トレード大失敗で滅びた徳川幕府

江戸時代に、日本は藩という三〇〇の地方自治体に分かれていて、充実した地方分権が行われていたなどというのは、まったくの嘘である。重要地域のほとんどは幕府領だったし、藩の領地も天領も細切れで飛び地だらけ、いってみれば割れたビスケット状態だったのだ。

たとえ、藩を基礎にした連邦国家的な方向を模索するにせよ、いちど、領地の大整理をすることが不可欠だった。ドイツ第二帝国でも、バイエルンなどの諸侯は存続したが、道州制的な大ぐくりな領邦への整理が行われており、これなくしては近代国家としてのドイツは成立し得なかったのである。

そこで、まず、江戸と大坂周辺に散在する大名領や旗本の知行地を遠隔地と交換して天領にしようという「上知令」を出した(一八四〇年)。このような、大都市圏を幕府直轄地として、国内的にも国際的にも通用する産業の開発や防衛体制の整備を行うという発想は誠に正しいものだった。

一方、「三方領知替え」（一八四〇年）というのは、川越の松平家を庄内に、庄内の酒井家を長岡に、長岡の牧野家を川越にという三方領地替え構想で、家斉の第二四子を養子に迎えた川越藩の救済策であり、かつ、海防のために酒田港や新潟港を幕府が抑えたいという思惑からであった。

ところが、この二つの構想はともに失敗する。上知令は、交換される土地が実質的に貧乏な所が多く、大名や旗本側に不利だったのみならず、老中のなかでも次席の土井利位《としつら》（古河藩）が没収される大坂付近の領地の民から借金をしており、領地の交換が行われるといったん精算しなくてはならないといった事情を抱えて消極的だった。また、やはり大坂周辺に領地が多い紀州藩の抵抗もあって、水野忠邦の足を引っ張った。

三方領知替えも、名門酒井氏の庄内藩が、「領地はよほどのことがない限り変更されないのが慣習」という理屈を持ち出して農民や周辺藩まで動員して猛反対運動をした。徳川吉宗が、幕府の財政再建に協力する交換条件として大名の転封を少なくしたツケが出てきて、領地は将軍様からの預かりものという意識など消えていたのである。

それでも、あとで紹介する松平定信が貧乏な白河から豊かな桑名に移ることを画策して、白河、桑名、忍の三角トレードに成功した例もあり(一八二三年)、転封が皆無ではなかったのに、譜代筆頭酒井家はこれを受け入れず、幕府の権威を木っ端微塵《みじん》に砕いた。

反対に、天保の改革失敗のあとに政権についた阿部正弘は、まったく逆に雄藩連合路線を進め、のちに説明するように、経済力もあり見識ある藩主や優れた官僚機構をもつ雄藩の軍事力を強化させて国防につとめ、彼らの支持する有能な将軍をいただいて危機を乗り越えていこうとしたのである。しかし、この発想には根本的な無理がいくつか存在する。

①集団合議制は意思決定に時間がかかる。ペリー来航が予測されながら十分な対策が打てなかったのは、正弘の政治手法に無理があったからである。

②将軍一族のなかから優れた者を後継者に選ぶというやり方もないわけでもなく、清《しん》帝国では皇帝がこれはと思う後継者の名前を書いた書類を宮殿の扁額《へんがく》の後ろに置いておくという習慣があった。しかし、将軍の遺志でなく有力藩主の意向に沿って選ぶとなれば、将軍中心の国家体制は成り立たない。

③近代国家としての軍事力整備は、国として行うべきで、各藩の武力強化を軸とするのは間違いである。また、水野忠邦が試みた大名の配置換えや錯綜した領地の整理なども近

代国家への変身のために不可欠であり、そこに手を付けないでの改革には限界があった。

正弘の政治には、目付・岩瀬忠震《いわせただなり》に代表される有能な人材を登用して外交能力の向上を図ったというたいへん評価できる面もあるし、そのおかげで黒船来航時の現場の対応もそこそこしっかりしていた。しかし、水戸斉昭のような制御できない人物まで幕政の根幹に参加させたことは、「後日において幕府衰亡の原因を論じるには、水戸殿の登用を見逃すわけには行かない」と、幕府に仕えたのち明治になってからジャーナリストとして活躍した福地源一郎《ふくちげんいちろう》(桜痴《おうち》)が記すところである[※]。

阿部は、こうした激動のなかで激務に疲れて病となり、一八五七年に死去した。

いずれにせよ、雄藩連合である以上は、皇室の権威によって徳川家の優位を保証してもらうことが不可欠になってくる。このような国内事情は国際情勢とはさほど強い関係もなく進んだものだが、黒船の来航が、この矛盾に満ちた状況を爆発させてしまうのである。

※福地源一郎『幕末政治家』(岩波文庫)は、この時代の要人についての同時代人の批評として筋が通ったものなのでしばしば引用する。

などについて報告を受ける。そして午後10時ごろに就寝する。江戸城には毎月1日と15日に月次の登城を行うほか、五節句などにも訪れ、将軍へのお目通《めどお》り、大名同士の社交を行った。

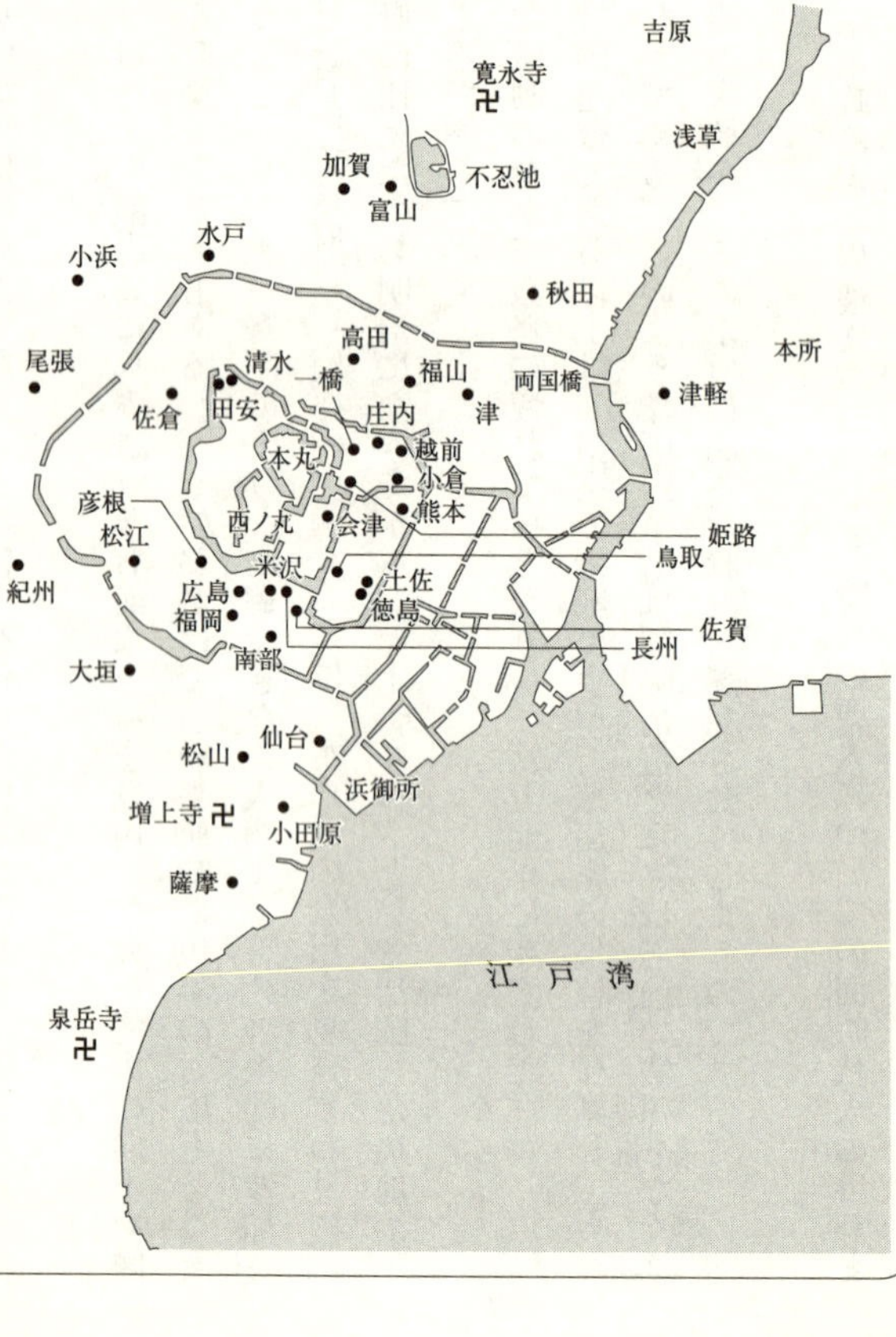

殿さま一家の住宅情報

徳川時代の江戸では、旗本や御家人は麴町・番町あたりを中心に住んでいた。一方、町人は銀座、神田より東のいわゆる下町が活動の中心であった。大名屋敷は、大名自身が住む上屋敷《かみやしき》のほか、家来や隠居が住む中《なか》屋敷、下《しも》屋敷などがあった。

上屋敷の分布を見ると、皇居前広場あたりは譜代の中規模な藩が多く、永田町、霞が関、日比谷、丸の内、大手町に雄藩が多かった。御三家と加賀は防災のために郊外移転させられた。ほかにも三田の薩摩、下谷の秋田などは比較的遠いところにあった。老中になると城に近いところに役宅をもらえたりもしたようだ。主要な藩邸の所在地は地図の通りだが、いくつか、著名な施設になっているものを挙げてみたい。

官公庁などになっているのは、米沢(法務省)、彦根(憲政記念会館)、広島(総務省·国土交通省)、福岡(外務省)、松代(経済産業省別館)、松江(衆·参議長公邸)あたり。御三家は、紀州(赤坂御所·迎賓館)、尾張(防衛庁)、水戸(後楽園)であり、加賀藩邸はいうまでもなく東京大学になっている。

ホテルになったのは、前橋(ホテルオークラ)、大垣(ANAホテル)、備中松山(帝国ホテル)。このほか、土佐(旧都庁·東京国際フォーラム)、延岡(霞が関ビル)、小田原(世界貿易センター)、川越(日産自動車)、岡山(丸ビル)、小倉(産経·読売新聞)、鳥取(帝国劇場·東京會舘)、庄内(日経新聞)、明石(国立劇場)、一橋(丸紅)といったところ。日比谷公園は、佐賀、長州、南部の三藩邸の跡である。

また、明治神宮外苑は彦根藩、新宿御苑は高遠藩、旧安田庭園は宮津藩、有栖川公園は南部藩のそれぞれ下屋敷を引き継いでおり、それぞれに面影を留める。六義園《りくぎえん》はいうまでもなく柳沢吉保《よしやす》の下屋敷であるが、創建当時は川越藩主であった。

江戸での殿さまの生活は、朝の起床は7時ごろ、朝食の後に風呂に入るなど身繕いをし、武芸、学問、習い事などを修め、家臣から政務

ホンモノの京都とは?

「京都府」とか「京都市」といった行政区画でなく、本物の「京都」というのは、「御土居」の内側＋東山区・左京区主要部といわれれる。御土居とは秀吉が作った京都の城壁（土塁・空堀）で、幕末でもだいたい残っていた。それに、東山界隈、伏見街道など街道沿いが市街地化していた。

古都として昔風の街並を残す京都であるが、実は何度も大火に遭っている。禁門の変（1864）ではだいたい丸太町、堀川通、七条、鴨川に囲まれた地域が焼失しているが、その前の「どんぐり焼け」といわれた天明の大火（1788）では千本通、鞍馬口通、それに鴨川東側の一部も焼けて市内全焼に近かったし、安政の火災（1854）でも御所が焼けている。現在の御所は、天明の大火ののちに松平定信によって平安時代の姿に戻して再建され、安政の火災の後にまた再建され、禁門の変では焼け残ったものである。

市内の道はいずれも細かったが、河原町通も同様で、丸太町通、御池通などは寺町通で終わり、新京極通は存在しなかった。

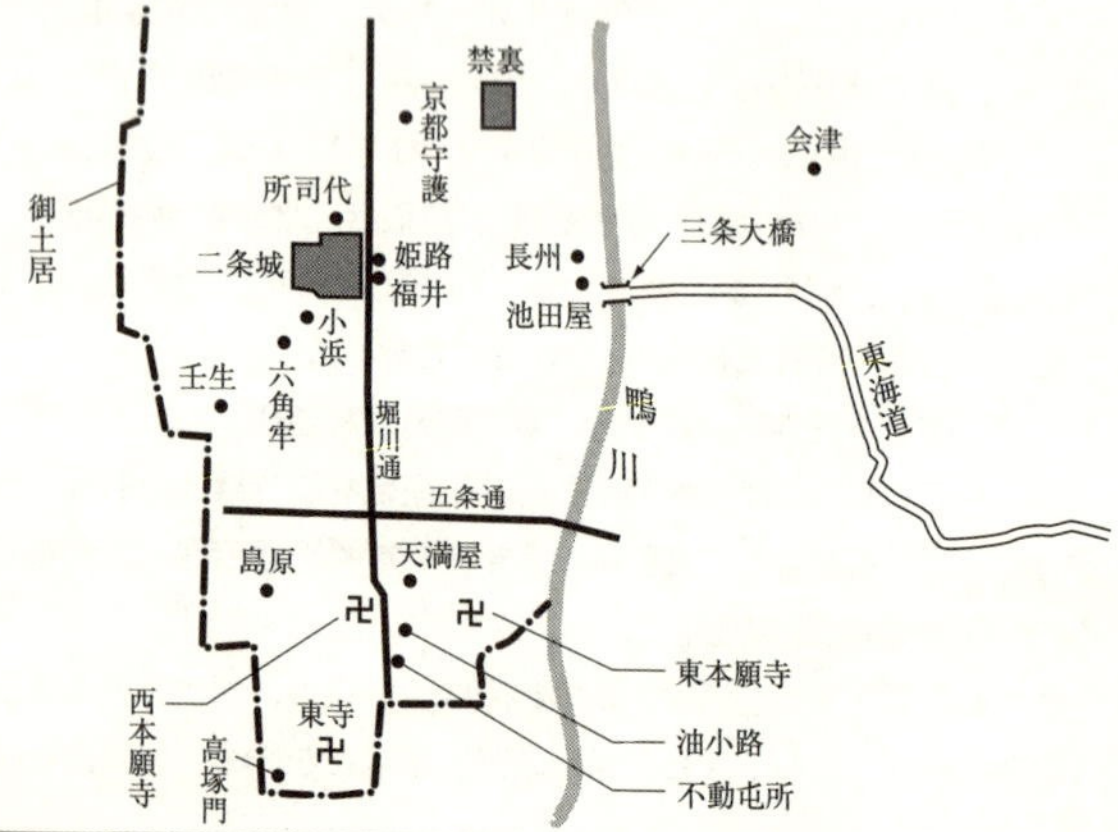

幕末維新の読む年表

徳川慶喜と江戸城

日本のビスマルクになれなかった水野忠邦

一八三九～四三年（天保一〇～一四年）

- 「天保の改革」始まる（四一年）
- 「無二念打払令《むにねんうちはらいれい》」から「薪水《しんすい》給与令」へ（四二年）
- 「上知令」と「三方領知替え」の失敗

幕末という時代をいつから論じるべきかだが、「天保の改革」あたりから始めるのがよいのではないか。水野忠邦とそれに続く阿部正弘という二人の宰相の考え方が、幕藩体制をどう変革していくかについての二つの対照的な可能性を代表していたと見るからである。

ここでは、こうした時代を、暦年順に追いかけていく。時系列での流れを正確に頭に置かないと、個々の殿さまたちの動きの理解は浅薄になるから、第三章以下を読み進む際にも常にこの章に戻って確認してほしいのだ。

ここでの話題の中心は、幕府と各藩の動きである。有能な幕臣たちの行動、朝廷の内部闘争とか、志士たちの動き、民衆のエネルギーを軽視するわけでないが、本書の趣旨に沿えば、将軍と殿さまを中心に据えなくてはならない。

さて、水野忠邦は肥前唐津《ひぜんからつ》藩主の子として江戸屋敷で生まれた。唐津藩は長崎警護を任務としていたが、「青雲の要路」をめざす野心家だった忠邦は、老中になるために、あえて、石高が同じでも実質収入が少ないのを承知で浜松に国替えをしてもらい（一八一七年）、これをきっかけに幕閣で着実に出世していく。三五歳の一八二八年に老中となったが、全権を握ったのは、一三年後の将軍家斉の死後である。

忠邦が幕府強化策として試みた「上知令」と「三方領知替え」の失敗については第一章で書いたとおりであるが、対外政策については、阿片戦争（一八四〇年）を教訓に、異国船は問答無用で打ち払えという「無二念打払令」（一八二五年）をやめて薪水の補給を認める（「薪水給与令」）など、積極的な姿勢を見せた（一八四二年）。

このほか、忠邦は奢侈《しゃし》と不明朗な政治的圧力の温床となる大奥の改革にも取り組み、大名の江戸屋敷幹部の浪費を厳しく取り締まった。失敗した印旛沼《いんばぬま》の開発も、江戸湾経由でない江戸への物資補給路の確保という意味もあり、黒船来航への対策として先見の明があるものであった。

彼の展開したさまざまな政策の狙いは、国防への支出のための財源の確保である。その路線において、日本のビスマルクというべき人物なのだが、残念ながら、鉄血宰相の老練な政治力に欠け、よい経済顧問をもたなかったことが富国強兵路線の実現を妨げた。

忠邦は、上知令へ轟々《ごうごう》たる反対が出るなかで解任された。それでも将軍家慶《いえよし》の信頼は厚く、翌年には復職したものの、政局の主導権を取れないまま再び失脚した。忠邦は、その後も意見書などを幕府に提出しようとしたが、幕閣との摩擦を恐れた家臣らが握りつぶした。

忠邦失脚後の過渡期的な政権を担ったのは、水野政権のナンバー2で、雪の結晶の美しいデッサンを描いたことでも有名な古河藩主・土井利位である。趣味人としてはなかなかの人物だったが、宰相の器などではとうていなかった。

※天保の改革が始まった一八三四年以降に老中となったのは、太田資成(掛川《かけがわ》)、脇坂安董《わきさかやすただ》(龍野《たつの》)、松平信順(三河吉田)、堀田正睦(佐倉)、土井利位(古河)、間部詮勝《まなべあきかつ》(鯖江)、井上正春(浜松)、真田幸貫《さなだゆきつら》(松代)である。

井伊直亮《いいなおあき》(彦根)が大老となったが、実質的な権力はなかった。脇坂安董は、家斉の時代に出石藩主の跡目争いをめぐって老中首座・松平康任へ賄賂が贈られた仙石騒動を見事に裁いた名寺社奉行である。松平信順は松平定信の腹心でその路線を引き継いだ「寛政の遺老」の一人・老中信明の子。真田幸貫は松平定信の実子で、幕末に「天下の師」といわれた佐久間《さくま》象山《しょうざん》を取り立てた殿さまである。

その場凌《しの》ぎの天才だった阿部正弘

一八四三〜五七年（弘化《こうか》・嘉永・安政年間）
- オランダ国王の開国勧告を拒否（四四年）
- 島津斉彬が薩摩藩主に（五一年）
- ペリーらの黒船が浦賀に来航（五三年）

ここのところ、江戸時代再評価のなかで阿部正弘という黒船来航時の老中首座の評判がいい。バランス感覚のよさ、人柄のソフトなところ、人材登用の見事さがなんとも日本的で安心できるらしいのだ。しかし、激動期のリーダーという意味からいえば、この人の評判の良さというのはくせものである。

正弘が老中に就任してから間もない一八四四年九月、長崎にオランダ海軍のパレンバン号が入港し、国王ウィレム二世の国書をもたらし、「アヘン戦争など国際情勢の変化を考えれば開国したほうがよい」と勧告した。最初の失脚後、いったん再任されていた水野忠邦は受け入れる方向へ傾いたのだが、保守派若手の気鋭だった正弘が先頭に立って反対し、「オランダとは通商はしているが通信はしていない。国王の厚意には感謝するが、今後は、通信などしないように」と、余計な御世話だといわんばかりの返書を出す愚かなことをした。

一八四六年、琉球にフランス船が現れて通商を要求したときは、ガス抜きになるので受け入れたいとの島津斉彬の意見を容認したが、ペリー来航の前年である一八五二年に、長崎のオランダ商館から、「ペリーの大艦隊が武力をもって開国を要求するために来航する」と緊急警告を受けたのに、正弘はまたもや無責任にこれを聞き流した。というよりは、対策を立てようにも知恵が出そうもなかったから、思考を停止したのである。

正弘は、海防掛《かかり》を設けて有為な人材を集める、外国船打払令を復活させるべきか旗本や一部の藩にアンケートをとる(一八四九年)、相模は彦根・川越二藩に、房総半島は会津・忍《おし》に、というように有力藩に警備を厳重にさせる(一八五二年)といったことはした。しかし、兵力の近代化に熱心とも思えぬこれらの藩が外国船に対抗できるはずもなく、また、結果について責任をとる気もなく、一通りのことをすればいいという逃げの姿勢が見え隠れする。このあたりが、苦労知らずのおぼっちゃま政治家の限界なのである。

そして、一八五三年にペリーがいざ来ると、とりあえずは、一年後に再来航するということでその場を凌ぎ、その後は、得意のご意見伺いのアンケートを国民にまで広くし、強硬な攘夷《じょうい》論を掲げてうるさい水戸斉昭を海防参与にして取り込み、ゆるやかな開国路線でまとめた。そして、将軍家定《いえさだ》の後継を、水戸斉昭の子で一橋《ひとつばし》家に養子に出ていた慶喜《よしのぶ》にしようと動いたが、あまりの激務に疲れ病を得て、一八五七年に三九歳で世を去った。

※阿部政権下の老中・老中格としては、松平忠固《ただかた》(上田)、牧野忠雅(長岡)、戸田忠温(宇都宮)、堀親寚《ほりちかしげ》(飯田)、青山忠良(篠山《ささやま》)、松平乗全《のりやす》(西尾《にしお》)、久世広周《くぜひろちか》(関宿《せきやど》)、内藤《ないとう》信思《のぶもと》(村上)がいる。

松平乗全は、八代将軍吉宗の側近だった乗邑《のりむら》の子孫で、祖父の乗完《のりさだ》、父の乗寛《のりひろ》も老中をつとめた。堀親寚は水野忠邦の腹心。

買収失敗でクビになった堀田正睦

一八五五～五八年（安政二～五年）

- ハリスが下田に赴任（五六年）
- 幕府とハリスが通商条約交渉（五七年）
- 条約勅許を求めるが失敗（五八年）

阿部正弘が後を託したのは、九歳も年長の佐倉藩主・堀田正睦である。水野忠邦のもとで老中を務めていたが、忠邦とともにいったん失脚していた。一八五五年に彼を再登場させたのは譜代有力藩取り込み策でもあったが、それとともに、蘭学《らんがく》を奨励し順天堂大学の前身まで創った外国好きの殿さまが、外交問題では開国派だが、将軍後継問題では一橋慶喜擁立論に与《くみ》しており、好ましいバランス感覚の持ち主と考えられたからである。

ペリーと幕府が日米和親条約を結んだ翌々年の一八五六年に、ハリスが総領事として下田にやってきた。ハリスは、通商条約の締結交渉のため、翌一八五七年の一〇月に下田から江戸城へ陸路向かい、「絹にわずかの金の刺繍《ししゅう》がほどこされたもので、王者らしい豪華さからほど遠い」服装をした将軍家定に謁見した。

こうして出来上がった条約を開国反対論者に呑ませるために、正睦は朝廷の許可を得るのがよいと浅知恵を働かして一八五八年に京都に向かった。ところが、妹を太閤鷹司政通《まさみち》に嫁がせ、夫人は有栖川宮《ありすがわのみや》家から迎えている水戸斉昭が、条約を勅許しないように猛然と工作をかけたからたまらない。正睦は、公家に金銀を撒《ま》けば勅許など容易に出るとたかをくっていた。ところが、孝明《こうめい》天皇自らがこれを察して、賄賂《わいろ》を受け取らないように指示を出した。天皇の攘夷への決意は固く、ついに勅許を得られないまま堀田正睦は悄然《しょうぜん》と江戸へ戻った。

江戸城で将軍家定に拝謁した正睦は、不首尾について報告し、「雄藩からの信頼が厚い松平春嶽を大老にして難局切り抜けを」と進言した。ところが、自分の意見など滅多に言わなかった将軍家定が、「家柄といい人物といい彦根を差し置き越前を大老にするなどもってのほかである。井伊掃部頭《かもんのかみ》を大老にせよ」と指示したのである。

この裏工作を行ったのは、老中・松平忠固(信州上田藩)と紀州藩の付家老の水野忠央《ただなか》であった。忠固は正睦にかわって最大実力者になろうとしたらしい。忠央はなかなかの策略家で、とくに付け届けの巧みさは類がなく、紀州名産の炭を大奥などにきめ細かく配り歩き、「炭屋」などと呼ばれていた。

こうして、正睦は大老となった直弼によって、「京の処置を誤り関東の威光を二の次にした」「京都の事情もよく調べずに自分の物差しで計ろうとして不覚をとった」と辱められて、永蟄居《えいちっきょ》を命じられた。

肩書きだけの名誉会長に納まらなかった井伊直弼
一八五八〜六〇年（安政五〜万延元年）
・日米修好通商条約に調印（五八年）
・安政の大獄が始まる（五九年）
・桜田門外の変で井伊大老暗殺（六〇年）

「太閤」といえば豊臣秀吉、「黄門」といえば水戸光圀だが、それぞれ関白摂政や中納言の経験者の雅称であって、この二人だけのための肩書きではない。それと同じように、「大老」といえば井伊直弼のことと決まっているが、これも江戸時代を通じて十数名が数えられている。しかも、綱吉時代の柳沢吉保から直弼までの間の三人は、いずれも彦根藩から出ており、彦根の指定席のようになっていた。だが、実態は名誉会長のようなもので、実質的な権力など何もなかったのである。

だから、旗本の岩瀬忠震が、「あの稚輩に等しき男を」とののしったように、直弼は無能で何もしないことを心配されていたのだが、やらせてみると、老中の寄り合いにも出席し、ワンマン会長のように猛威を振るった。

直弼が電光石火で解決したのは、将軍後継問題である。彼の主張は、第一に徳川家の跡継ぎは外部の人間や従業員である旗本の意見で決めるような性質のものでなく将軍家の内部問題だ、第二に将軍を血筋でなく能力で選ぶとなると世襲の論理そのものが崩れる、第三にここ何年かの幕政混乱の原因を作ってきた水戸斉昭の息子を将軍にというわけにはいかない、という明快で筋が通ったものだった。

この当たり前の結論を、直弼はリーダーとしての強い指導力で実行に移させたのである。慶喜を推挙する「一橋派」を排して、「南紀派」が推す紀伊慶福《よしとみ》を西の丸に迎えることを将軍家定に了承させ、誰を後継にするかは幕府の問題であると朝廷のお墨付きも得た。しかも、日米修好通商友好条約には勅許なしで調印した。これ以上待っても混乱が拡大するばかりだという決断である。

条約無断調印に対して、水戸斉昭、尾張慶勝《よしかつ》、松平春嶽、一橋慶喜らが猛抗議したが、彼らは不時登城などの名目で謹慎させられた。幕閣でも、処分に異論を唱えた久世広周らが更迭され、間部詮勝、太田資始《おおたすけもと》という井伊直弼側近が登用された。

京都では孝明天皇が違勅を怒り譲位を口にしたが、直弼は、「(幕府の意向と対立したので廃帝とした)承久の変の前例もある」と逆に脅した。朝廷は、「幕府は御三家を始めとする諸大名らと相談して国内治平、公武合体を図れ」という密勅を幕府だけでなく水戸家などに出したが、これを水戸藩の工作によるものと断定した直弼は、水戸藩の大粛正を行うとともに、京都で活躍していた志士梅田雲浜《うめだうんぴん》を始め青蓮院宮《しょうれんいんのみや》や公家たちに至るまで二〇〇人ほどを捕縛し、翌一八五九年には吉田松陰《よしだしょういん》、橋本左内《はしもとさない》、頼三樹三郎《らいみきさぶろう》ら八人を死罪にした。

「安政の大獄」とは、井伊大老の側から見れば、水戸藩による幕臣や朝廷までも巻き込んだクーデター計画をその芽からつみ取るために行った大粛正ということなのだ。だが、水戸藩においては、為すがままにされたのでは収まらないのも当然で、ついには、一八六〇年三月、浪士たちが桜田門外で大老が登城する列を襲い暗殺した。

ちょうどこのころ、勝海舟、福沢諭吉、小栗忠順《おぐりただまさ》らによる条約批准訪米団が咸臨丸《かんりんまる》などで米国を訪問中であったが、彼らはサンフランシスコでこの異変を知る。井伊大老の路線をもっとも正統的に継承したのは、三千石の旗本で、勘定奉行などを務めた小栗忠順である。

※安政の大獄を京都で指揮した間部詮勝は、越前鯖江藩主で七代将軍家継《いえつぐ》のときの実力者・間部詮房《あきふさ》の子孫である。京都所司代も務め、要領がよい人物だった。太田資始は近江《おうみ》宮川《みやがわ》藩主堀田正穀《まさざね》の子で、遠江掛川藩に養子に入り、水野忠邦、井伊直弼、松平春嶽のもとで三度にわたって老中になった。

このほか井伊政権の老中としては、脇坂安宅（播磨《はりま》竜野）、松平乗全（三河《みかわ》西尾）、内藤信思（越後村上）がいる。安宅は、水野忠邦のもとで老中を務めた安董の息子である。しかし、第一章でも紹介した福地源一郎によれば、これら三人はいずれも「伴食《ばんしょく》閣老《かくろう》」にすぎなかったということだ。

死体を見舞う喜劇役者の安藤信正《あんどうのぶまさ》

一八六〇～六二年（万延元年～文久二年）

- 和宮《かずのみや》降嫁が決まる（六〇年）
- 外国人襲撃相次ぐ（六一年）
- 坂下門外の変で安藤信正負傷（六二年）

御三家のひとつである水戸藩の浪士たちが、譜代筆頭の彦根藩主で大老でもある井伊直弼を暗殺してしまったのだから、本来ならこの両家とも取り潰しになってもおかしくない。しかし、それでは幕府の屋台骨が壊れてしまう。この危機を収めたのは、磐城平《いわきたいら》藩主で老中だった安藤信正である。

信正は若年寄として才覚を現し、井伊時代の末期に老中となり、外交に当たって能吏ぶりを示していた。桜田門外の変にあっては、首級《しゅきゅう》を落とされたにもかかわらず病気と偽装して、朝鮮人参を見舞いに届けたり、幸いにも発見されて取り戻された首と胴体が縫い合わされて布団に横たわる大老を見舞うなど、必死の喜劇を演じた。

安藤はこの事態を乗りきるために、関宿藩主・久世広周を老中に復帰させ、首座に据えて融和策を採った。阿部正弘の義弟で老中として正弘を助けたが、将軍後継問題にまつわる処分が厳しすぎると反対して井伊直弼に罷免されていたのを復活させたのである。表の顔として融和を象徴する広周と、井伊大老の路線を引き継ぐ実質権力者であった信正とによって、孝明天皇の妹である和宮を将軍家茂の正室に迎える「公武合体路線」が進められる。

皇室から将軍の正室を迎えるのは何も珍しいことでないが、それまでは宮家からであった。皇女については、七代将軍家継が霊元上皇《れいげんじょうこう》の皇女である八十宮吉子《やそのみやよしこ》内親王と婚約した件があるが、家継が若死にしたので、前例はない。この公武融和策は、朝廷に対する幕府の干渉を強めるものとして、志士たちの反対を受けた。

外交面では、一八六〇年末から六一年にかけて相次ぐ外国人襲撃事件が起きて、収容に追われ、また、対馬にロシア艦隊が来航して寄港地建設を要求したが、英国の艦隊の助けを借りてこれを退けた。信正自身の外国使節との交渉能力も的を外したものでなく、幕閣の大名たちも国際センスを持った政治家として、急速に、そして器用に、成長していったことが分かる。

しかし、和宮が江戸に到着し婚儀を控えた一八六二年の一月、安藤信正は坂下門外で水戸浪士たちに襲われ、一命は取り留めたものの、素足で江戸城内に逃げ込んだとか、背中に後ろ傷を受けたのは抗戦せずに逃げたこととなり、武士らしくないと嘲笑され、罷免された。

久世・安藤政権は、公武合体のほかに、幕府軍の近代化、貿易独占による財政再建を試みたが、井伊大老のような断固たる意志をなくしては、このような大改革は実現しようもなかった。

※久世・安藤時代の老中としては、ほかに本多忠民(三河岡崎藩)、松平信義(丹波亀山藩)

がいる。信義は井伊直弼夫人の兄である。

島津久光のクーデターでひっくり返った幕府の権力地図

一八六二年(文久二年)
- 島津久光が上京して中央政界に登場(四月)
- 一橋慶喜が将軍後見職に(七月)
- 京都で天誅が盛んに行われる(九月)

だが、久世・安藤政権による必死の努力は、薩摩軍の精鋭一千を率いての島津久光の上京に始まるクーデターによって根底から覆された。一八六二年の四月、薩摩藩主の実父である久光は上京し、さらに勅使大原重徳《おおはらしげとみ》を伴って江戸に入った。勅使は攘夷を督促し、一橋慶喜を将軍後見職に、松平春嶽を政事総裁職に、という人事を幕府に呑ませた。朝廷と外様大名の無位無冠の父親が、幕府の最高人事に介入し成功したのである。

このクーデターまでは、大老とか老中筆頭が今日の内閣総理大臣のようなものとみればよいのだが、それからのちは、はっきりしなくなる。とくに、家茂が一八六三年とその翌年に上洛し、さらに一八六五年に第二次長州征伐のために大坂に入ってからは、将軍が江戸に帰ることはなくなった。そうなると、政権中枢は京都や大坂にあることになり、江戸の幕府は留守居のようになってしまった。いってみれば、京都に内閣があって江戸に自民党本部があるというようなイメージであるし、主な大名も京都に、ということになった。しかも、参勤交代がゆるめられて領国から出ない大名までできたのである。

越前松平家の松平春嶽は一一代将軍家斉の孫であるが、阿部正弘政権のころから活躍し、慶喜擁立工作に荷担したとして井伊大老から隠居蟄居を命じられたこともある。

春嶽は政事総裁職に就任するや事実上の大老として腕を振るうつもりでいたのだが、将軍後見職に任じられた一橋慶喜もお神輿《みこし》の上にじっと乗っている人物ではなかった。このために、春嶽は慶喜の気まぐれや見え透いた駄々、そして何よりも根回ししまったくなしの「英断」に悩まされ続けるのである。

また、松平春嶽は、ブレーンだった橋本左内(緒方洪庵《おがたこうあん》の門下)を安政の大獄で失っていた。幕末の日々において、春嶽の行動が見当はずれではないがもうひとつ迫力に欠けるのは、左内を失ったせいである。

この一八六二年の後半に起きたことを整理すると、以下のようなことになる。

①慶喜と春嶽が将軍後見職と政事総裁職に任命された。また、会津藩主・松平容保が京都守護職となった。しかし、老中たちも慶喜や春嶽にすべてを相談したわけでもなく、権限は曖昧だった。

②幕府の海軍を強化するとともに、諸大名の参勤交代を三年に一度に緩和し、大名の家族を領国に住まわせることを許可した。この結果、江戸は事実上の首都や社交生活の場としての機能を急速に失っていく。

③「公武一体のためには攘夷やむなし」とする春嶽と、「対外的な信義を考えれば鎖国に戻すわけにいかない」とする慶喜が対立するが、「攘夷でなければ畿内が混乱する」という土佐の山内容堂の意見でとりあえず攘夷に方針決定する。

④島津久光が鹿児島への帰途、横浜近郊で外国人を殺傷する生麦《なまむぎ》事件を起こす。一方、朝廷は長州と組んだ尊王攘夷過激派に支配され、京都の町で「天誅」と称するテロが続発する。

※老中には、水野忠邦の息子で山形藩主・水野忠精《ただきよ》と、松平定信の実子で備中松山藩主の

板倉勝静《いたくらかつきよ》といった二世コンビが任命された。水野は「才幹ある」ということで、板倉は寺社奉行として安政の大獄に難色を示して尊王攘夷派にもうけが良いということで、久世が後事を託したのだろうと福地源一郎は分析している。

播磨龍野藩の脇坂安宅も再任され、井上正直《まさなお》(浜松藩)、それに藩主でないが切れ者と期待される唐津《からつ》藩世子《せいし》の小笠原長行《ながみち》も老中あるいは老中格に任命された。

二三〇年ぶりの将軍上洛で、幕府と朝廷の格付けが決まった

一八六三年(文久三年)
- 将軍家茂が二三〇年ぶりの上洛(三月)
- 新撰組・奇兵隊など結成
- 八月一八日政変で長州追放(八月)

将軍家茂が家光以来なんと二三〇年ぶりの上洛を果たした。攘夷決行の日を約束しろと迫られてしぶしぶ上京したのだが、気持としては、朝廷に礼を尽くせば何とかなるという気分があった。ところが、この将軍上洛は以下のような悲惨な結果をもたらした。

①天皇の賀茂行幸に将軍が供奉《ぐぶ》させられるなど、朝幕の上下関係が明確になる。
②松平春嶽らが朝廷に、「幕府が政権を返上するか、政治は幕府に任すとはっきりさせるか」と迫ったが、「攘夷は幕府に委任、その他は、追って沙汰」と切り返され失敗。春嶽は怒って政事総裁職を一方的に辞任し、福井に帰ってしまう。
③五月一〇日をもって攘夷を実行すると幕府が約束させられたので、慶喜は奇策を弄した。攘夷決行を口実に江戸に帰ったうえで、幕閣の賛成が得られないので攘夷を実行できない、後見職も辞めると無責任なサボタージュを決め込んだのだ。一方、朝廷は全国に攘夷を号令したので、長州藩は下関で外国船を砲撃した。

この混乱のなかで、家茂は江戸に帰ろうとしたが朝廷が許可しなかった。そこで、思いあまった小笠原長行が兵を率いて海路で江戸から大坂に至り、武装上洛を試みた。対朝廷強硬派によるクーデター計画というべきものであった。これは、会津や桑名藩兵によって止められたが、これが圧力となって、家茂は船で江戸に帰り、京都の幕府側責任者として守護職の松平容保が残された。

このころ、長州や尊王攘夷派の主導で神武天皇陵などに参拝して攘夷祈願をし、そこでことによっては倒幕宣言までしようという「大和親征」が計画されたが、気乗りしない天皇の意向に沿って、「八月一八日政変」と呼ばれるクーデターを会津と薩摩が決行してこの親征を中止させた。

長州は禁門警護を解かれ、三条実美《さんじょうさねとみ》ら過激派公家も追放されて長州に落ちた（「七卿落《しちきょうお》ち」）。大和ではこの親征を機に「天誅組」が倒幕の旗揚げをしようとしていたが、この政変でフライングとなり討伐された。しかし、この企てと、平野国臣《ひらのくにおみ》による「生野の変」は、倒幕への最初の実力行使として朝野に大きな影響を残した。

八月一八日政変を受けて、慶喜や春嶽が再上京し、島津久光、伊達宗城、山内容堂を加えた参与会議が発足した。

また、この年は「新撰組」が誕生した年でもある。清河八郎《きよかわはちろう》によって江戸で組織された「浪士組」は、家茂とともに上京したのちに、尊王攘夷を旗印として江戸に戻る方針転換をした。それに反対した近藤勇らが京都に残り、会津藩の指揮下に入って新撰組を結成した。水戸藩出身といわれる芹沢鴨《せりざわかも》が素行の悪さで粛清されたのもこの年で、以降、新撰組は鉄の規律を誇ることになる。長州で高杉晋作が奇兵隊を旗上げしたのもこの年である。

※酒井忠績《ただしげ》（播磨姫路）、有馬道純《みちずみ》（越前丸岡。播磨山崎藩本多氏からの養子）、牧野忠恭《ただゆき》（越後長岡）が老中となった。牧野の家老は河井継之助《かわいつぐのすけ》である。

長州の暴発に反発するやつ、同情するやつ

一八六四年（文久四年・元治元年）
- 池田屋事件が起きる（六月）
- 禁門の変で長州が敗れる（七月）
- 第一次征長戦争と下関砲撃（八月）

孝明天皇の信頼が厚かった中川宮《なかがわのみや》とは、のちの久邇宮朝彦親王《くにのみやあさひこ》で、香淳皇太后《こうじゅんこうたいごう》の祖父、東久邇稔彦《ひがしくになるひこ》元首相の父にあたる人物である。この中川宮邸で一橋慶喜が泥酔し、春嶽、久光、宗城の三侯を「天下の奸物《かんぶつ》」、中川宮には「薩摩に金をもらっているだろう。私がかわりに面倒を見るから薩摩からはもらうな」と罵るという事件が起きた（二月）。

参与会議への信頼を梃子《てこ》に朝廷の頑迷な攘夷論も和らぎ、一月には公武一体を強化するため将軍家茂が再び上京するなど、春嶽らの構想通りに雄藩連合による政権運営が進みそうになった。だが、薩摩が突出した印象であったため、江戸在府の老中たちから猛反発が出ていた。在京老中で姫路藩主の酒井忠績などから、「久光は自分が将軍になる気ではないか」という囁きもあったところに、中川宮までもが慶喜よりも久光の意向に沿って動いているのをみた慶喜は、参与会議を毀《こわ》す気でこの挙に出たのである。あまりのことに春嶽は帰国し、参与会議も空中分解した。

京都では尊王攘夷派によるテロが続き、開国派のイデオローグ・佐久間象山などが犠牲となった。対して六月には、新撰組が反撃して長州浪士らを切った「池田屋事件」が起きた。

こうしたテロの応酬で騒然とするなか、長州が朝廷での復権を狙って兵を上京させてきた。鳥取、岡山、広島、福岡などの藩は長州に同情的だったが、薩摩、熊本、土佐、久留米《くるめ》などの藩が強硬策を主張し、孝明天皇もこれを支持した。そして、水戸藩出身で尊王攘夷を唱える長州にどちらかといえば同情的だった慶喜も会津側につき、あせった久坂玄瑞《くさかげんずい》ら長州兵が「禁門（蛤御門《はまぐりごもん》）の変」を起こして、会津、薩摩などに撃退された。このとき新撰組は御所を守るとともに、久留米出身で長州軍に参加した志士・真木和泉《まきいずみ》を天王山に追いつめ滅ぼした。

その後、八月の「四国艦隊の下関砲撃」、一一月には「第一次征長」と続く。長州藩がとりあえず三家老を切腹させるなど恭順させたことで収まったのは、雄藩がいずれも長州藩を取り潰すことを望まなかったからである。この時の征長軍の大将は、松平容保の兄である尾張慶勝だが、この人物と尾張藩がキャスティングボートを握る場面が多くなってくる。

また、事件後に、会津藩主導で長州藩関係者などを片っ端から斬った苛烈な処分には、幕臣の勝海舟なども懸念を示したほどで、会津への京都市民の反感と長州への同情も強まった。長州の反撃への不安、孝明天皇と接近しすぎることに伴う幕府との摩擦、財政負担の増大などを心配して、会津藩自身の国元や江戸藩邸からは京都からの引き上げを求める声が高まったが、容保と京都駐在者はこれを無視した。

この年の三月、水戸藩では、尊王攘夷派の一派「天狗党」の乱が起きるが、保守派に敗れ、つぎに慶喜との連携を求めて大部隊で西上し各地に混乱をもたらすが、越前で三五〇名が刑死した。この事件で慶喜は彼らを見殺しにして尊王攘夷派の期待を裏切った(一五九ページ参照)。

また、九月に、幕府は参勤交代制の復活を宣言したが、各藩はおおむねサボタージュを決め込んだ。

※京都所司代《しょしだい》として八月一八日政変を指揮した稲葉正邦《いなばまさくに》（山城淀《やましろよど》藩）のほか、阿部正外《まさと》（陸《む》奥白河《つしらかわ》藩）、諏訪忠誠《すわただまさ》（信濃高島藩）、松前崇広《まつまえたかひろ》（蝦夷松前藩）、本庄宗秀《ほんじょうむねひで》（丹後宮津藩。当時は松平を姓としていた。本荘とも書く）が老中になった。

もてはやされた「一会桑《いっかいそう》」トリオ

一八六五年（元治二年・慶応元年）
- 高杉晋作《たかすぎしんさく》らが長州藩で政権奪取（三月）
- 将軍家茂が征長のために大坂へ（五月）
- 兵庫開港問題で幕府・朝廷・慶喜対立（九月）

閏《うるう》五月（太陰暦で年によって五月と六月の間にあった）に、将軍家茂が長州再征へ向けて上洛した。前年の雄藩主導での和睦に不満だったのである。

朝廷では一会桑トリオへの信頼が高まり、孝明天皇は彼らに全面的な信頼を与えた。「一会桑」とは、政事後見職の一橋慶喜、京都守護職である会津の松平容保、それに容保の実弟で前年から京都所司代に就任した桑名の松平定敬《さだあき》を指す。

長州では高杉晋作らが藩内クーデターに成功し幕府に徹底抗戦する方針が固まったが、土佐では武市半平太《たけちはんぺいた》が切腹させられるなど土佐勤王派が弾圧された。

上洛した家茂との御前会議で、長州に対する最終処分につき、阿部正外や松平康英《やすひで》らの厳罰論と一会桑らの寛容論が衝突するが、寛容な案でまとまり、家茂は大坂に下がり待機することになる。ここに幕府は事実上、大坂に移転したのと同然になった。

このころから秋までの短い期間であるが、一会桑は将軍や幕閣の信頼も得て絶頂期を迎える。改めて確認しておかなければならないが、一会桑はこの短い期間を除いて家茂や老中たちと良好な関係になかったし、会桑兄弟と慶喜が良好な関係だったのも、一八六四年の禁門の変から長く見ても一八六六年後半までだけである。

しかし、雄藩のほとんどは長州処分は三家老切腹などで済んだ話と冷たい反応であった。このころから、土佐を仲介にして薩長和解への模索が始まり、とりあえず、坂本《さかもと》龍《りょう》馬《ま》が設立した亀山社中《かめやましゃちゅう》が薩摩の名義で長州のために艦船や武器などを外国から買うことに薩摩が同意し、これが四境《しきょう》戦争（第二次征長の長州側での呼称）での長州の勝利の決め手となる。

九月になって長州征伐の勅許は出たが、一方、大坂では英仏蘭米の四カ国の外交使節が兵庫開港を要求して軍艦を出し、恫喝してきたので、幕府の頭痛の種になった。幕閣では老中・阿部正外らが幕府専権で開港しようとするが、京都の慶喜はこれに反対し、朝廷に阿部と松前の官位を剥奪させるという奇手で妨害した。官位がなくなるということは公民権停止のようなもので、老中であることもできなくなったのである。朝廷が老中のクビを切ったのだから、幕府の権威は地に墜ちた。

それならと家茂が将軍を辞任し慶喜に譲ると開き直るなど、慶喜と家茂周辺の対立が深刻化したが、慶喜が夜通しの朝議で強引に条約についての勅許を得たことでとりあえず収まった。一方、容保は攘夷が貫徹できなくなったことを気に病み引きこもってしまった。

※江戸では松平康英(磐城棚倉藩。のちに川越に移封)が老中格、次いで老中になった。旗本で欧州各国に外交交渉で渡ったこともある国際派だったが、親戚の養子となって大名になったのである。なお、「一会桑政権」という考え方については、『孝明天皇と「一会桑」――幕末・維新の新視点』(家近良樹著／文春新書)に詳しい。

薩長が手を結び、将軍と天皇がこの世を去る

一八六六年（慶応二年）

・薩長同盟が成立する（一月）

・第二次征長戦争と将軍家茂の死去（七月）

・孝明天皇が急死する（一二月）

国政の主導権をめぐる激しい政争は「一会桑」の勝利に終わったのだが、逆に、彼らは攘夷派、親長州派からの正面攻撃にさらされることになり、とくに、第二次征長の可否をめぐって薩摩との関係が悪化したことは痛かった。これを受けて薩摩は、慶応二年の正月、坂本龍馬の斡旋で薩長同盟を密かに結んで長州征伐に参加しないことを約束し、西郷隆盛は老中に再任されていた板倉勝静に不出兵を通告した。

六月になって幕府軍による長州攻撃が開始されたが、大村益次郎《おおむらますじろう》が率いる長州軍に石州《せきしゆう》口《ぐち》で浜田城が陥落させられるなど圧倒され、敗報が相次ぐなかで、脚気を病んでいた家茂は大坂城で不帰の客となった。

慶喜は、弔い合戦を戦うと意気軒昂で、孝明天皇もこれを強く支持し、石清水八幡宮など

に勝利の祈祷を命じた。だが、藩主不在の小倉城を守っていた老中・小笠原長行が高杉晋作らの攻撃を受けて開城逃亡した報に接するや、将軍死去を理由に休戦してしまったので、孝明天皇も神様に大恥をかくことになってしまった。当時の人の感覚とすればたいへんなことであった。

この休戦に松平容保は強く抗議して、慶喜と会津の蜜月は終わった。これ以降の会津は、幕府のためでなく自分の名誉と藩の存亡のために戦っただけで、忠義でも何でもない。一方、慶喜と対長州和平路線をとってきた薩摩の間には、一次的に融和ムードが漂った。

慶喜はまず徳川家相続のみを受け、もったいぶりつつ将軍就任を受けて地歩を固めたが、孝明天皇の崩御という思いもかけない事態が慶喜に大打撃を与えた。

※家茂在職中に、維新後も活躍する俊才・松平乗謨《のりかた》(信濃田野口《たのくち》藩)、そして水野忠誠(沼津藩。三河岡崎藩主本多忠考《ただなか》の子)が老中となり、稲葉正邦、板倉勝静も再任された。ただし、水野は広島で陣没している。また、家茂の死後、慶喜は幕府海軍の創設に力を発揮していた稲葉正巳《まさみ》(安房館山)を新たに老中にした。

江戸三〇〇年に終止符を打たせた土佐の妙案

一八六七年（慶応三年）
- 明治天皇が践祚《せんそ》（一月）
- 将軍慶喜が大政奉還する（一〇月）
- 王政復古の大号令（一二月）

孝明天皇崩御を受けて、皇太子睦仁《むつひと》（明治天皇）が新年早々に践祚したが、これにより祖父で倒幕派寄りの公家である中山忠能《ただやす》が、外祖父として「玉（天皇）を抱える」ことになった。三月から五月にかけて兵庫開港問題と長州復権をめぐって緊張が高まり、慶喜は島津久光、松平春嶽、山内容堂、伊達宗城らと諸侯会議を開いて協議したが、兵庫開港を先に決めるという慶喜と長州復権が先だという久光の対決が解けなかった。慶喜は兵庫開港につき強引に朝廷を説得するのに成功して窮地を脱したが、久光との溝はかえって修復不可能になった。路線の違いというより、人間関係がうまくいかなかったのである。

慶喜はフランス人顧問の指導のもとで軍制改変を行うなど幕政改革に意欲的に取り組み、木戸《きど》孝允《たかよし》をして「家康の再来を見るごとくである」と警戒させ、薩摩はあわてた。以後は、島津久光・西郷・大久保と慶喜との知恵比べになるのだが、慶喜が藩主としての経験を持たず、当然に家臣らしい家臣もなかったことが慶喜にとっては辛かった。のちに大坂に下がったあと、再起を促す板倉勝静に「幕府に西郷も大久保もいないではないか」と語った慶喜は、実に本質を洞察していたというべきである(慶喜の政権構想については第三章で考える)。

そして、一〇月からいよいよクライマックスを迎えるのだが、ここからは、より細かく時系列で事態を追っていく。

坂本龍馬による「船中八策」は六月に書かれた。大政奉還、議会の開設、実力主義による人材登用、法の整備、国軍の創設などのポイントが的確かつ簡潔に盛り込まれた見事なものであったので、山内容堂も喜び、これを下敷きにして土佐の後藤象二郎《ごとうしょうじろう》らが「大政奉還」を慶喜に提案し、受け入れられた(土佐の考え方については第五章参照)。慶喜とすれば中央政府としての責任から逃れながら、四〇〇万石の領地と兵力を維持し、実質的に新政府を牛耳れる妙案とみてこれに飛びついた(一〇月一四日)。

融和派になっていた坂本龍馬が暗殺され、それによって討幕派にバランスが傾き、慶喜にとってたいへん痛い出来事になった(一一月)。

孝明天皇から嫌われて追放されていたが、新帝践祚で朝廷への復帰を果たした岩倉具視《いわくらともみ》と薩摩の大久保利通は、「王政復古」により幕府や摂関制を廃止するとともに、慶喜から官位と天領を取り上げようと「辞官納地」を企てた。その場となったのが小御所会議で、ここに参加していた大名は、山内容堂、松平春嶽、島津茂久、浅野長勲《あさのながこと》、尾張慶勝であった。「幼《よう》沖《ちゅう》の天子を擁し、権柄を盗まんとする野望にあらざるや」と容堂が叫び、岩倉具視が、「聖上は不世出の英主であらせられる。今日の挙は天皇の聖断である。それを幼冲の天子を擁してとは何か」と切り返した有名な場面はこの時である。この会議の結果を二条城の慶喜に伝える使者となったのは、尾張慶勝と松平春嶽であり、一方、松平容保・定敬兄弟はこの会議の日、慶喜に罷免されていた(一二月九日)。

慶喜は朝敵となることを好まず、ただちには反撃に出なかった。また、会津兵らが暴発して御所を襲うことなどを恐れ、京都から脱出して大坂に向かった(一二月一二日)。

大坂で慶喜は慎重に時を待ち、尾張と越前が中心になって納地の条件を詰めて骨抜きにすることを試みるなか、あくまで慶喜排除を貫徹しようとする薩長の立場はむしろ孤立化していった。慶喜の再上洛や議定就任などの具体的条件が詰められ、いまや慶喜にとって邪魔者となった会津、桑名両藩は帰国させる方向となった。

これに焦った西郷隆盛は、浪士を雇い江戸市中で放火などを繰り返し、幕府方が武力行使をするように挑発したところ、江戸警護の庄内藩などが愚かにも薩摩藩邸に放火した（一二月二五日）。

※この激動の年にあっても、大政奉還以前だが、松平定昭《さだあき》（伊予松山藩）、大河内正質《おおこうちまさただ》（大多喜藩《おおたき》）、酒井忠惇《ただとし》（姫路藩）が老中や老中格に任命されている。ただし、松平定昭はこんな時に火中の栗を拾うものではないという自藩からの反対もあり、すぐに辞任している。

新政府軍による全国統一行脚《あんぎや》で終わる「幕末維新」

一八六八年（慶応四年・明治元年）

- 鳥羽伏見の戦いで官軍勝利（一月）
- 江戸城が無血開城する（四月）
- 会津藩が降伏し戊辰戦争終結へ（九月）

江戸での薩摩藩邸攻撃の報に刺激された会津兵や一部の幕臣が、熟慮することなく武装上洛をめざしたのを薩摩軍が拒み、鳥羽伏見の戦いとなった。新政府が仁和寺宮《にんなじのみや》嘉彰《よしあきら》親王を征討将軍とし、後醍醐《ごだいご》天皇の時代を彷彿とさせる「錦《にしき》の御旗《みはた》」を五重塔が聳《そび》える東寺に掲げたのが決定打となって、幕府軍は総崩れとなった。とくに、津藩が淀川対岸から幕府軍を砲撃し、江戸詰老中・稲葉正邦の淀城までもが幕府軍の入城を拒否したので、幕府軍は崩壊し敗走するしかなかった（一月三日から六日。鳥羽伏見の戦いの詳細は七九ページ）。

慶喜は反撃を求めていきり立つ将兵に困り果て、老中首座・板倉勝静、松平容保と定敬らをなかば騙して連れ出し、軍艦「開陽丸」に乗って江戸に帰ってしまった（一月六日に出発。一二日に江戸城に入る）。追って、近藤勇らも軍艦で江戸に帰り、会津や桑名の兵、幕軍は紀州などを経て帰国した。容保や近藤らからすれば裏切りだが、慶喜とすれば自らと徳川家を滅ぼしかねない過激派を上手に切ることに成功したということだ。

新政府により山陰道鎮撫《ちんぶ》総督に西園寺公望《さいおんじきんもち》、東海道に橋本実梁《はしもとさねやな》、東山道に岩倉具定《いわくらともさだ》、北陸道に高倉永祜《たかくらながさち》、中国四国に四条隆謌《しじょうたかうた》、九州に沢宣嘉《さわのぶよし》が任命され、各藩の恭順を促し、桑名城、伊予松山城を接収し（一月四日以降順次）、さらに、有栖川宮熾仁《ありすがわのみやたるひと》親王を東征大総督に、西郷隆盛らを参謀として総督府を組織した（二月六日）。

江戸では松平容保、小栗忠順など抗戦を主張したが、慶喜は勝海舟、稲葉正邦など恭順派の意見をとり、二月一二日に上野で謹慎した。また、最後まで老中、あるいは老中格を務めていた板倉勝静、松平康英、稲葉正邦、松平乗謨、稲葉正巳、大河内正質、酒井忠惇、それに一月に就任したばかりの立花種恭《たちばなたねゆき》が辞任した。東海道軍は駿府城に入るが、ここで態勢を整えるためにしばらく留まり、東山道軍は信州などに順調に展開していった（二月）。

甲州では近藤勇らの甲陽鎮撫隊が反撃するが板垣退助《いたがきたいすけ》らに敗れ、内部対立から永倉新八《ながくらしんぱち》らが新撰組から離脱した。東山道軍は碓氷《うすい》峠から板橋まで進出するが、その途中、年貢半減を餌に農民を煽動していた赤報隊《せきほうたい》を偽官軍として処断しなければならず、また、関東では一揆に悩まされていた。東海道方面では、西郷隆盛らが江戸城と慶喜にとどめを刺そうとするが、横浜開港地への波及を恐れた英国公使パークスらの圧力で翻意し、勝海舟と会談し無血開城が決まった（四月）。

京都では五箇条の御誓文が発表され、大久保利通は天皇を大坂に行幸させて浪速《なにわ》遷都《せんと》を模索したが公卿たちの抵抗が強く断念した。一方、九条道孝《くじょうみちたか》が奥羽《おうう》鎮無総督となり、海路、仙台に入ったが、この段階では東北各藩の協力が得られる見通しだった。しかし、このあと会津藩の強硬姿勢を仙台藩らが説得できず、凄惨な戊辰戦争が展開される（三月。東北戦線についての詳細は二二五ページの通りである）。

慶喜は水戸に退いたが、関東各地で旧幕府勢力による抵抗が続いた。大鳥圭介《おおとりけいすけ》(歩兵奉行)が宇都宮城を一時占拠するが撃退され、近藤勇は流山《ながれやま》で逮捕され板橋で斬首された(四月)。旧幕府勢力のうち小栗忠順は斬首されたが、松平定敬(桑名藩主)、河井継之助(長岡藩)らによる抵抗が本格化した。一方、江戸では家達《いえさと》による徳川宗家相続が許可された(閏四月)。東北で奥羽列藩同盟が成立したが、江戸では彰義《しょうぎ》隊が鎮圧され、長岡城が第一回の落城をし、白河に板垣退助が入った。小田原藩が請西《じょうざい》藩など旧幕府派と連携するが鎮圧される。また、徳川家達に駿府七〇万石が与えられると決まった。新撰組の沖田総司《おきたそうじ》が江戸で病死したのもこのころである(五月)。

列藩同盟では、秋田藩が脱退し、平藩、二本松藩が落ちて勝敗の帰趨《きすう》が明らかになった(七月)。

会津へ逃亡の途中に河井継之助が傷の悪化から死亡する。会津総攻撃が始まり、榎本武揚《えのもとたけあき》は軍艦とともに北海道に脱走した(八月)。

明治に改元するとともに、天皇が親征のため京都を出発し江戸に向かった。だが、会津藩が降伏して、実質的には戊辰戦争は終わった(九月)。

天皇が江戸に入り、「東京」と改称した。この時点では東西二首都論などもあったが、新政府の最高権力者となった三条実美が、関東での旧幕府勢力による反乱防止のためには遷都して皇室が関東に乗り込むことが必要と主張し、それが通っていくことになる(一〇月)。

そののち、翌一八六九年には版籍奉還が行われ(六月)、前年から榎本武揚ら幕府の残党が籠城していた五稜郭《ごりょうかく》が陥落して戊辰戦争が終わった。この時までに、板倉勝静、小笠原長行、松平定敬といった殿さまたちは家臣たちの説得で箱館を離れていたが、土方歳三《ひじかたとしぞう》は戦死した(八月)。

こうして幕末維新の激動の時代は終わり、翌々年の一八七一年には廃藩置県が行われ、ここに江戸三〇〇藩は終焉を迎えたのである。

そののちの最後の殿さまたちの運命がどうなったかだが、これは第七章のテーマとすることとして、第三章以降は、三〇〇藩それぞれの幕末維新を俯瞰《ふかん》していくこととしよう。

※幕府方について、どの時点でどういう呼称にするか難しいところである。大政奉還と王政復古により幕府はその地位を失ったと見るべきなのだろうが、完全に組織として実態を失う江戸開城までは幕府、幕府軍などとしておく。

慶喜はとことん恭順したかったが、出陣を要請する諸兵に押されて自ら先頭に立つことを約束して欺く一方、板倉勝静《いたくらかつきよ》ら幕府中枢のほか、藩を挙げて官軍に抵抗しかねない松平容保《まつだいらかたもり》、定敬《さだあき》兄弟らを有無をいわさず連れて大坂城を抜け、一夜を米国軍艦で過ごしたあと、幕府軍艦・開陽丸で江戸に脱出した。その後、指揮官たちに置き去りにされた幕府軍将兵は、紀伊などを通っておのおの江戸や各領地に帰っていった。

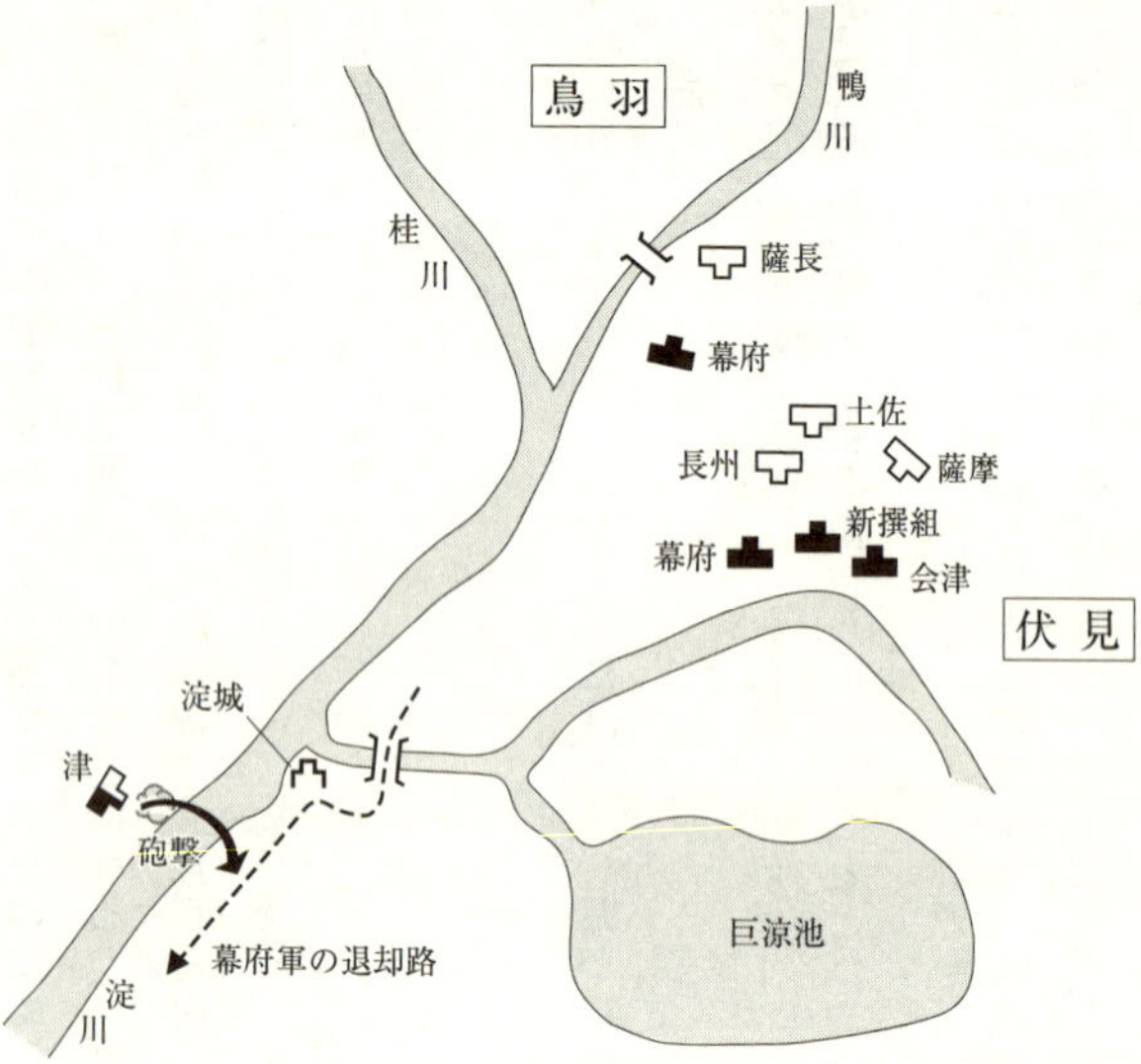

命運を分けた4日間戦争

最後の将軍・徳川慶喜が大坂に下ったあとの情勢は、慶喜にとって悪いものではなかった。新政府に慶喜を参加させようという土佐・越前などの意見が主流で、手詰まりになったのは薩摩の方であった。そこで、西郷隆盛は相楽総三《さがらそうぞう》ら浪士を使って江戸で治安を乱す事件を起こさせたので、庄内藩などが薩摩藩邸を襲撃し、これに刺激されて大坂にあった幕臣の過激派や会津藩が慶喜を圧迫して挙兵上洛を試みた。しかし、慶喜は病気を装って出馬を拒否した。

大坂方面から京都に向かう二つの道のうち西にある鳥羽街道を進んだ大目付・滝川具挙《たきがわともたか》は、鴨川の手前で薩摩藩兵に阻止され、にらみ合ううちに薩摩側が発砲し戦闘に入った。1868年1月3日午後5時頃のことである。油断していた幕府先鋒隊は総崩れになるが、大多喜藩主・大《おお》河内正質《こうちまさただ》らに率いられた桑名、松山、高松、大垣各藩や見廻組《みまわりぐみ》が踏みとどまり、とくに桑名藩兵は善戦した。

一方、東の伏見街道では、伏見奉行所が幕府の本営で、陸軍奉行・竹《たけ》中重固《なかしげかた》が会津藩、新撰組、フランス伝習隊などを指揮した。この方面の官軍は長州藩が主力で、薩摩藩の一部も加わった。

このころ、大津方面には徳島藩などが官軍側で展開したが、そのなかに彦根藩が加わっていたことは象徴的な意味を持っていた。西園寺《さいおんじ》公望《きんもち》ら山陰道鎮撫使は、5日に丹波に向けて出発して、敗戦の場合の玉座移動に備えた。また、多くの藩は戦闘には加わらなかったが、官軍側で京都市内の警備に当たった。

3日夜半に東寺に「錦の御旗」が掲げられ、これを機に伏見方面で土佐藩などが本格参戦して幕府軍を退却させ、鳥羽方面にも応援に廻ったので、幕府軍は淀方面に退却した。4日夕方、幕府軍は淀城に入城要請をしたが拒否されたので、八幡方面に退却した。さらに、6日朝、淀川の北側に陣取っていた津藩が官軍に転じ、南側を退却する幕府軍に砲撃を浴びせ、幕府軍は総崩れとなって大坂に落ちた。

幕末中心人物の生没年グラフ

氏名	生年	黒船来航時年齢（1853年末）	明治維新時年齢（1867年末）	没年	藩
水野忠邦	1794			1851	浜　松
徳川斉昭	1800	53		1860	水　戸
島津斉彬	1809	44		1858	薩　摩
堀田正睦	1810	43		1864	佐　倉
鍋島閑叟	1814	39	53	1871	佐　賀
井伊直弼	1815	38		1860	彦　根
島津久光	1817	36	50	1887	薩　摩
伊達宗城	1818	35	49	1892	宇和島
阿部正弘	1819	34		1857	福　山
毛利敬親	1819	34	48	1871	長　州
安藤信正	1819	34	48	1871	平
勝　海舟	1823	30	44	1899	（江　戸）
山内容堂	1827	26	40	1872	土　佐
西郷隆盛	1827	26	40	1877	薩　摩
松平春嶽	1828	25	39	1890	福　井
吉田松陰	1830	23		1859	長　州
孝明天皇	1831	22		1866	（京　都）
近藤　勇	1834	19	33	1868	（武蔵国）
松平容保	1835	18	32	1893	会　津
坂本龍馬	1835	18		1867	土　佐
徳川慶喜	1837	16	30	1913	水　戸
高杉晋作	1839	14		1867	長　州
浅野長勲	1842	11	25	1937	広　島
徳川家茂	1846	7		1866	紀　州
明治天皇	1852	1	15	1912	（京　都）

第三章

日和見主義の多数派が流れを決めた

尾張藩主・徳川慶勝と名古屋城

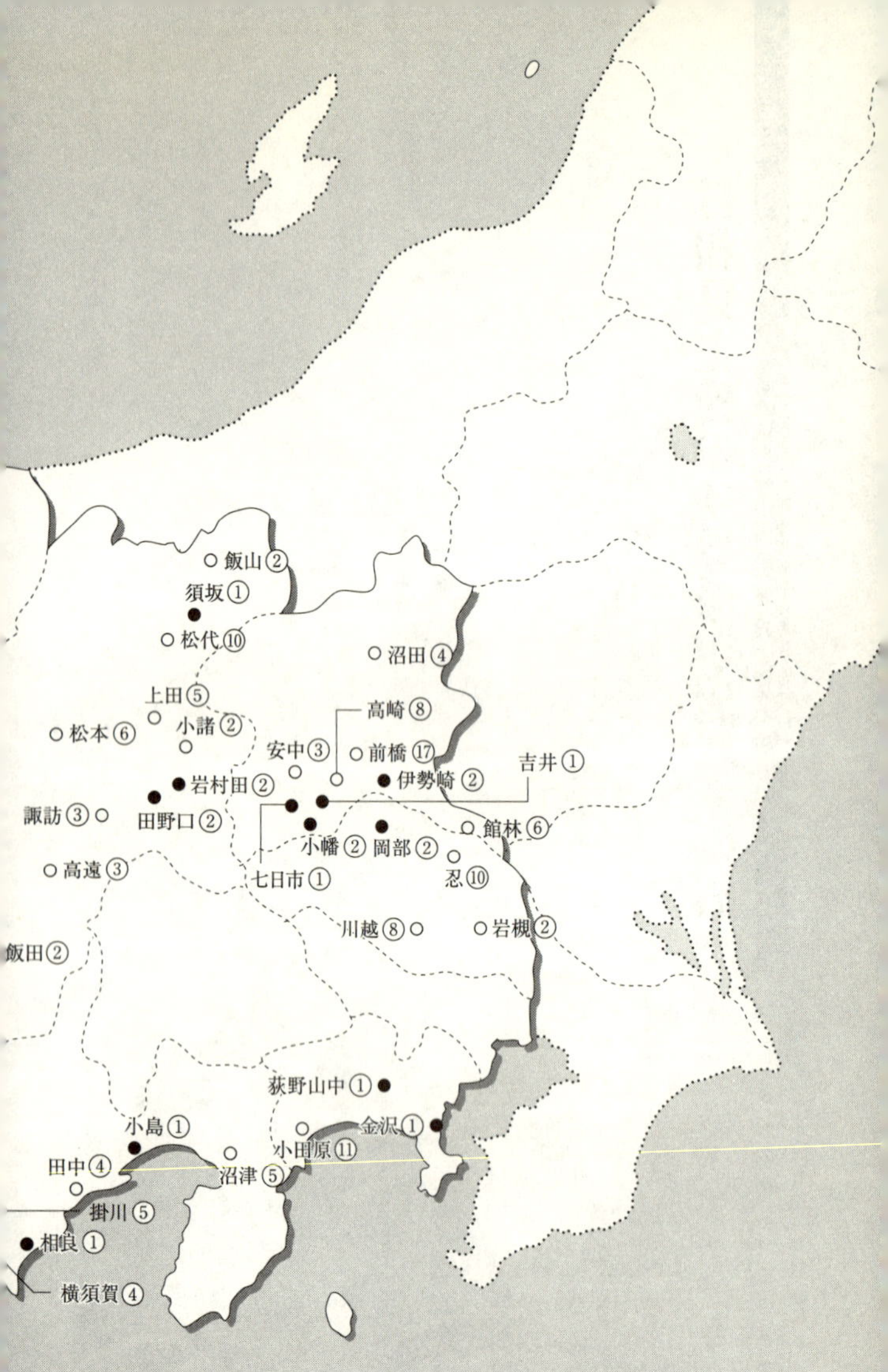

※1868年、静岡県浜松市館山寺に「遠江堀江藩（1万石）」、静岡県静岡市に「駿河静岡藩（70万石）」がそれぞれ創設された

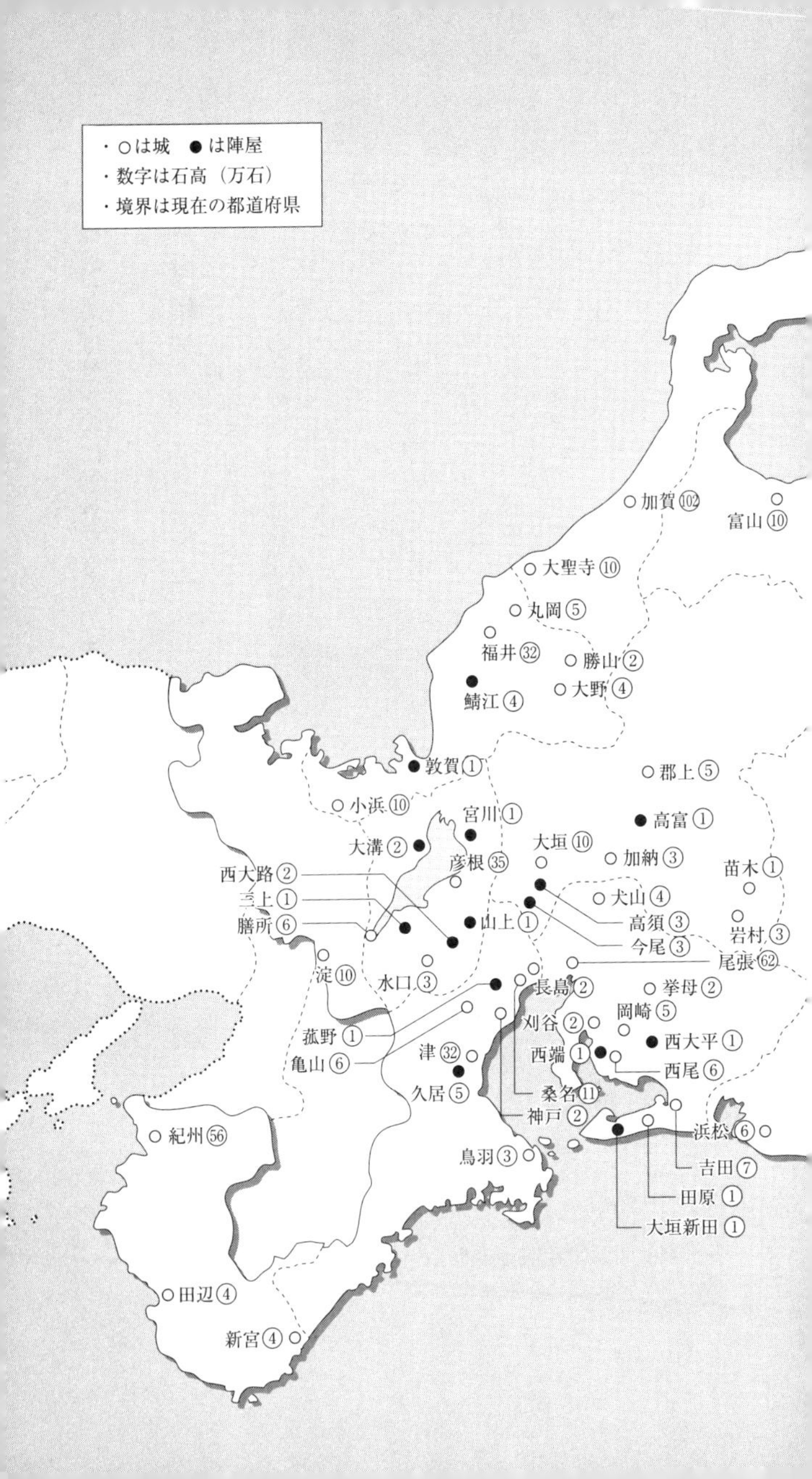

・○は城　●は陣屋
・数字は石高（万石）
・境界は現在の都道府県
加賀102
富山⑩
大聖寺⑩
丸岡⑤
福井㉜
勝山②
大野④
鯖江④
敦賀①
郡上⑤
小浜⑩
宮川①
高富①
大溝②
大垣⑩
加納③
彦根㉟
苗木①
西大路②
三上①
犬山④
高須③
膳所⑥
山上①
岩村③
今尾③
淀⑩
尾張62
水口③
長島②
挙母②
岡崎⑤
刈谷②
菰野①
西大平①
亀山⑥
津㉜
西端①
西尾⑥
久居⑤
桑名⑪
神戸②
紀州56
浜松⑥
鳥羽③
吉田⑦
田原①
大垣新田①
田辺④
新宮④

新政府を喜ばせた実に意外な彦根の決心

近江《おうみ》 彦根《ひこね》藩

江戸三〇〇藩の幕末維新を語るのに、薩長からでも、会津や長岡などでもなく、彦根藩（三五万石）から始めるのには意味がある。たしかに、この激動の時代の華麗なる主役は王政復古の中核となった西南雄藩であり、敵《かたき》役は佐幕を貫き通し、奥羽列藩同盟に参加した藩などである。

しかし、この本の趣旨が、大名たちから見た幕末維新だとすれば、こうした主役や敵役よりも大勢を占める迷える子羊たちにスポットを当てるべきだと思うのである。彼らは、勤王の論理が正論であること、幕府には恩義があること、自藩の存続繁栄が現実問題としては最も重要であることなどの間で揺れ動きつつ、それぞれ結論を出していったのである。

そこで、最初に、江戸にかわって政治の中心になっていた京都近辺から始め、中部、関東、東北と話を進め、ついで、変革の原動力になった薩長土肥など西南雄藩から四国や中国地方、そして大坂近辺の藩という順序で展開することにする。なお、藩や藩主の記述の原則については、「はじめに」末（一三ページ）を参照していただきたい。

さて、井伊大老が桜田門外の変で暗殺されるまでは、彦根藩は歴史の主役だった。直弼はなんと一四男として生まれ、長い間、養子のもらい手もない部屋住みの身だった。住まいは埋木舎《うもれぎのや》といって、彦根城二の丸の壕に面した簡素な武家屋敷である。ここで勉学にいそしみ教養を高めたほか、彦根が京都に近いことで情報は豊富だったし、庶民のなかで暮らしていただけに世間知らずのお殿さまでもなかった。

「花の生涯」といわれる直弼の時代が突然の終止符を打って、名門井伊家の中央政界での活躍は終わり、時代の奔流のなかで汚名を着せられる羽目になった。しかし、そうした受け身の立場のなかで、彦根藩の決断は意外に重い意味を持つのである。

藩主が暗殺されたときには、お家断絶が原則である。しかし、そんなことをすれば水戸藩と彦根藩の全面戦争になりかねないので、老中・安藤信正らが直弼は一命を取り留めたことにして、のちに病死したという建前を採ったことはすでに書いた。

この時、嫡子で最後の藩主の**井伊直憲**《なおのり》(19)は一三歳だった。だが、島津久光らによる事実上のクーデターで一橋慶喜《ひとつばしよしのぶ》や松平春嶽《しゅんがく》らの政権が成立すると、通商条約を無断締結したり桜田門外の変での横死を隠したことは不届きであるとして、一〇万石の削減と京都守護解任などの処分を受けた。藩内でも、長野主膳を藩主を惑わせた罪で粛清するなど、新しい時代における幕府の方針のなかでなんとか活路を探るしかなかった。

彦根藩は幕閣で名門にふさわしい扱いを受けることもなく、横浜や大坂湾の警護、天狗党征討などに次々とこきつかわれ、第二次長州戦争では旧式の装備もあって芸州口で惨敗した。現職の将軍家茂擁立の第一の功労者に対するこの冷たい仕打ちに、彦根藩の幕府に対する気持が冷めていったのも当然であろう。

大政奉還ののちは、いち早く勤王の立場を取り、早くも一一月八日に藩主直憲自らが上京しているが、これは、薩摩、広島、尾張、越前といったところと同列である。

王政復古ののちも積極的に新政府支持を表明し、岩倉具視《いわくらともみ》をして、「彦根藩の勤王宣言は、たとえ嘘でも（本心でなくとも）」たいへん大きな意味があると喜ばせており、全体の流れを作るうえで大きな功労があった。彦根の方でも、南北朝時代に井伊道政が宗良《むねなが》親王を擁して遠江奥山城で北朝と戦ったこと、藩祖直政《なおまさ》以来、京都守護として皇室を守ってきたことなどを持ち出し、勤王の藩であることを強調すること尋常でないほどだった。

鳥羽伏見の戦いでは戦闘に加わらなかったものの、幕府軍の本拠・伏見奉行所を見下す丘の上にある龍雲寺の持ち場を薩摩の砲撃基地として提供し、自らは大津で東海道方面からの幕府軍の来襲に備えた。このことも、大久保利通《としみち》は、「よほど奮発したもので、是非とも実行を上げて罪を償おうということである。実に世の中は意外なものである」「彦根が官軍に属したので、近江の道は関ケ原まで開け、しばらく大坂の道が絶えても差し支えることがない」と鹿児島に書き送り、彦根藩の決断が重い意味を持っていることを喜んだ。

桑名藩の制圧、小山・宇都宮での戦闘、会津攻めなどにも積極的に参加したが、特筆すべきは近藤勇の逮捕である。四月二日、下総流山付近に一団の兵が屯集しているとの報せがあり向かったところ、隊長の大久保大和と称するものが大砲三門、銃一一八挺を差し出した。この大久保が近藤勇だったわけである。このとき近藤は名を偽って運を天に任そうとしたのだが、彦根藩士・渡辺九郎左衛門が正体を見破り、越ケ谷、次いで板橋に護送し、ここで処刑となった。

そして、賞典禄も二万石というトップクラスの処遇を受け、戊辰《ぼしん》戦争の翌年の一八六九年には、藩主直憲は有栖《ありす》川宮熾仁《がわのみやたるひと》親王の王女と結婚するなど、戊辰戦役における彦根藩の功績はあらゆる意味で高く評価されたのである。

ところが、のちにも書くが、爵位授与の際に、決して井伊大老に対する恨みというわけでなく非公開の内規を機械的に適用しただけなのだが、石高からいえば侯爵となれそうなところを伯爵とされた。

さらに、県庁所在地も大津に取られたということもあり、官軍に協力したことが何だったのだろうかという思いから、彦根では佐幕的な気分が強くなって現代に至っている。

いま、彦根の市民たちに、戊辰戦争で井伊藩が官軍の先頭にあって大手柄を立てたと話すと驚く人がほとんどである。「会津と一緒じゃなかったんですか」という人もあるほどである。このあたりがなんとも正しい歴史認識の難しさを感じさせるところなのである。

彦根では、国宝の天守閣を始め、数々の櫓《やぐら》や門、それに玄宮園《げんきゅうえん》という庭園や城下町まで、すべてがよく残っている。また、御殿を復元した彦根城博物館は、展示品の質からいってもこの種のものとしては全国でもナンバー1である。

御旗とともに官軍になびいた稲葉と藤堂の「裏切り」

山城《やましろ》 淀《よど》藩

鳥羽伏見の戦いで官軍の勝利を完璧なものにした陰の功労者が二藩ある。淀藩(一〇万二千石）と津《つ》藩である。

この徳川に最も忠実だと見られていたふたつの藩は、戦闘の始まりにあっては幕府側にあるように見えた。それが、錦の御旗が出るや官軍に寝返ったのである。とくに淀藩の場合には、最後の藩主である**稲葉正邦**《まさくに》（33）が江戸在住の老中筆頭だったのだから、いくら錦の御旗が出たといっても破天荒な行動だった。

稲葉家は春日局の子孫で、正邦は二本松藩丹羽氏からの養子である。藩政は家臣に任せ、もっぱら幕閣での仕事に没頭した。一八六三年六月から京都守護職の松平容保《かたもり》とともに京都所司代として長州藩追放の八月一八日政変を指揮して、尊王攘夷派弾圧の主役となり、一八六四年四月には老中に転じて第一次長州戦争を指揮した。いったん、老中を辞職するが、一八六六年に再任され、江戸にあって国内事務総裁を兼任していた。将軍慶喜が京都にあるなかで、いわば江戸における幕府の最高責任者だったのである。

しかし、淀藩の立場は最初から明確なものではなかった。淀城下を幕府軍に使わせていたという意味では幕府側だったのだが、官軍からも道を誤らないように勧告があり、尾張藩が慎重な行動を強く求めてきた。それでも、戦いの最初の二日は模様眺めだったのだが、三日目に鳥羽街道で敗退してきた幕府先鋒・滝川具挙《たきがわともたか》らが反撃の拠り所として淀城に入ろうとしたところ、城門は固く閉ざされたのである。

ところが不思議なことに、江戸に帰った慶喜のもとで殿さまの正邦は引き続き老中を務めて、恭順派をまとめるのである。会津や新撰組が好きな人には申しわけないが、錦の御旗が出た以上は従うという慶喜に忠実だったのは、むしろ淀藩だったのだ。

そして、翌年の二月になって、老中を辞めた正邦は淀に向かうのだが、このとき朝廷に対する慶喜自筆の弁明書を託された。この手紙は、正邦が途中で官軍に拘束されたりしている内に江戸開城になったので役に立たなかったが、ともかく、正邦はたいして罰せられることもなく淀城に帰還し、淀藩も京都周辺の警備を担当して新政府に尽くした。

淀城は宇治川と桂川の合流地点にあり、淀川を行き交う舟から望める大きな水車で有名だったが、明治になって合流地点がもっと下流になったので景観は失われた。現在では、淀競馬場近くの陸地のなかに見事な本丸の石垣が残るだけである。

伊勢《いせ》 津《つ》藩

津（三二万三千石）の藤堂氏は、藩祖高虎《たかとら》のときに伊予から移ってきてからというもの、いちども転封もされずに安定した治世を行ってきた。藤堂家は近江源氏の末流で滋賀県の甲良町というところの出身である。浅井家に仕えて以来、たびたび主人をかえたが、豊臣秀長《ひでなが》の重臣として頭角を現した。その大和大納言家を潰した秀吉にはあまり好感情を持っていなかったのか、秀吉の死後は、家康にいちはやく属し抜群の信頼を得た。

最後の藩主である**藤堂高猷**《たかゆき》(55)は、一八二五年に藩主になってから四七年間もその地位にあった。幕末になって参勤交代が緩和されると、津に引きこもり病気と称して朝廷と幕府のどちらからの呼び出しにも応じず、慎重に流れを探った。

鳥羽伏見の戦いのときには、家老の藤堂采女《うねめ》が率いる部隊が淀川の北側にある山崎関門を守っていた。薩長と会桑の私戦という立場をとっていたのであるが、幕府軍の部隊の通過を認めていたのだからやや幕府よりのスタンスであった。開戦三日目になり勅使四条隆平自身が来訪して勅書を持って戦闘に加わることを求めるに至って、いったんは藩主の同意を得てからと返答したが許されず、ついに開戦四日目の正午に腹をくくり、淀川対岸を敗走する幕府軍の横から雨あられと砲撃を加えたのである。

その後も津藩は、桑名藩の処分、彰義隊の殲滅《せんめつ》、東北戦線などに積極的に参加して戦い、賞典禄二万石を得た。軍制改革をめぐる藩内の混乱などあって少しみそを付けたが、藩主高猷は八三歳まで生き、一八九五年に没した。しかし、この藤堂家も井伊家と同じく侯爵になれずに伯爵止まりだったのである。そのあたりの事情は第七章に書く。

軍事的な拠点は、支城で天下屈指の見事な石垣を持つ伊賀上野《うえの》城と位置づけたのか、津城は平地に簡素な造りだった。現在も本丸の石垣が残り、隅櫓《すみやぐら》が復元されて、辛うじて城下町だったことを思い出させるにすぎない。

伊勢 **久居《ひさい》藩**

風力発電で有名な久居(五万三千石)には、藤堂家の分家が五万石で陣屋を置いていた。幕末維新期には宗藩と行動をともにしたが、鳥羽伏見の戦いでは京都の警備にあたっていた。最後の藩主**藤堂高邦《たかくに》**(21)は、丹羽長秀の子で藤堂高虎の養子になった高吉に始まる名張《なばり》藤堂家からの養子である。

徳川幕府の葬儀委員長を務めた御三家筆頭の尾張

尾張《おわり》 **尾張藩**

王政復古の大号令を二条城にあった徳川慶喜に伝える役目を押し付けられたのは、松平春嶽と徳川（尾張）慶勝《よしかつ》(43)である。この慶勝という徳川御三家筆頭の殿さまが、幕末維新において果たした役割は意外に大きなものである。

最後の藩主である慶勝は会津の松平容保の兄であるが、弟が新政府への徹底抗戦の象徴であり、「泣き男」役だったとすれば、兄は幕藩体制の葬儀委員長ともいうべき存在であった。

この真面目で人がよい兄弟は、ある意味で淡々と、そして慶喜とは違った意味で、家臣たちには殿さまらしい非情さをもって接しながら歴史の舞台での役回りを演じたように思うのだ。

尾張［名古屋《なごや》］藩（六一万九千石）は御三家でも最年長だった徳川義直の子孫である。義直は家康の子といっても家光とわずか四歳しか離れていなかった。しかも、家光の弟の忠長は殺され、若いころはもっぱら美男の小姓たちとの遊びに耽っていた家光に男子が誕生する見込みは薄かったから、後継候補ナンバー1だった時期もある。そんなこともあり、義直と家光の間では火花が散るような鞘《さや》当てがあった。義直は将軍家なにするものぞという気持と、母親が石清水八幡宮《いわしみずはちまんぐう》社人の娘だったこともあったのが影響したのか、強い尊王思想の持ち主であった。

しかも、尾張家は、四代将軍家綱や六代将軍家宣《いえのぶ》、七代将軍家継のあと、いずれも将軍後継を出す可能性があったにもかかわらず、たまたま、年齢や能力的に適当な候補者がいなかったために紀州家に江戸城を乗っとられた恨みもあった。

また、吉宗に反抗を繰り返して贅沢三昧の生活をし、また、それを藩内でも奨励した宗春《むねはる》の事件があり、江戸後期には、紀州系の藩主を押し付けられていた。慶勝は血統的には水戸系だが、支藩の高須藩出身ということもあり、反紀州系の象徴としての期待がかけられたことが幕府との関係に微妙に影響した。

慶勝は、井伊大老の条約調印に水戸斉昭《なりあき》らとともに反対して幽閉されたので、弟の茂徳《もちなが》(36)が尾張藩主を嗣いだ。しかし、慶勝の処分が解けて将軍補佐として重い存在になると、佐幕的だった茂徳の地位は不安定になり、結局は隠居。そしてのちには一橋家を嗣ぐことになり、慶勝の子の**徳川義宜《よしのり》**(9)が藩主となった。

第一次長州戦争にあっては征長総督だったが、穏便な措置で収め、長州の延命を可能にした。大政奉還ののちは新政府の議定《ぎじょう》となり、二条城や大坂城の引き取りの代表となった。

鳥羽伏見の戦いのあと帰藩して藩内の佐幕派一四名を一斉に検挙し「朝命により」死罪とした「青松葉事件」は、随分と非情な措置であったが、幕藩体制との決別のためには藩内外に計りしれないほどの宣伝効果があった。そののちも、尾張藩は中部地方の各藩から勤王の請書《うけしょ》を集める窓口となり、さらに官軍の主力として中山道から東北にかけて戦った。

名古屋城は戦災に遭うまでは御殿まで含めて完全に近い姿を留めていたが、一部の櫓などを残して焼失。戦後になって金の鯱《しゃちほこ》の天守閣が再建された。御殿なども含め完全な復元をという計画もあったが、バブル崩壊で見込みがなくなった。徳川美術館は大名家の財宝をよく伝えていることについて彦根城博物館と双璧といえよう。

美濃《みの》 高須《たかす》藩

大垣の南で、揖斐《いび》川と長良《ながら》川の間にある海津《かいづ》町には、尾張藩の支藩である高須藩（三万石）があった。尾張藩祖義直の孫に始まる分家で、尾張藩主を二度出しており、一〇代藩主の松平義建《よしたつ》は、尾張の徳川慶勝と茂徳（のちに一橋家を嗣ぐ）、会津の松平容保、桑名の松平定敬《さだあき》という幕末に活躍した著名人四名の父である。義建の父義和《よしより》は、水戸家の出身であるので水戸頼房《よりふさ》の子孫ということになる。最後の藩主**松平義勇《よしたけ》**は義建の六男である。

美濃 今尾《いまお》藩

海津町の近くにある平田町にあった今尾（三万石）の藩主は、尾張藩付家老竹腰《たけのこし》氏であった。徳川義直の母、お亀の方が前夫との間につくった兄の家である。大名扱いでなかったが、大政奉還後に成瀬氏および紀伊や水戸の付家老とともに諸侯に列した。尾張藩内では佐幕派だった。最後の藩主は**竹腰正旧**《まさひさ》。

尾張　犬山《いぬやま》藩

木曽川を望む断崖の上に国宝の天守閣が聳える犬山城(三万五千石)は、同じく尾張藩付家老である成瀬氏の居城である。最後の藩主**成瀬正肥**《まさみつ》は丹波《たんば》篠山《ささやま》藩青山氏からの養子で、慶勝をよく輔《たす》け、鳥羽伏見の戦いの前夜には伏見に赴いて和平の斡旋もしたが、力が及ばなかった。新政府の参与兼会計事務局権判事に就任し、のちには宮内庁に勤めた。最初は男爵だったが、勲功を認められ子爵に昇進した。

木曽川に面する絶壁の上に国宝の天守閣が残り、中国・三峡の名勝白帝城やドイツ・ラインの古城に比すべき絶景である。

御三家なのに紀州藩の影が薄かったわけ

紀伊《きい》 紀州《きしゅう》藩

同じ御三家といっても、紀州［和歌山《わかやま》］藩（五五万五千石）の幕末維新にあっての存在感はあまり大きくない。尾張や水戸にとっては、将軍家も同族のライバルだという意識がある。ところが、紀州藩祖・南竜公頼宣《よりのぶ》の血筋は八代将軍吉宗を出して以来、二代将軍秀忠の系統を押しのけて将軍家の本流となり、江戸城に適当な跡継ぎがいない場合も吉宗の子孫から選んできたのだから将軍家とは家族同然だった。

紀州藩主は、吉宗が将軍になったあと、頼宣の次男に始まる伊予西条藩松平家に引き継がれた。のちに、将軍家斉の子が二代続き、孫の慶福が一四代将軍の家茂になったあと、再び西条藩から、宗直の子孫であり最後の藩主である**徳川（紀伊）茂承《もちつぐ》**（23）が入って幕末を迎えている。

こうして、紀州藩は幕府と友好関係にあったが、それでも天保の改革では、大坂周辺の領地を別のところと交換せよという上知令に猛抵抗している。将軍後継問題では一橋派と壮烈な権力闘争をして勝ったが、そうだからといって、吉宗の時のように側近が紀州藩から多く幕府に連れて行かれて要職に就いたわけではなかった。

第二次長州戦争で、茂承は総大将というべき先備都督《ととく》を務めたが無惨に敗北した。会津や桑名のように積極的に幕府を助けようというほどのこともなかったのは、藩内に勤王派も含めてさまざまな意見があったからである。それに、天誅組の討伐においても賞金を出さないと兵が怯えて動かなかったなどという話もあるくらいで、およそ勇猛とはいえなかった。

鳥羽伏見の戦いに先だって、慶喜から大坂への派兵を要請され、家老で新宮《しんぐう》城主の水野忠《ただ》幹《もと》が大坂南方の今宮まで進出した。だが、積極的に参加する前に敗戦となり、慶喜が、「大坂城を紀州藩で守衛するように」との指図を残して東帰したにもかかわらず、これを荷が重すぎると断った。

このあと、新政府から幕府寄りの姿勢を叱責されたが、水野が大坂へ行ったのは慶喜に自重を促すためであったなどと弁解した。そして、和歌山城下に逃げ込んだ幕府軍の敗残兵も早々に追い出したうえで、二月には茂承が上京して恭順の姿勢を明らかにした。

こののち、茂承は一二月まで人質同然に京都に留め置かれ、藩では官軍に軍資金と兵力を積極的に供出して安泰を図らなくてはならなかった。

明治になってから、紀州藩では、津田出《つだいずる》を中心に武士以外からも積極的に兵を募るなどの改革に取り組んで近代的な徴兵制の先駆となった。

和歌山城は典型的な平山城《ひらやまじろ》で、復元された天守閣が市の中心部の各所からよく見える。紅葉渓庭園や一部の櫓や門が残ったり復元されたりしている。天守閣の屋根と石垣に見える緑泥変岩の緑色が印象的である。

紀伊　田辺《たなべ》藩

この紀州藩でも付家老が田辺と新宮に城を構えていて、大政奉還後に大名扱いになった。田辺(三万八千石)の安藤氏は平藩安藤家の本家筋になる。第二次征長戦で戦意に乏しかったので、最後の藩主の**安藤直裕《なおひろ》**は蟄居《ちっきょ》になった。

城跡はほとんど破壊されているが、見事な水門がありし日をかすかにしのばせる。

紀伊　新宮《しんぐう》藩

最後の新宮(三万五千石)藩主**水野忠幹《ただもと》**の父・忠央《ただなか》は、幕末の傑物の一人である。紀州藩の江戸詰家老として剛毅《ごうき》をもって知られ、吉田松陰《しょういん》が、「蝦夷開拓の雄略」と賞賛した開発調査を指揮した。慶福(家茂)を将軍に立てた功労者も彼で、井伊直弼側近の長野主膳らと図って計画を成功させた。

しかし、あまりもの野心家ぶりにかえって井伊直弼から警戒されることになった。第二次長州戦争で新宮兵はよく戦い、彦根・榊原軍の崩壊のあとをくい止め称賛された。

新宮城は沖見城、丹鶴城という美しい別名を持つ。熊野川に面した平山城で、熊野灘からもよく見えた。たびたびの大地震に耐えた見事な石垣が残る。

「瀬田《せた》の唐橋《からはし》」の守護神・膳所藩

近江 膳所《ぜぜ》藩

近江の各藩はおおむね彦根藩と同じく比較的に早くから新政府に与《くみ》した。膳所城は、大津市内にあるが、浜大津港がある中心部から東海道を下ったところにあり、膳所藩(六万石)は「瀬田の唐橋」を守る重責を担っていた。瀬田の唐橋は古代から京都攻防戦の要所である。

藩主は本多《ほんだ》氏で、徳川譜代として幕府への忠誠心は高かったが、一方で、京都に近く、また、禁裏火消しを命じられていたことから尊王思想も盛んであった。

八月一八日政変で長州が追放されても、藩内の尊王攘夷派の動きは活発で、脱藩して禁門の変に参加したものもあった。そのため、将軍家茂が上洛途上に膳所城に宿泊する予定であったのが、暗殺計画があるとの噂で大津宿に変更されるという藩としては不名誉極まる事件があり、これをきっかけに、一一人の尊王攘夷派の藩士が切腹、あるいは斬死させられた。

しかし、大政奉還後はいち早く最後の藩主の**本多康穣**《やすしげ》(32)が上京し、市中取締などに当たり、鳥羽伏見の戦いでは東国からの幕府援軍に備えるために膳所領内に帰り瀬田の唐橋を守った。その後、各地に兵を出すとともに、京都や東海道の警備に活躍した。

膳所城は率先して毀され、刑務所の一部として残っていた二の丸石垣も戦後破壊された。しかし、城門、膳所神社などは市内各所に移築され、城の遺構としては旧国宝(重要文化財)指定第一号となったほか、水城の面影を残す本丸跡は琵琶湖岸に公園として姿をよく留める。昭和天皇の師である杉浦重剛《すぎうらしげたけ》の生家など、城下町の雰囲気も健在である。

近江　宮川《みやがわ》藩

長浜郊外には、堀田氏の宮川藩(一万三千石)陣屋がある。佐倉《さくら》藩二代目の正信が乱心で除封されたあと、正信の子の正休《まさやす》が復活したもので、ある意味では堀田氏の宗家である。

定府大名であったために上京が遅れて領地召し上げ寸前となったが、最後の藩主**堀田正養**《まさやす》

は急ぎ、東海道を上る途中の岡崎で領国からの使者と会い、東山道先鋒総督《せんぽうそうとく》・岩倉具定のいる下諏訪まで早駕籠でかけつけ、とりあえず謹慎で済んだ。

正養は羽前亀田藩からの養子で、東京の区長や府議会副議長、貴族院議員、逓信《ていしん》大臣などを務めた。秋田県では県出身最初の大臣といっている。

近江 山上藩《やまがみ》

全国屈指の紅葉の名所として知られる永源寺にあった山上藩(一万三千石)の稲垣《いながき》家は、若年寄なども出した名門で江戸に定府していた。

最後の藩主**稲垣太清《もときよ》**は一八六八年三月に上京し、新政府に忠誠を誓った。また、ほとんどが江戸に在住していた藩士たちも翌年には近江に移った。

近江 三上藩《みかみ》

銅鐸《どうたく》とIBM工場で知られる野洲《やす》には、三上[和泉吉見《よしみ》]藩(一万二千石)があった。美濃の名族・遠藤氏を五代将軍綱吉側室のお伝の方の妹の子である胤親《たねちか》が嗣いでこの地へ来たが、江戸定府で三上には十数人の藩士しかいなかった。

最後の藩主**遠藤胤城**《たねき》は奏者番を務めており、上京が遅れたところ、領地を召し上げという通知を受けたのであわてて奏者番を辞して京都へ向かった。東奔西走するうちになんとか許しは得られたが、藩庁は和泉吉見(田尻町)に移すことになった。前藩主などが避難していた安房《あわ》の飛び地が旧幕軍遊撃隊に襲われるという事件まであって、散々な幕末維新であった。

近江　西大路《にしおおじ》藩

蒲生氏郷《がもううじさと》の出身地である日野町に、市橋家の西大路［仁正寺《にしょうじ》］藩（一万八千石）があった。洋式砲術の創始者でありながら罪に問われた高島秋帆《たかしましゅうはん》を天保年間に預かったおかげで近代的な軍備を持ち、小藩にしては存在感が大きく、慶応元年から都の南を守る四ツ塚門の警備に当たり、鳥羽伏見の戦いでもこの任務を続けた。東北での戦いにも参加し、賞典五千両を得た。最後の藩主**市橋長和**《ながかず》は、庄内藩酒井氏から養子に来た。

近江　大溝《おおみぞ》藩

湖西の高島町にあった大溝藩（二万石）は、伊勢の土豪出身の分部《わけべ》氏が藩主で、比叡山やそこから京都へ向かう雲母坂の警備を担当していた。鳥羽伏見の戦いの時に迷うことなく新政府についた。最後の藩主**分部光貞**《みつさだ》は、岩代福島藩板倉氏からの養子である。

近江 水口藩《みなくち》

甲賀郡の水口藩(二万五千石)の加藤氏は、賤ケ岳《しずがたけ》の七本槍の一人で、伊予松山城を創った嘉明《よしあき》の子孫である。佐幕派、勤王派に藩論は分かれたが、王政復古の大号令の直後に上京した最後の藩主**加藤明実**《あきざね》には内待所警衛が命じられ、鳥羽伏見の戦いの間もここを守った。ただ、この間に、藩士の一部が脱藩して滋野井公寿《しげのいきんひさ》らの赤報隊に加わった。戦いの後は請書を出して立場を明確にし、錦の御旗の警護、伊賀越えで逃亡する幕府軍残党の取り締まりなどを行った。二条城と似た縄張りだった城跡の石垣や堀が残り、櫓や城門が復元されている。

自分勝手な殿さまを見捨てて、くじ引きで方針を決めた桑名藩

伊勢 亀山藩《かめやま》

亀山城(六万石)というと、丹波の亀岡も昔は亀山と呼ばれていたのでややこしい。実際に、

丹波亀山城を取り壊せといわれた堀尾忠晴(松江藩)が、間違って伊勢亀山城を壊したというとんでもないエピソードまである。藩主の石川氏は秀吉の元に走った数正《かずまさ》の弟の家である。

新政府からの上京要請を受けて、最後の藩主**石川成之**《なりゆき》(12)は江戸からとりあえず亀山に帰り、幽閉していた勤王派藩士の黒田寛一郎を釈放して京都へ赴かすとともに、幕府側に与すべく摂津守口方面に展開していた藩兵をなんとか説得して引かせた。

それでも藩主は幕府方として出陣の準備をしていたが、黒田が思いとどまらせている間に、幕府軍の敗北が明らかになったので、藩主は上京し、途中、膳所で鎮撫使一行に会うことができ、官軍の一員として行動した。

亀山は東海道に沿った宿場町で、安藤広重《ひろしげ》の絵にも描かれた城は、旅人にとっても印象的な姿だったらしい。天守台などの石垣と多聞櫓《たもんやぐら》が残る。

伊勢　神戸《かんべ》藩

ホンダの工場や鈴鹿サーキットがある鈴鹿市にあった神戸藩(一万五千石)は、膳所藩本多氏の分家に当たる。最後の藩主である**本多忠貫**《ただつら》は出羽新庄藩戸沢氏からの養子だったが、一八六三年に山田奉行となり伊勢神宮を管理した。おかげで新政府と幕府との間で中立的な立場を貫くことが許され、形勢がはっきりしてから官軍に協力するだけで済んだ。石垣などが僅《わず》かに残るのと、櫓や門が市の内外に移築されている。

伊勢　菰野《こもの》藩

鈴鹿山地の麓にある菰野藩（一万一千石）の最後の藩主**土方雄永**《ひじかたかつなが》は、織田信雄の家臣であった雄久の子孫である。鳥羽伏見の戦いでは足利家の墓所がある等持院の警備に当たっていたが、勤王で一貫し、東海道の警備や多羅尾代官所（信楽《しがらき》）管轄の天領の接収などに当たった。

伊勢　長島《ながしま》藩

巨大な木製ジェットコースターで知られる長島温泉がある長島（二万石）には、四代将軍家綱の母・お楽の方の実家である増山《ましやま》家があった。佐幕的だったが、亀山藩が官軍側についたのをみて決意し、官軍に協力した。

幕末の藩主**増山正修**《まさなお》(47)は庄内藩酒井氏からの養子で、明治になって侍従などとして明治天皇に仕えた。一八六九年に、最後の藩主である正同《まさとも》に藩主を譲った。町内の連生寺に大手門が移築されているのみだが、それもかなり改築されている。

志摩《しま》　鳥羽《とば》藩

鳥羽(三万石)は九鬼《くき》水軍の根拠地だったが、幕末の殿さまは譜代の稲垣氏である。鳥羽伏見の戦いのときに、藩主**稲垣長行**《ながゆき》は江戸にあったが、大坂に兵を出し戦闘にも参加した。戦後、長行は紀州藩の帆船「致遠丸」に乗って帰藩し、亀山藩の斡旋で新政府への服従を誓い、官軍に加わった。一八六八年に長敬《ながひろ》が最後の藩主となった。

城跡は小学校になっており、ところどころに石垣の痕跡が残っている程度である。

伊勢　桑名《くわな》藩

桑名藩(一一万石)というより幕末の藩主である**松平定敬**《さだあき》(31)の動きについては、すでに第二章でもたびたび紹介した。桑名藩は伊予松山藩松平(久松)氏の分家であるが、むしろ、寛政の改革を進めた老中・松平定信が養子に入ったことで知られている。白河にあったが、より条件の良い領地を求めて桑名に移ってきた。ただし、定敬は、前藩主の子が幼少だったために美濃高須藩松平氏から養子に入ったもので、尾張慶勝や会津の松平容保の弟である。京都所司代として兄の容保を助け、一橋慶喜とともに「一会桑」と呼ばれた。

鳥羽伏見の戦いのあと、容保・定敬兄弟は慶喜に拉致されるように藩士たちを置いたまま江戸に連れていかれた。

こののち、桑名での状況は、藩主である定敬を無視して展開していく。藩主に見捨てられた敗軍は、大坂から紀州路経由で帰藩したが、藩論はさまざまに分かれた。まず、江戸へ向かって定敬と合流して戦おうという開城派と城を枕に抗戦しようという守城派が対立し、藩祖を祀《まつ》った神社の前でくじを引いた結果、開城派が勝った。

ところが、下級藩士たちが恭順謝罪することを主張し、それが通って、先代藩主の遺児で一二歳になる万之助(定教《さだつな》)を藩主にして恭順することになり、家老・酒井孫八郎が旧知の官軍参謀・海江田《かいえだ》信義《のぶよし》と交渉し、一月二八日には本丸隅櫓に火を放って降伏の儀式とした。桑名藩最後の殿さまは、この定教である。

鳥羽伏見の戦いのあと、大坂に兵を残して慶喜と江戸に移った定敬は、徹底抗戦を訴えたが慶喜に相手にされず、「邪魔だ、こんなことになったのもお前たちのせいだ」といわんばかりに登城禁止となった。とりあえず定敬は、菩提寺の江戸霊岸寺に籠もったが、やがて、長岡藩がチャーターしたプロシャ船で河井継之助らとともに箱館まわりで新潟に着き、飛び地である柏崎に逃げ込んで謹慎した。

　ここで、本国から使者が来たので、家老の吉村権左右衛門は恭順させようとした。だが、定敬は諫言《かんげん》を拒んで、かえって吉村を謀殺させたうえで、柏崎に集まった佐幕派の家臣を糾合し、北越戦争、さらには会津攻防戦に参加した。

　しかし、利あらず敗走し、米沢藩からは邪険にされ、榎本武揚《えのもとたけあき》の軍艦に乗って仙台から箱館にたどり着いた。だが、ここに家老・酒井孫八郎がやってきて説得し、ようやく四月になって米国船で横浜に連れ帰った。ここから定敬はいったん上海に逃げたが、結局は、実家ともいうべき尾張藩に預けられた。のちに米国に留学し、外務省に勤めてイタリア公使館などに勤務した。

　養子の殿さまが実兄に従い迷走したので藩士に多くの犠牲を出したのだが、殿さまの方は楽しく余生を送っているのだからいい気なものである。明治になって、尾張、会津、一橋、桑名の四兄弟で撮った写真が残っているが、私などこれを見ると腹立たしく感じる。

　桑名城は、東海道「宮の渡」を通る旅人にその勇姿を讃えられた。城跡には石垣などが残るもののあまり整備されておらず、わずかに船が浮かぶ堀が、海に浮かぶ城だったかつての勇姿をしのばす。

松平家のルーツも官軍に恭順

いうまでもなく徳川家の前身である松平氏の発祥の地は三河の国である。家康が生まれたのは岡崎城であるが、ここは、松平氏にとって四つ目の本拠地で、家康の祖父・清康がここに移ってきた。その前は、東海道新幹線の三河安城《あんじょう》駅があって「日本のデンマーク」などといわれる農業地帯・安城にあった。

譜代大名のなかに「安城譜代」と呼ばれるグループがあるが、彼らは松平家が三河の小さな土豪だったころからの家来だった家々という意味である。安城に移ってきたのは、清康から四代前の信光で、このときに三河有数の勢力のひとつになったのである。

その前はどこにいたのかというと、少し北の岩津だが、さらにその前はトヨタ自動車の本拠である豊田《とよた》市の奥三河高原の山中にある松平郷にあった。歴史家の多くは、ここの平凡な在地勢力から出た松平氏が、全国区の名門になろうとして、新田氏につながるという偽系図を創ったという。

だが、新田氏とのつながりは清康のころからいっていることだから全く根も葉もないのかどうかはなんともいえないし、少なくとも、徳川時代の公式の秩序は、徳川家が清和源氏の流れをくむということで組み立てられているのだから、ここで真実を探求して「嘘だろう」といってもあまり意味のないことだ。「正統性は真実でなく建前の上に築かれる」ものであることを知らないと歴史は理解できないのだ。

徳川家の公式の家伝によると、室町時代の中盤である一五世紀の初めに、徳阿弥という僧侶が松平郷にあった在原業平《ありわらのなりひら》の子孫の入婿となって松平親氏《ちかうじ》と称した。徳阿弥は新田義重の子孫で上野国新田郡世良田の出身だが、関東の騒乱のなかで父祖の地を離れたのだというのである。

江戸時代には、世良田に東照宮が建立されたし、新田一族の山名氏なども親戚だというので旗本として優遇された。水戸光圀《みつくに》が『大日本史』で南朝を正統としたのも、新田義貞に敬意を表したことに影響されたのでないかと私は見ている。

いずれにせよ、江戸時代の三河国、遠江、駿河には群小譜代大名が置かれた。三河だけでも九藩もあった。ただし、幕末になって信濃田野口《たのくち》に移った奥殿《おくどの》藩を加える考え方もあるし、やはり幕末になって陣屋を渥美半島に設けた大垣新田《おおがきしんでん》藩は美濃国の藩として勘定することもある。逆に明治になってから当地に移ってきた重原《しげはら》[福島《ふくしま》]藩、半原《はんばら》[岡部《おかべ》]藩というのもある。ほとんどが譜代の名門だった。

三河《みかわ》　西尾《にしお》藩

そのなかで、西尾藩（六万石）は松平（大給《おぎゅう》）家である。吉宗の側近で、田安宗武《むねたけ》を将軍に擁立しようとした松平乗邑《のりさと》はこの家で、その後も、乗完《のりさだ》、乗寛《のりひろ》、乗全《のりやす》と三人の老中を出した幕閣の超名門である。乗全の母は福山藩出身で阿部正弘と親戚ということになる。

乗全は、一八四五年に西の丸詰老中となって次期将軍家定の養育に当たり、一八四八年には本丸詰老中、そして一八五五年に退職。しかし、井伊大老のもとで一八五八年に再任され、一八六〇年、桜田門外の変の二カ月後に罷免された。

東征軍を迎えて最後の藩主**松平乗秩《のりつね》**（28）不在のまま議論したところ、下級武士たちの意見が通り恭順と決まる。安政の大獄や薩摩藩邸焼き討ちに関与したことから厳しく問いつめられたが、必死に勤王の意が固いことを説明し、なんとか官軍に加わることが出来た。

近年になって櫓、門などの復元工事や博物館の整備が進んでいるが、なかなか充実した良い仕事である。

三河　刈谷《かりや》藩

刈谷(二万三千石)は家康の母の実家である水野氏の本拠地だが、幕末の藩主は土井氏である。最後の藩主の**土井利教**《としのり》は、播磨林田藩建部氏からの養子である。利教自身は佐幕的であったが、藩内には勤王派も多く、対立が激しかった。

しかし、尾張藩などからの圧力もあって、藩首脳部もようやく恭順の方針を固めたのだが、それが明らかになる前に、倉田珪太郎ら脱藩勤王派が藩主に直訴を要求し、拒絶されると三人の家老を斬殺するという事件が起きた。珪太郎らは、名古屋に三人の首を持っていき、藩主の判断の遅れは彼らの仕業であると説明した。

戦争中に高射砲陣地として使われたこともあり、遺構の保存状態は悪いが、公園として整備され桜の名所になっている。

三河　岡崎藩《おかざき》

岡崎(五万石)は、江戸時代徳川四天王の一人である本多忠勝《ただかつ》の子孫に与えられた。幕末の藩主**本多忠民**《ただもと》(50)は讃岐高松藩からの養子で、井伊直弼の時代に京都所司代、ついで久世・安藤政権で老中を務めた。さらに、第一次長州戦争のあと再び老中となった。

鳥羽伏見では幕府軍にあったが、江戸にあった忠民は藩論をまとめるように指示し、あとは尾張藩のイニシアチブのもとで官軍に加わり、東海道筋の警備などを行った。一八六九年に忠直《ただなお》が最後の藩主となった。

天守閣や城門が復元されているが、「三河武士のやかた家康館」が素晴らしい。徳川家を語るなら必見である。

これら以外の諸藩は、尾張藩の指示で、少なくとも国元はさほど迷わず恭順を決めた。

三河 西端藩《にしはた》

碧南市《へきなん》の西端藩(一万石)は、旗本の本多忠寛《ただひろ》が天狗党追討に功があったとして諸侯となり、鳥羽伏見の戦いの結果を見て恭順し、江戸から三河に移った。一八六七年に**本多忠鵬**《ただゆき》が嗣いで、版籍奉還を迎えた。

三河 西大平藩《にしおおひら》・挙母藩《ころも》

岡崎市東部にあった西大平藩(一万石)の最後の藩主**大岡忠敬**《ただたか》は、時代劇でおなじみである越前守忠相《ただすけ》の子孫であるが、定府大名であった。

いまは豊田市という挙母(二万石)は、延岡藩分家の内藤《ないとう》氏が殿さまである。最後の藩主**内藤文成《ふみしげ》**が幼少で、しかも江戸にあったが、国元で恭順を決めた。西大平藩と同じく、戦闘に参加するようなことはなかった。

豊田市美術館の近くに隅櫓が復元されて、なんとか城下町だったことの証明になっている。

三河　吉田《よしだ》藩

東三河の中心である豊橋は、吉田(七万石)と呼ばれていた。大河内《おおこうち》家は、本来は松平一族ではないが、一四松平のひとつ長沢松平を継いだので松平姓を名乗っていた。家光の時代に智恵伊豆といわれた信綱の子孫である。

最後の藩主**大河内信古《のぶひさ》**(38)は、井伊直弼側近だった間部《まなべ》詮勝《あきかつ》の実子であることから、大坂城代に就任の際に朝廷から反対論も出た。大政奉還時は江戸で溜間詰であり、鳥羽伏見の戦いの前夜に軍艦「翔鶴丸」で大坂へ向かった。しかし、幕府が敗れたので従者二人のみとともに伊勢松阪を経て帰藩し、新政府に恭順することにした。

石垣などが残り、かつての位置とは関係なく櫓が建てられてシンボルになっている。

三河　田原《たはら》藩

渥美半島の入り口にあり、トヨタの新鋭工場がある田原（一万二千石）は、児島高徳《こじまたかのり》の子孫という三宅《みやけ》氏が藩主だった。蘭学者で諸外国の事情を研究した渡辺崋山《かざん》が家老だったが、天保の改革の時に江戸町奉行・鳥居耀蔵《とりいようぞう》により捕らわれ自刃《じじん》した。その後、田原藩では藩主康《やす》直《なお》のもとで洋式船を就航させるなどした。

東征軍の到来を前に、最後の藩主**三宅康保《やすよし》**らは江戸にあって佐幕的姿勢を崩さなかったが、国元は恭順を決め、藩の儒学講師・伊藤鳳山《いとうほうざん》を江戸に派遣して藩主親子を説得した。

城跡には櫓や城門が復元され、渡辺崋山の城として知られる。

三河　大垣新田《おおがきしんでん》藩

渥美町にあった大垣新田［美濃畑村《はたむら》・野村《のむら》］藩（一万石）の最後の藩主**戸田氏良《とだうじよし》**は、宗家の大垣藩と行動をともにした。明治になって美濃国野村に陣屋を移したので、畑村藩とも野村藩とも呼ばれることがある。

徳川家のせいで二万五千人が民族大移動

駿河《するが》 静岡《しずおか》藩

江戸開城の際に徳川慶喜は家督を**徳川家達**《いえさと》(4)に譲り、その家達は、駿河、遠江、三河で七〇万石を得て、幕臣のうちの希望者六千五〇〇人とその家族などとともに静岡(七〇万石)に引っ越した。そのあおりでこの地方の大名のいくつかは房総半島などに移されもした。家族も含めて二万五千人が移動したという。ただし、あまりにも短期間で廃藩置県になっているので、本書では家達の静岡入り以前の配置で扱っている。

しかし、しばらくといえども、徳川の本家である家達家は静岡にあり、大久保一翁《いちおう》、渋沢《しぶさわ》栄一《えいいち》などの指導の元で、お茶の生産を奨励したり殖産興業に努めた。家達は明治末期から昭和の初めまで三〇年も貴族院議長を務めた。首相に推薦されたこともあるが、華族社会のドンとして誇り高く生きることを選び、重きをなした。

なお、家達は一一代将軍家斉の弟斉匡《なりまさ》の子孫で、血筋からいえば吉宗の三男である一橋宗《むね》尹《ただ》系である。一八六八年の七月には慶喜もここ静岡に移ってきて、一八九七年までいた。

城跡は旧陸軍が使ったので破壊がひどく面影を留めていないが、復元された巽《たつみ》櫓《やぐら》に天守閣などの復元模型が置かれ、かつての姿をしのぶことができる。

駿河　沼津《ぬまづ》藩

かつて御用邸があった沼津［上総菊間《かずさきくま》］（五万石）には水野氏があった。田沼時代の老中・忠《ただ》友《とも》、家斉時代の老中首座・忠成《ただあきら》がここの殿さまだった。

忠友は旗本の子だったが、一〇代将軍家治《いえはる》の小姓で、「家斉の頭痛を治すこつを知っているただ一人の人間」として将軍になくてはならない人物だった。忠友は田沼意次《おきつぐ》の引きで大名となり、意次の子である意知《おきとも》を養子にした。しかし、意次の失脚を受けてこの縁組を解消し、かわりに旗本・岡野知暁《おかのともあき》の子で家斉の小姓だった忠成を養子に迎えた。

忠成は、「寛政の遺老」と呼ばれる松平定信派の人々が引退したあとの家斉の親政期にあって、貨幣の改鋳で財政難を乗りきるとともに、多くの子供たちの縁組をまとめることにも抜群の能力を発揮した。この時代がいわば「失われた五〇年」なのだが、とりあえずの政治経済運営にはなかなかの手腕を示したのである。幕末の藩主たちのうち、忠寛《ただひろ》は井伊側近として活躍し、忠誠《ただのぶ》は老中として家茂の長州遠征に同行したが広島で没した。

最後の藩主**水野忠敬《ただのり》**（16）は、鳥羽伏見の戦いのあと幕命で駿府城へ向かったが、尾張藩の勧めに従い東征軍に恭順することとした。甲府城番を命じられたものの内通の噂により罷免されるということもあったが、大事に至らなかった。徳川家の移封に伴い、上総菊間に移された。

城跡にはほとんど何も残っていない。

駿河　小島《おじま》藩

静岡市東部の興津駅から北へ向かうと小島［上総桜井《さくらい》］藩（一万石）の陣屋跡がある。藩主は滝脇《たきわき》松平家で、最後の藩主**松平信敏《のぶとし》**は信濃高遠《たかとお》藩内藤氏からの養子である。他の周辺藩とほぼ同じような行動の末、恭順した。のちに上総桜井に移された。信敏は明治になって沖縄県や工部省に勤務した。

駿河　田中《たなか》藩

藤枝市にあった田中［安房長尾《あわながお》］藩（四万石）は、家康の側近・本多正信の弟の家系である。維新時の藩主**本多正訥《まさもり》**は駿河城代だったが、尾張藩の説得で城を明け渡し、官軍の江戸攻めに貢献し、徳川家移封後は安房長尾に移った。

円形という珍しい縄張りが失われたのは残念だが、移築された櫓などが残っている。

遠江《とおとうみ》 横須賀《よこすか》藩

大須賀町の横須賀［安房花房《はなぶさ》］藩（三万五千石）では、最後の藩主**西尾忠篤**《にしおただあつ》が江戸にあったために対応が遅れたが、二月四日には恭順を決定し、四月には藩主も京都に着き、東海道筋、江戸、京都の警備に当たった。明治になって安房花房に移った。河川にころがっているような玉石を積み上げた石垣が比較的によく残る。明治以降のものと間違えそうだが、藩政時代の遺構だそうだ。

遠江 浜松《はままつ》藩

浜松［上総鶴舞《つるまい》］藩（六万石）井上《いのうえ》家は、奏者番の正甫《まさもと》が農家に泥酔して乱入し狼藉を働いた事件で館林に移され、あとに水野忠邦が入ったが、忠邦の失脚で戻ってきた。この時、繊維機械技術を持ってきたのが、この地の産業の隆盛につながった。最後の藩主**井上正直**《まさなお》（56）は一八六二年から六四年に老中であり、横浜鎖港問題などを扱い、一八六五年一一月から六七年六月まで再任されて、家茂の長州遠征に伴って大坂にあった。

この間、藩政は重臣たちにほぼ任されていたが、二月五日には早々に、伊勢桑名にあった総督府に恭順の上申書を提出し、三月には江戸にあった正直も京都に入った。

このあと、東海道や甲州方面の警備などに務めたが、駿府城を預かったときには重臣・伏谷昭良が清水次郎長を登用して治安の維持に当たらせたこともよく知られている。その後、徳川家の静岡入りに伴い、上総鶴舞(市原市)に移された。

小さな天守閣が復元され、新幹線の車窓からよく見える。

遠江　掛川藩《かけがわ》

掛川[上総芝山《しばやま》・松尾《まつお》](五万石)には太田道灌《おおたどうかん》の子孫が藩主としてあった。幕末の資始《すけもと》は近江宮川藩からの養子。一八三四年に西の丸老中、三七年に本丸老中となったが、水野忠邦と衝突して辞職。五八年から五九年まで再び井伊大老のもとで老中となるが、水戸藩への強硬策を主張する直弼にまたも罷免された。六三年にごく短い期間だけ三度《みたび》老中となった。藩政にも気を配り、「報徳」を基調とした福祉政策、茶栽培の振興などを行った。

鳥羽伏見の戦いのあと、最後の藩主**太田資美《すけよし》**(13)は幕府から駿府城の警備を求められたが、東征軍の求めに応じてほとんどの兵を帰藩させ、恭順の上申書を提出し京都に向かった。この素早い反応が評価されたのか、「従五位備中守」に叙任された。徳川家の移封に伴い、上総芝山藩となり、ついで松尾藩と改称した。

木造本格建築で誠に美しい天守閣が復元された。東海道新幹線からもほどよい距離で楽しめる。

遠江 相良《さがら》藩

御前崎《おまえざき》の近くの相良［上総小久保《こくぼ》］（一万石）は田沼意次の城下町だった。失脚後、田沼家はいったん陸奥下村に移され城は破壊され、のちに子の意正《おきまさ》が復帰したが、陣屋住まいだった。

最後の藩主**田沼意尊**《おきたか》（49）は若年寄として水戸天狗党の討伐を総括し、敦賀《つるが》で三五〇人を処刑するという過酷な処分をしたことで知られる。鳥羽伏見の戦いに参加したあとしばらく行方をくらますが、他藩より遅れて恭順した。上総小久保に移された。

遠江 堀江《ほりえ》藩

高家で、大政奉還の上奏文を朝廷に取り次いだことでも知られる**大沢基寿**《おおさわもとひさ》は、一八六八年に知行地が一万石に達しているとして申請し諸侯と認められたが、偽りであることが判明し、のちに華族の地位も失った。

デマに踊らされ、危うく取り潰されるところだった小田原藩

相模《さがみ》　小田原藩《おだわらはん》

箱根の関を守る小田原藩（一一万三千石）は、富士山噴火の被害に遭ってから苦しい財政状態が続いていた。藩主は、天下のご意見番・大久保彦左衛門と同族で、二代将軍秀忠時代に大久保長安事件で失脚した忠隣《ただちか》の子孫である。東征軍には、藤枝で薩摩の海江田信義に誓約書を提出し、藩主**大久保忠礼**《ただのり》(26)は当地に泊まった有栖川宮のもとへ伺候《しこう》している。

ところが、閏四月、旧幕府残存勢力の一翼を担う請西藩《じょうざい》の林忠崇《はやしただたか》と遊撃隊が箱根の関を通って江戸への道を進もうとしたので戦端を開いたが、この最中に、こともあろうか、旧幕府軍巻き返しを伝える噂に踊らされて佐幕派のクーデターが成功し、関所を明け渡したのである。

官軍は問罪使と長州・岡山・鳥取・津の連合軍を派遣したので、江戸でこの動きを知った重臣・中垣秀美は、あわてて小田原に戻り、藩主の御前で佐幕派を説き伏せ、藩主に謹慎させ、官軍に監視されながら遊撃隊と戦闘を交えた。

なんとか、苦戦の末に林忠崇らを館山に、遊撃隊を熱海に追ったが、藩主は永蟄居、藩もいったん取り潰しとなった。だが、支藩の荻野山中《おぎのやまなか》藩から大久保忠良《ただよし》を最後の藩主として新しく迎えさせられ、一一万石三千石から七万五千石の減封で乗りきった。

新幹線線路のすぐ脇に堂々とした天守閣や城門が復元されている。

相模　荻野山中《おぎのやまなか》藩

厚木市の荻野山中藩(一万三千石)は、小田原藩から領地を分与されて設立された。一八六七年一二月には、王政復古ののちの治安攪乱《かくらん》を狙っての薩摩浪士による一連の放火事件の一環として、陣屋を焼かれてしまった。東征を受けて恭順し、小田原藩と共同歩調をとったが、佐幕への方針転換には置いてきぼりをくい、かえって藩士に犠牲者を出した。

しかし、これが幸いして、幕末の藩主である大久保教孝《のりたか》(42)は宗藩の存続に奔走することができ、実子の忠良を宗家の後継者として送り込み、藩は**大久保教義**《のりよし》が嗣ぎ、最後の藩主となった。

武蔵《むさし》　金沢藩《かなざわ》

金沢八景で知られる横浜の郊外の金沢［六浦《むつら》］（一万二千石）には、武田旧臣の米倉《よねくら》氏が陣屋を設けた。東征に当たって最後の藩主**米倉昌言《まさこと》**は恭順し、横浜港の警備や旧幕臣の捜査などを担当した。加賀藩との混同を避けるために明治二年に六浦藩と改称させられた。

現在の東京都下には藩がなかった。天領や旗本領、それに、各藩が江戸屋敷の費用に充てるためにもらっていた小さな領地があった。よく知られているところでは、彦根藩が世田谷を領し、豪徳寺を菩提寺としていたので、そこに井伊直弼のお墓もあるといった具合である。

徳川慶喜の狙いは一代限りの独裁者

御三卿《ごさんきょう》（一橋《ひとつばし》家・田安《たやす》家・清水《しみず》家）

吉宗以前にあっては、将軍家の次男や三男は、新たな藩を創設することが多く、五代将軍綱吉は館林《たてばやし》藩、六代将軍家宣は甲府《こうふ》藩の藩主であった。ところが、結局彼らは将軍になったのでそのたびに大名家は解散ということになった。そこで吉宗は、代々の家来も領地もなく、江戸城近くに住んで将軍の家族として扱われる御三卿を創設した。吉宗の子である宗武《むねたけ》と宗尹《むねただ》が田安、一橋の両家を、九代将軍家重の子である重好《しげよし》が清水家の祖となった。

しかし、互いに養子を取り合ったり、御三家の藩主が空いたときにはそちらの藩主に横滑りするといったことも多く、血脈はほとんど連続性を持っていない。

幕末の一橋家には、水戸家から慶喜が入った。慶喜については、すでにいろいろ書いたので、ここでは、慶喜の政権構想について少し考えてみたいのだが、彼が目指したのは、これまでいわれてきた幕府だとか徳川家の復権ではなく、慶喜個人を中心とした独裁政権であったと見たい。それは、慶喜が傾倒したナポレオン三世、あるいは当時において稀代の英雄として喧伝《けんでん》されていたナポレオン一世による帝政に近いイメージのものである。

つまり、指導者個人の能力を前提とした体制であるから、たとえ世襲の建前を取ったとしても永続性を保つことは難しいのである。狙うところは、二〇世紀において一般化する開発途上国などでの独裁政治に非常に近い発想である。慶喜は象徴的な天皇のもとで、藩など廃止して、ナポレオンのように郡県制を実施して長期に権力を維持し、自らの引退や死亡のあとは、その時点でいちばん優れた指導者があとを嗣げばよいという構想だったと見ると理解しやすい。普仏戦争（一八七〇～七一年）におけるドイツの勝利によってビスマルクに理想がかわっただけで、維新後の大久保利通の考え方とそう違いはなく、相当に鋭い時代認識の持ち主であったことが分かる。

慶喜将軍就任後の一橋家は、尾張藩主になりながら前藩主慶勝との関係が悪く隠居させられた**徳川茂栄**《もちはる》（**茂徳**《もちなが》）（36）が嗣いだ。

田安家は、松平定信が白河藩に養子に出されたあと断絶し、将軍家斉の弟である一橋斉匡《なりまさ》の系統となった。幕末の当主である**徳川家達**《いえさと》（4）は徳川宗家を嗣いだが、江戸開城の後、徳川宗家の当主となったので、いったん五代当主の慶頼《よしより》が戻り、その後は弟の達孝《さとたか》の子孫が嗣いだ。慶頼は家茂の後見を務め、明治維新後も幼い家達を助けた。

昭和の田安家は方言の研究で知られる徳川宗賢《むねまさ》（大阪大学教授）を出し、その娘は皇太子妃有力候補といわれたこともある。宗賢の弟の宗広は通産官僚で、実は私の上司であったが、いかにも殿さまらしい風貌と物腰で周囲を魅了した。とくにブラジル駐在のおりには日系人からたいへん崇敬されていたと聞く。

清水家は、頻繁な交替のあと、最後は水戸家から**徳川昭武**《あきたけ》（14）、ついで篤守《あつもり》が入って伯爵となったが爵位を返上した。篤守の子の好敏はフランスに留学し、我が国の飛行機操縦の草分けとなった。

※徳川慶喜が質問に答える形でまとめられた渋沢栄一編『昔夢会筆記—徳川慶喜公回想談』（平凡社・東洋文庫）は、当事者の証言としてもっと重視すべきものである。

「血筋より家の名誉」で突き進んだ福井藩

若狭《わかさ》 小浜《おばま》藩

北朝鮮による拉致事件で地村さん夫妻の地元として有名になった小浜（一〇万三千石）の城は、関ケ原の戦いののちに大津から移った京極高次《きょうごくたかつぐ》によって築かれた。夫人のお初は、淀君や秀忠夫人であるお江と姉妹だが、このお初の遺言で高次夫妻の墓は京極氏の移封後も小浜に残された。

京極氏のあと入ったのは酒井氏で、家光のもとで大老になった忠勝の家である。幕末には忠義(54)が京都所司代として活躍したが、父の忠進《ただゆき》も京都所司代を務めていたので、忠義は京都二条で生まれている。最初に所司代になったのは天保年間の一八三四年で、一八五〇年まで務め、ついで、条約無断調印で緊迫した一八五八年から一八六二年まで再びこの困難な職にあった。

安政の大獄は彼の時代だが、直弼は対朝廷融和派の忠義を「手弱い」と考え、老中・間部詮勝を派遣して弾圧の指揮を執らせた。忠義はこの強硬策で悪化した朝廷や公家との関係の調停役として踏ん張り、家茂の将軍宣下、和宮の降嫁などを実現した。しかし、島津久光が上洛し、大原重徳が勅使として東下するなかで責任をとらされて罷免され、功労で増やされていた禄高も取り上げられた。寺田屋に集まった浪士たちからテロの標的にされていたのに助かったのが慰めであった。

京都の若狭藩邸は、二条城の南隣りにあり、慶喜がここに長く滞在したことで知られる。

鳥羽伏見の戦いに**酒井忠氏**《ただうじ》(32)が幕府方で参戦したが、帰路、丹波で官軍と出会い恭順してからは官軍として戦い、北越などで奮戦した。ただし、一部の藩士は彰義隊に参加した。一八六八年に忠義が復帰し、最後の藩主となった。

本丸の見事な石垣が残るのだが、まわりの住宅地に埋没してしまっている。蘇洞門《そとも》など自然景観、明通寺など文化財、小鯛の笹漬けなどグルメ垂涎《すいぜん》の海産物といった第一級の観光地となるだけの素地があるだけに、町の顔となるべき城跡の現状は誠に残念である。

越前《えちぜん》 **敦賀《つるが》藩**

敦賀［鞠山《まりやま》］（一万石）は、小浜藩主の分家が陣屋を置いたが、その偉容は広く知られていた。筑波山《つくばさん》で挙兵して京をめざした水戸天狗党が処刑されたのはここである。藩主・酒井忠毗《ただます》は若年寄として下関での四国艦隊との交渉に当たった。最後の藩主**酒井忠経**《ただつね》は、北陸道先鋒総督府とともに江戸に進軍した。

越前 **丸岡《まるおか》藩**

丸岡（五万石）には、有馬《ありま》氏があった。ここの有馬氏は久留米藩とは無関係で、肥前島原《ひぜんしまばら》半島のキリシタン大名の末である。最後の藩主**有馬道純**《みちずみ》（30）は、播磨山崎藩本多氏からの養子で、一八六三年に老中となったが、翌年には免じられた。鳥羽伏見の戦いのときには江戸にあったので、人質を出すとともに弾丸などの供出などを行った。

北陸本線の車窓からも見える可愛い板張りの天守閣は、戦国時代の様式をよく残す。

越前　**勝山藩《かつやま》**

越前大仏で知られる勝山藩(二万二千石)の小笠原家は、小倉の小笠原氏と同じ甲斐・信濃の名族だが、別系統である。鳥羽伏見の戦いのときは、福井藩の要請ですでに京都に出兵していたので、円滑に官軍に組み込まれ、最後の藩主**小笠原長守**《ながもり》も江戸から上京した。

城の遺構は皆無に近い。越前大仏の近くに姫路城と名古屋城をミックスしたような「勝山城」があるが、これは観光目的で建てられた別物。

越前　**大野藩《おおの》**

金森長近《かなもりながちか》によって開かれた大野(四万石)の土井家は、北方の開拓に早くから興味を示し、樺太《からふと》の入植権まで幕府から得ていた。最後の藩主**土井利恒**《としつね》は征討軍に恭順し上京したところ、箱館への赴任を命じられたが、病気のために実行せず兵のみを送った。箱館では旧幕府残存勢力に苦戦したが、三千石の賞典禄を得た。

比較的に高い山の上に古風な石垣がよく残り、岐阜城に似た天守閣が復元されている。歴史館も立派。

越前 **鯖江藩**《さばえ》

六代将軍家宣《いえのぶ》の側用人《そばようにん》であり、七代将軍家継《いえつぐ》の時代には最高実力者といわれた申楽士《さるがくし》出身の大名・間部《まなべ》詮房の子孫が藩主だった鯖江藩(四万石)は、幕末にも井伊直弼側近で安政の大獄の指揮に当たった老中詮勝《あきかつ》(63)を出した。寺田屋に集まった浪士たちが暗殺の標的とした人物である。

最後の藩主は**間部詮道**《あきみち》(14)だが、江戸にあったところ北陸総督府から呼び出しを受け、三月に金沢で総督高倉永祜《ながさち》に拝謁して恭順した。戊辰戦争に兵は出していない。

詮勝は明治になって長生きし、詩文や書画に腕を発揮した。ちなみに湯豆腐で有名な南禅寺順正書院は詮勝の命名である。なお、詮勝の天保年間に、幕府から本格的な築城許可が出たが飢饉《ききん》で実行に移されなかった。

越前 **福井藩**《ふくい》

福井藩(三二万石)の越前松平家といえば、家康の次男で秀吉の養子になっていたこともある結城秀康が藩祖だが、度重なる不祥事などで石高も減らされて衰微し、一八世紀の半ばには吉宗の子孫を養子に迎える羽目になった。財政難のなかで幕府からの加増や借金の肩代わりを期待してというのがひとつの理由で、もうひとつには高い官位を得て家格を上げるためである。血筋よりも家の名誉というのは、我々の感覚では理解できないが、当時としてはそう突飛なものでもなかった。

一橋家から宗尹の子である重昌《しげまさ》とその弟の重富《しげとみ》、そして「北海の鱈のごとし」というほど子をなした一一代将軍家斉の子である斉善《なりさわ》、さらに、家斉の弟で田安家を嗣いでいた斉匡の子・慶永《よしなが》を迎えた。この慶永が、松平春嶽(39)の名で知られる幕末の名君である。

戊辰戦争では、北越、さらには会津戦線に送り込まれ二三名の戦死者を出し、賞典禄一万石を得た。春嶽は明治になってからは、その功績にもかかわらずどちらかといえば冷遇され、爵位についても最初は伯爵でしかなく不本意だったが、勝海舟の奔走もあって明治二一年に侯爵とされ、また、従一位も得た。こうして、少し不本意な維新後の日々ののち、なんとか気持よく人生を全うしたのである。『逸時史補』など著作も多く残している。

春嶽はなかなか跡継ぎの子を得ることができず、支藩の糸魚川藩から**松平茂昭**《もちあき》(31)を養子に迎えたが、維新後になって慶民《よしたみ》が生まれた。慶民はのちに子爵家を興し、最後の宮内大臣になった。

城跡は県庁など官庁街になっている。石垣と堀が少し残っており、戦後の福井地震でゆがんだ天守台が有名。

母が将軍の娘であるがゆえに悩む最後の加賀藩主

加賀《かが》　加賀藩

石川県の県庁は、一時だが金沢《かなざわ》を離れて郊外の石川郡美川というところに移されたことがある。県令が、「金沢の奢侈《しゃし》の雰囲気が好ましくない」といったからである。金沢県が石川県になったのもこの時である。

江戸時代を通じて、加賀［金沢］藩（一〇二万二千石）は、ひたすら幕府と摩擦を起こさないように武より文に重きを置く藩風をつくり、学問と絢爛たる文化を栄えさせた。九谷焼や加賀金箔はその粋である。前田《まえだ》家は、徳川一門との縁組を繰り返したが、幕末の藩主斉泰《なりやす》も、一一代将軍家斉の娘・溶姫を迎えている。母は家斉の愛妾お美代の方で、この時に将軍家からの輿入れを迎えるために建てられたのが東京大学の赤門である。

　この溶姫の産んだ息子が最後の藩主**前田慶寧**《よしやす》(37)で、祖母のお美代の方は彼を将軍後継にと策したこともある。しかし、慶寧は尊王攘夷思想の影響を受け、側近も同じ考えの者で固められた。禁門の変に際して、慶寧は禁裏を固めつつ、朝廷と幕府には長州の赦免を要求し、長州には撤兵を要請した。また、勤王派の不破富太郎《ふわとみたろう》らは長州と連携して幕府軍を挟撃するとか、場合によっては天皇を加賀藩領であった近江今津に迎えるといった相談を長州としていた。

　しかし、金沢にあった前藩主斉泰の意向で、加賀藩兵は開戦直後に宿所の建仁寺から撤兵し帰国した。波紋を恐れた斉泰は慶寧を謹慎させ、家老・松平大弐《だいに》は途中の近江海津で切腹、不破富太郎ら四人は切腹させられ、加賀藩の勤王勢力は壊滅し、穏健な佐幕派の主導のもとで幕末を迎えた。

　鳥羽伏見の戦いにあっては、幕府の要請で派兵しようとしたが、途中で京都の情勢を伝える使いが来て止められ、あわてて新政府への恭順を表明して、北越や会津の戦いには官軍の主力として積極的に協力した。賞典禄一万五千石を得たが、出征した兵士は七千七九三名、戦死者も九五名にのぼった。

慶寧の母である溶姫は、このとき江戸屋敷にあり、斉泰は離婚も考えたようだが、慶寧が朝廷に、「徳川慶喜とは会ったこともない薄い関係でもあり、国元で暮らさせたい」と嘆願したうえで、二一日かけた旅ののちに金沢へ迎えた。

この途中、越中泊の駅で、輿入れの時に徳川家からついてきた家臣や侍女は、少額の手当を与えられただけで領内に入らせてもらえず追い返された。「男女驚き騒ぎ、とくに女は泣き悲しめどもいうべき詞なし」だったという。

金沢城は大学キャンパスとして使われていたので門などが残るだけだったが、大学移転に伴い大規模な復元工事が始まって一〇〇万石の栄華を取り戻しつつある。兼六園や武家屋敷の素晴らしさは改めていうまでもあるまい。

加賀 大聖寺藩《だいしょうじ》

加賀藩には大聖寺(一〇万石)と富山の二つの支藩があったが、幕末の藩主はいずれも本家の斉泰の子であった。いずれも宗家の動きに従った。

山代温泉や片山津温泉など加賀温泉郷がある加賀市の大聖寺藩の最後の藩主は**前田利鬯**《としか》(26)で、弾丸供給などをしたが、出兵はしていない。

城山の麓に居館があり土塁などが残っているが、見所は長流亭と呼ばれる藩主の別邸である。

越中《えっちゅう》 **富山《とやま》藩**

富山藩（一〇万石）は北越や会津に出兵している。最後の富山藩主**前田利同《としあつ》**（11）は仏英に留学し、式部官などを歴任した。

滝廉太郎《たきれんたろう》は幼少時代をここで過ごしているので、「荒城の月」の曲想は富山城からだというのがかなり有力な説である。城跡は官庁街となり、かつての姿とは関係なく三層の天守閣が建てられている。

中山道の渋滞を大慌てで帰藩する美濃の殿さまたち

美濃 **大垣《おおがき》藩**

幕末維新の戦いにあって最強軍団のひとつであった大垣藩（一〇万石）の最後の藩主**戸田氏《とだうじ》**

共《たか》(13)は、まだ若年だったが、明治になって大学南校に入学、米国での鉱山学の勉学、工部省勤務、伊藤博文憲法調査団への参加などを経て、駐ウィーン全権公使も務めた。

夫人は岩倉具視の長女で、鹿鳴館の花とうたわれ、伊藤博文との不倫を噂されたことがある極子である。岩倉の子孫で最も有名なのは俳優の加山雄三だが、明治時代から華やかなイメージを持つ家系である。

早くから軍制改革に取り組み、第二次長州戦争でも奮戦した。新政府に家老・小原鉄心《おはらてっしん》は参与として参加していたにもかかわらず、鳥羽伏見の戦いでは息子が幕府軍として戦った。だが、途中で戦線を離脱して謝罪し、宇都宮攻防戦などで官軍の主力として大功績を上げ、三万石という多大な賞典禄を得た。ただし、戦死者も五五名に上っている。

戦災で失われた四層の天守閣や櫓、門などが復元されており、菖蒲《しょうぶ》の名所でもある。

美濃 加納《かのう》藩

金華山《きんかざん》に聳える岐阜城が関ケ原の戦いののち廃城となったあと、市内の平地に築かれたのが加納城(三万二千石)で、永井《ながい》氏が藩主だった。

幕末には最後の藩主**永井尚服**《なおこと》が若年寄兼会計総裁職にあったが、鳥羽伏見の敗報を聞き辞職願いを出した。国元では、東征軍は近づいてくるし、藩主の意向は分からないので困り果てるが、恭順せよとの尚服自筆の書状が届いた。二月六日には尚服の辞任も認められ帰国の途についたが、なんとか加納にたどり着いたのは二一日で、東征軍到着の前日というきわどさだった。幕府の要職にあっただけに厳しい尋問は受けたものの、なんとか謹慎だけで済み、あとは積極的に官軍に協力した。

加納には、のちに偽官軍として処断される赤報隊が現われ、よく事情が分からないまま大砲を供出させられている(赤報隊については一五八ページ参照)。

城跡には石垣などが残るだけだが、ここにあった天守閣は岐阜城から移したもので、現在、金華山上にあるのはかつて加納城にあったものの復元である。

美濃　高富《たかとみ》藩

岐阜市の北の高富町には、五代将軍綱吉の母と再婚した本庄《ほんじょう》宗正が前妻に産ませた子である道芳《みちか》に始まる高富藩(一万石)があった。定府大名で最後の藩主**本庄道美《みちよし》**は奏者番だったが、帰藩して早々に恭順し派兵した。

美濃　苗木藩《なえぎ》

島崎藤村《しまざきとうそん》の『夜明け前』で知られる馬籠宿《まごめじゆく》がある長野県の山口村が、岐阜県中津川市に合併を希望しているという話題が全国紙でも報じられたが、中津川は木曽路の入り口にある中山道の宿場町である。その木曽川の対岸の絶壁に苗木城(一万石)が聳える。東美濃の土豪だった遠山《とおやま》氏の居城である。

最後の藩主である**遠山友詳**《ともあき》は若年寄などを務めた。だが、平田神道の影響もあって勤王的気分が強い藩内の意向に沿って、躊躇ののちだが江戸から帰藩して、東征軍に出頭して勤王の意志を伝え、尾張藩の配下で出兵した。

城跡は戦国期の面影をよく留めている。

美濃　岩村藩《いわむら》

岐阜県の南東部の山間《やまあい》にある岩村(三万石)は、織田信長の小姓で美少年として知られた森蘭丸の領地だったところだが、西尾藩大給松平氏の分家が拠《よ》った。

最後の藩主**松平乗命**《のりとし》は陸軍奉行で、江戸屋敷では佐幕派が多かったが、国元は勤王派が優位だったし、地元出身で宇治の茶舗・上林《かんばやし》家の養子となっていた上林清泉の斡旋もあって東征軍に助力した。藩主は二月二六日になってやっと陸軍奉行を辞職、三月一四日になって帰藩したが、国元での官軍への協力が評価されて無事だった。

険しい城山（海抜七二二メートル）の上に誠に立派な石垣が保存状態も良く残っており、太鼓櫓なども復元されている。

美濃　郡上藩《ぐじょう》

金森氏を追放した一揆（一八五八年）で名を馳せた郡上藩（四万八千石）では、最後の藩主青山幸宜《あおやまゆきよし》が一四歳だった。国元では新政府に恭順しながら、江戸の藩士の一部は凌霜隊として会津で官軍と戦った。小藩として苦肉の作戦だったともいわれる。

天守閣などが復元されているが、明治以降の復元例としては最初期のものである。名水として知られる宗祇水《そうぎすい》など、城下町の佇《たたず》まいも雰囲気がある。

怒りのあまり江戸城で切腹した須坂の殿さま

信濃《しなの》 松代藩《まつしろ》

長野市郊外にあって武田信玄・上杉謙信による川中島の戦いの舞台・松代城(一〇万石)は、海津城ともいう。六文銭の家紋で知られる真田《さなだ》家が藩主だが、幕末の藩主の幸貫《ゆきつら》は松平定信の実子であり、水野忠邦の時代に老中を務め、海防掛として羽田沖に砲台などを建設した。藩主としては、佐久間象山を重用して大砲の鋳造や蘭学を盛んにしたことでも知られる。

あとを嗣いだ最後の藩主**真田幸民《ゆきもと》**(17)は伊予宇和島藩・伊達宗城《だてむねなり》の子である。京都にあった藩士・長谷川昭道《はせがわあきみち》が江戸にあった幸民のもとに下り勤王を進言、ともに帰藩して藩論をまとめて、信濃の他藩にさきがけて恭順した。北越や会津攻めに多くの兵を出して、抜群の働きを示し、死者五三名を出したが、賞典禄三万石という最大級の評価を得た。

長野市に合併されたこともあり、市郊外の静かな歴史地区という趣で、藩校が残るほか佐久間象山関係の資料館もある。さらに近年、本格的な復元工事が進み、東日本らしい素朴な城の充実した再現として注目される。

信濃 上田藩《うえだ》

真田昌幸《まさゆき》・幸村《ゆきむら》親子が関ケ原前夜に秀忠軍を釘付けにした上田城(五万三千石)には、出羽《でわ》上山《かみのやま》藩の分家・藤井松平氏があった。忠固《ただかた》（忠優《ただます》）は井伊直弼を大老に担ぎ出した老中で、一貫して開国派であり、通商条約無断調印を主導した。

最後の藩主**松平忠礼**《ただなり》（17）は、鳥羽伏見の戦いのあとの一月一六日にあっても、「徳川家と存亡をともにし」と江戸藩邸で家臣たちに宣言したが、官軍が迫ると二月二一日には江戸を発ち、二八日には誓約書を官軍に提出した。北越、東北で戦い戦死者一四名、賞典禄三千石だった。のちに、米国に留学し外務省に勤めたが、幕末維新期の美しい写真が多く残っていることから、歴史書によく登場する殿さまである。

素朴なデザインの二つの櫓が残っているが、近年、それをつなぐ形で城門が復元され、なかなかお城らしい立派な雰囲気になった。

信濃　高遠《たかとお》藩

城跡の小彼岸桜が全国でも屈指の花見の名所となっている伊那谷《いなだに》の高遠城（三万三千石）には、延岡内藤《のべおかないとう》氏の一族が封じられ、七代将軍家継の時代には大奥スキャンダルの主人公絵島《えじま》が流されてきた。

幕末の動きは緩慢で、天狗党の和田峠通過の際には戦わず撤退し、官軍の東下に際しても最後の藩主**内藤頼直**《よりなお》の態度が決まらず、家臣の懸命の説得でようやく恭順し各地に派兵した。

信濃 **松本**《まつもと》**藩**

青い空のもと、白雪に輝く上高地の山々を背景にした姿が美しい松本城(六万石)は、四つしかない国宝天守閣のひとつで知られている。これを建てたのは石川数正だが、やがて三河田原の豪族から出た戸田氏宗家が城主となった。

最後の藩主**戸田光則**《みつひさ》(39)は、前藩主の光庸《みつつね》が贅沢を理由に隠居させられたあとを嗣いだ。東禅寺の英国仮公使館員を藩士が殺傷した事件で処分されたこともあったが、佐幕寄りの姿勢を通した。しかし、大垣藩の戸田氏が恭順に転じたことに刺激されて、全藩士を集めた会議ののち恭順を決めた。関東、北越、東北各地を転戦して賞典禄三千石を得た。

大天守閣のデザインは、かつての江戸城のそれに少し似ており、信州に旅して江戸の昔をしのぶのも一興である。

信濃 **諏訪**《すわ》**藩**

諏訪[高島《たかしま》](三万石)の諏訪氏は信州の名族で、武田勝頼の母も出したが、その信玄によって滅ぼされた。江戸時代になって復活し、家康の六男で流罪になった松平忠輝をなんと五八年も預かった。のちには、吉良上野介の息子の義周《よしちか》もここに流された。

幕末の藩主**諏訪忠誠《ただまさ》**(46)は松平定信の外孫であり老中になったが、長州再征に反対して罷免された。戊辰戦争でのトピックスは、相楽総三《さがらそうぞう》の赤報隊がここで最後を迎えたことである。そののち各地で戦い、賞典禄二千両を得た。忠誠はのちに諏訪神社の宮司になった。一八六八年三月に忠礼《ただあや》が最後の藩主になった。

素朴で可愛い天守閣が復元されている。もとは苔葺《こけぶ》きだったが、いまは銅板で葺かれている。

信濃　小諸《こもろ》藩

千曲《ちくま》川に面する小諸(一万五千石)は、「小諸なる古城のほとり」という島崎藤村の詩で知られる。天保期の藩主・牧野康哉《やすとし》は笠間《かさま》藩牧野氏からの養子だが、飢饉の時期にあって養育米の配布などで間引きを抑制し、種痘を普及させた名君といわれる。その子の**牧野康済《やすまさ》**(**康《やす》民《たみ》**)は東征軍に恭順し、碓氷峠を守備した。

城跡は「懐古園」という公園になり、寄棟づくりが珍しい三の門などが残る城は、千曲川からは崖の上だが、城下町からは見下す場所にある穴城である。かつての大津城(近江)もそうだったようだが、珍しい形である。

信濃　飯田《いいだ》藩

伊那谷の中心にあってリンゴ並木で知られる飯田(一万七千石)は、織田信長のもとで活躍した堀秀政の子孫が藩主であった。老中にもなった天保期の藩主・親審《ちかしげ》は、水野忠邦の側近で、「堀の八方にらみ」と恐れられた。**堀親義《ちかよし》**は、天狗党の清内路《せいないじ》関所通過を阻止できない失態をして関所預を解任された。最後の藩主の親広《ちかひろ》は東征軍の到来に当たって恭順し、北越や甲州に出兵した。

天竜川支流の河岸段丘の上にある城は開発でかなり破壊されているが、門や石垣などが残る。

信濃　須坂《すさか》藩

豪商屋敷が残る須坂(一万石)には、堀秀政の三男の家があった。幕末の藩主**堀直虎《なおとら》**(31)は若年寄兼外国奉行だったが、鳥羽伏見の戦いのあとの評議で、無条件恭順を主張したものの直ちに容れられなかったので、憤激のあまり江戸城中で切腹した。ただ、主戦論を主張してのことだという説もありはっきりしない。直明《なおあきら》が最後の藩主である。東征軍に恭順して各地で戦い、賞典禄五千石を得た。

信濃　岩村田《いわむらた》藩

佐久《さく》市の岩村田藩（一万五千石）は、高遠藩分家の内藤氏で、最後の藩主**内藤正誠**《まさあきら》は寺社奉行だったが、やや遅れて三月になって、ようやく東征軍に恭順し、各地に兵を出した。

信濃　田野口《たのくち》藩

やはり佐久盆地に所在する臼田町には、田野口［三河奥殿《おくどの》・信濃竜岡《たつおか》］藩（一万六千石）があった。一八六三年になって、三河西尾藩の分家で三河奥殿にあった老中格陸軍奉行・**松平**（**大給**）**乗謨**《のりかた》（28）が、五稜郭と同じ西洋式要塞を築いて移った。東征軍への恭順が遅れ謹慎させられたが、各地へ出兵した。のちに、竜岡藩と改称。築城などの出費がたたって財政が破綻したこともあったのだが、「封建を廃し郡県制を」と上奏して廃藩置県に先だって廃藩となった。

乗謨は明治になって元老院議官、枢密顧問官という高い地位を得た。また、賞勲局総裁として華族制度の確立に活躍し、大名たちの格付けの基本方針を決めたのは彼で、この功績が評価され、のちに伯爵に昇格した。

信濃　飯山藩《いいやまはん》

長野県の北部にある飯山(二万石)は、北陸新幹線の難工事とされるトンネルの名がニュースに出ることが多いが、上越地方から信州に抜ける要地で、「塩の道」の要所である。

藩主は本多氏で、家康の側近だった本多正信に近い家系である。幕末の藩主**本多助成**《すけしげ》は、二月二四日にあって江戸から帰り恭順したが、ここに幕府残存勢力の衝鉾隊《しょうほうたい》が現れた。飯山藩では、信濃各藩の救援を受けてようやく北越方面へ退けた。あとを嗣いだ最後の藩主の助寵《すけたか》は、北越・会津に派兵した。

城跡には古材を利用して復元された門がある。

小栗忠順《おぐりただまさ》のフォローに四苦八苦の高崎藩

上野《こうずけ》 前橋《まえばし》藩

前橋(一七万石)はかつては厩橋《うまやばし》と呼ばれ、信長の重臣・滝川一益が関東攻略の拠点としたこともあるなど、古くからの要衝である。四代将軍家綱のもとで下馬将軍と呼ばれるほどの実力者だった酒井忠清の城下町として栄え、榊原氏を経て越前松平分家が入った。一七六七年に利根川が氾濫《はんらん》して城構えが壊れたので川越に移ったが、慶応二年になって近代的な砲台を整備して戻ってきた。

このときの殿さまで久留米藩有馬氏から養子に入った**松平直克**《なおかつ》(27)は、江戸で政事総裁職を務めていたが、横浜鎖港を主張したり、天狗党の乱の鎮圧は水戸藩に任せて幕府は介入するべきでないなどと極端な意見を主張したものの、採られずに辞職した。大政奉還のあと、二月には素早く上京して徳川家への寛大な処分を願い出ていた。

一方、前橋藩は幕府から上総の富津《ふっつ》陣屋の警護を命じられていたのだが、一時、遊撃隊などに占拠された。官軍と前橋から急派された部隊により撃退したが、責任者は切腹してしまった。直克は急いで帰国し、東山道総督に対して恭順の意を表明し、閏四月には三国峠に進出してきた会津軍と戦火を交えている。

城跡は県庁になっており、土塁などが少し残るだけである。もう少し歴史的景観を生かせばよいのにと思う。

上野 高崎《たかさき》藩

高崎城(八万二千石)は井伊直政が築城したが、三河吉田[豊橋《とよはし》]藩大河内松平家の分家があった。幕末には、最後の藩主**大河内輝聲《てるな》**(19)が陸軍奉行並など要職にあった。交通の要所にあったところから、和宮一行の警護にあたり、西へ向かおうとする天狗党とは下仁田《しもにた》で戦った。

東征軍に献金などして意を迎えたが、難渋したのが、付近の権田村の領地に引きこもっていた幕臣・小栗忠順の捕縛である。高崎、安中、吉井三藩が、「小栗に反逆の心はない」と躊躇していると、「それなら三藩を討つ」と脅されたので小栗を捕縛したが、東征軍はこれを斬首した。

水野忠邦、井伊直弼らの幕府絶対主義の正統派後継者であり、慶喜の対朝廷融和路線のもっとも強硬な反対者で、フランスへの接近を積極的に推進した小栗は、新政府にとって最も警戒すべき存在だった。

それが謹慎するのでもなく、恭順出頭するのでもなく、あるいは、抵抗のために精鋭部隊とともに行動するのでもなく、中途半端に単独で武装しているのでは戦闘準備をしていると見られるのも当然だし甘かった。秀才であるだけに考えすぎて思い切りの良い行動がとれなかったのだろう。いきなり斬首されたのは、東山《とうさん》方面の軍監が特に厳しかったという面もあったし、関東平定の始まりにあって毅然とした態度を見せるためでもあった。そういう意味では、高崎藩らがかばったのがかえって仇《あだ》になった。

また、当時の国際情勢からいうと、フランスと結んで何かやりかねない小栗を斬っておいたのは正解だったともいえる。榎本武揚に小栗が合流するとかなり厄介なことになったに違いないからだ。逆にいうと、小栗はそれだけの力を持った逸材だったということでもある。

このあと、高崎藩は飛び地のあった北越や銚子、それに会津戦線などに出兵させられた。

城跡は旧陸軍が使って大きく破壊されたが、民間に払い下げられて、残っていた城門や乾櫓《いぬいやぐら》が再移築され城跡にある。

上野　安中《あんなか》藩

同志社大学の創立者・新島襄《にいじまじょう》の出身地である安中(三万石)は板倉氏である。幕末の藩主勝明《かつあきら》は開明的な知識人だったが、そのあとを嗣いだ最後の藩主**板倉勝殷**《かつまさ》はやや保守的で慎重だった。碓氷峠を守っていたところ、相楽総三の赤報隊が現れ困惑したが、やがて偽官軍とされたのでこれを討って官軍への協力を明確にした。

城跡は市街地化しているが、三の丸が少し形を留め、そこに、市内に移築されて残っていた櫓などが再移築復元されている。

上野 吉井《よしい》藩

吉井(一万石)の松平家は、家光の正夫人の弟である鷹司《たかつかさ》信平の流れである。最後の藩主である**鷹司信謹**《のぶのり》は米沢藩からの養子。三国峠などに出兵した。

上野 伊勢崎《いせざき》藩

伊勢崎(二万石)は、前橋藩酒井家から領地を分与され、本家の姫路移封後もそのまま留まった。幕末の藩主**酒井忠強**《ただつよ》(32)は、江戸から領地に帰るのが遅れて不審を買ったが、三国峠の戦いに官軍の一員として参加した。忠強はのちに貴族院議員になっている。一八六八年には忠彰《ただあき》が最後の藩主になっている。

上野　七日市《なのかいち》藩

富岡には、前田利家の五男利孝《としたか》に始まる七日市藩（一万石）があった。最後の藩主**前田利《とし》豁《あきら》**は越中富山前田家からの養子である。一八六八年五月には上京し、他の藩と同じく官軍に参加した。

上野　小幡《おばた》藩

小幡（二万石）は、名門織田家の城下町として名誉ある地位を占めていたが、織田氏の天童転封後は松平（奥平）氏が入った。最後の藩主**松平忠恕《ただゆき》**は官軍に恭順し、衝鉾隊と梁田で交戦した。また、農民の蜂起に苦しめられた。

上野　沼田《ぬまた》藩

越後との国境に近く、上越新幹線がそばを通る沼田（三万五千石）は、もともと真田氏の領地だった。のちに、美濃国守護の土岐《とき》氏の一族が入った。藩主頼之《よりゆき》が板倉勝静の実弟だっただけに去就が注目されたが、隠居して最後の藩主となる**土岐頼知《よりおき》**に家督を譲り、新藩主はただちに上洛、あとは官軍に協力した。

真田時代は五層の天守閣などあったが、その後は縮小された。石垣などが大正期に旧藩士・久米民之助によって改修され、かつての勇姿をしのばせる。

上野 館林藩《たてばやし》

館林(六万石)は、榊原康政、徳川綱吉、六代将軍家宣の実弟である松平(越智)清武《きよたけ》など錚《そう》錚《そう》たる城主が続いたが、最後は北条旧臣の秋元《あきもと》氏で、水野氏の山形転封に押し出されて館林に来た。そのときの藩主志朝《ゆきとも》は周防徳山《すおうとくやま》の毛利家からの養子で、禁門の変に先立ち幕長間の調停をしようとして隠居させられていた。そのあとの最後の藩主**秋元礼朝**《ひろとも》(20)は、遠江掛川大田氏からの養子だった。仙台まで出兵してよく戦ったので賞典禄一万石を得た。

城跡の土塁などが少し残るだけだが、沼に囲まれた地形は現地に行けばよく分かる。

抜群のアイデアで混乱を回避した岡部藩

武蔵　川越《かわごえ》藩

土蔵づくりの町並みが城下町らしい雰囲気を醸し出す川越(八万石)は、幕閣の大名にとってたいへん名誉ある封地で、老中だけでも酒井忠利、堀田正盛、松平信綱、秋元喬知《たかとも》、秋元涼朝《すけとも》、松平康英《やすてる》の六人を出している。一時、前橋藩が移ってきたりしたが、一八六六年に棚倉から**松平**(**松井**《まつい》)**康英**《やすひで》(37)が入り維新を迎えた。

康英は松井家分家の旗本の子で、外交の専門家として外国奉行、神奈川奉行などを務め、樺太国境画定、開市延期談判などのために欧州各国をまわりよく仕事をこなした。宗家を嗣いで大名になり、老中に昇進した。

康英は老中を辞して恭順し上京したが、謹慎中に戊辰戦争が始まり、官軍側に立って協力しようとしたが拒否された。だが、四代前の藩主康任の息子の正室が島津家から輿入れしていることを理由に情状酌量を願い、何とか受け入れられ、資金や物資を供出し、以後は官軍に加わり東北でも戦ったので、一時は削られていた領地も戻された。一八六九年に康載《やすとし》が嗣いで、最後の藩主となった。なお、康任は老中首座であったにもかかわらず、密貿易をして石見浜田から磐城棚倉に左遷されていた殿さまである。

本丸御殿が再移築されて城跡にあり、貴重な遺構である。土蔵造りの建物が多い城下町は、関東で有数の歴史的景観である。

武蔵　忍《おし》藩

忍藩（一〇万石）は、行田《ぎょうだ》市にあって松平（奥平）氏一〇万石だった。家康の孫（築山殿との子である亀姫の息子）で家康自身の養子になった忠明が、大坂の陣ののち大坂城主となり、戦後処理に当たった。

幕末の藩主である**松平忠誠《ただざね》**（12）が鳥羽伏見の戦いに参加したが、後詰めで戦闘には参加せずに紀州へ逃げ出し、軍艦と駕籠を乗り継いで江戸に帰った。中山道の混雑に苦労した。行田宿には旧幕府脱走兵が立ち寄ったので、藩は退散させるのに六〇〇〇両を払い咎められたが、官軍に参加し薩摩の伊地知正治のもとでよく戦い、新政府から一万両を賜るほど名誉挽回した。

一八六九年、米沢の上杉家から養子に来た忠敬《ただのり》が藩主を嗣いで、版籍奉還となる。

ペリー来航時に沿岸警備を担当した藩主・忠国《ただくに》は、津本陽の小説『開国』の主人公である。

かつての姿とはあまり関係なく櫓などの復元工事が進んでいるが、それでも、石田三成《いしだみつなり》の攻撃をよくしのいだ水城の雰囲気がそれなりに楽しめる。

武蔵　岩槻《いわつき》藩

雛人形で知られる岩槻（二万三千石）は、言語不明瞭であった九代将軍家重の言葉をただ一人理解できたことから側近として活躍した大岡忠光《おおおかただみつ》が初代で、最後の藩主**大岡忠貫《ただつら》**は東征にあって大勢に従い恭順した。

土塁や空堀が一部残り、とくに土塁は関東の古いスタイルをしのばせる。

武蔵　岡部《おかべ》藩

深谷《ふかや》市と本庄《ほんじょう》市の間にある岡部［三河半原《はんばら》］藩（二万石）のとった選択は、ユニークなことこのうえない。藩主は今川旧臣の安部《あべ》氏だが、領内に混乱が及びつつあるのを見て、飛び地だった三河半原に藩庁を移すことを願い出て、江戸開城の直前に最後の藩主の**安部信発《のぶおき》**以下が移り、東海道の警備などを担当した。

から金穀を強奪し、官軍に鎮圧される。

赤報隊《せきほう》：江戸で薩摩浪士として活躍した相楽総三《さがらそうぞう》、新撰組から離脱した高台寺《こうだいじ》党残党、水口藩士らが、鳥羽伏見の戦いの直後に近江愛知郡松尾の金剛輪寺で旗揚げ。西郷隆盛の支持を受け、幕領での年貢半減を宣伝して攪乱《かくらん》した。資金集め等の強引さがたたって帰京を命じられるが、相楽らの一隊は東山道を進む。だが、年貢半減の公約取り消しの余波もあり、偽官軍とされ、相楽は下諏訪で刑死した。いったん帰京した部隊の一部は、東北戦線で官軍として活躍した。

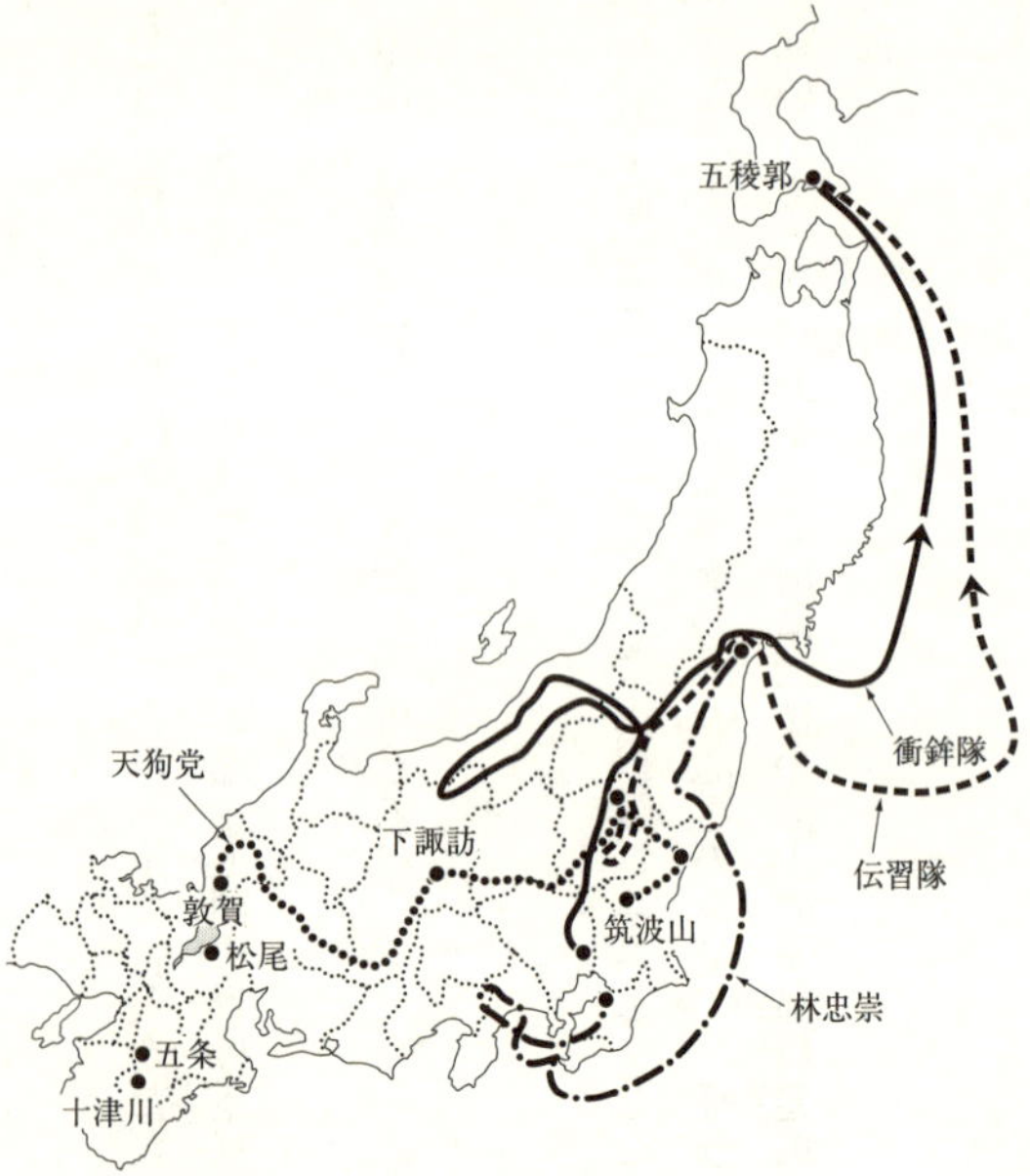

右往左往の幕末諸隊

天狗党《てんぐ》：水戸藩内の尊攘派過激派が筑波山で旗揚げし、家老·武田耕《たけだこう》雲斎《うんさい》も合流した。保守派の「諸生《しょせい》党」に敗れて西に向かい、京都の一橋慶喜と合流しようとするが、慶喜の助力は得られず、敦賀で全員が処刑された。西上にあっては、中山道をできるだけ避けて、裏道で上野、信濃、美濃から越前に出たが、沿道の諸藩としばしば戦った。

天誅組《てんちゅう》：中山忠能《やまなかただやす》の子の忠光《ただみつ》らが大和親征の前提として結成し、幕府五条代官所を襲うなどするが、八月一八日政変後の政治状況で、大和諸藩や紀州藩によって壊滅させられた。参加した十津川郷士は、のちに官軍で活躍することになる。

遊撃隊《ゆうげき》：幕臣·伊庭八郎《いばはちろう》、人見勝太郎《ひとみかつたろう》(京都出身)らが組織した。上総請西《じょうざい》藩主·林忠崇《はやしただたか》の参加を得て房総を席巻し、小田原藩の支持をいったんは得て箱根の関を一時占拠したが、官軍に反撃され小田原藩は投降したので、房総から磐城地方へ向かい戦ったが、林は仙台で投降した。残党は箱館戦争に参加した。

衝鋒隊《しょうほう》：筑後出身の幕臣·古屋作左衛門《ふるやさくざえもん》が組織した。最初は江戸開城決定前の勝海舟の支持も受けていた。北越、信州北部、会津を転戦し、五稜郭攻防戦にも参加した。

伝習隊《でんしゅう》：大鳥圭介《おおとりけいすけ》、土方歳三《ひじかたとしぞう》により結成された。日光山を根城に、板倉勝静《いたくらかつきよ》を官軍の幽閉から解放するなどし、宇都宮を一時であるが奪取するなど、下野、下総などに展開した。官軍に敗れて、会津、ついで五稜郭戦に参加した。

撒兵隊《さんぺい》：幕府の歩兵軍団の一部が脱走し、房総方面で諸藩や豪農商

幕末の京都御苑ガイド

京都御苑が石垣や大きな樹木に囲まれるようになったのも、御所のまわりに白砂を敷き詰めた広場があるのも、明治になってからの風景である。それ以前は、現在では広々とした公園になっている場所に公卿屋敷が密集しており、内裏や仙洞《せんとう》御所、大宮御所は、その街並みのなかに埋没していた。ちょうど、相国寺や大徳寺といった都心部の大きなお寺のような姿だったといってよい。もちろん、うっそうとした巨木などなく、現在の御苑の姿はひどい歴史的景観破壊の結果である。

公卿の屋敷で主なものでは、鷹司、九条は堺町御門の両側、一条は烏丸通の虎屋の向かい、近衛や明治天皇の生まれた中山邸は今出川御門周辺など、いずれも御苑のなかである。三条家は実美《さねとみ》を祀る梨木《なしのき》神社になっている。現在では、九条家が若干の面影を留めている。それに対し、二条のように、今出川通を挟んで現在の御苑の外にあるものもあった。そのなかで、冷泉《れいぜい》家は現在も当時のままである。

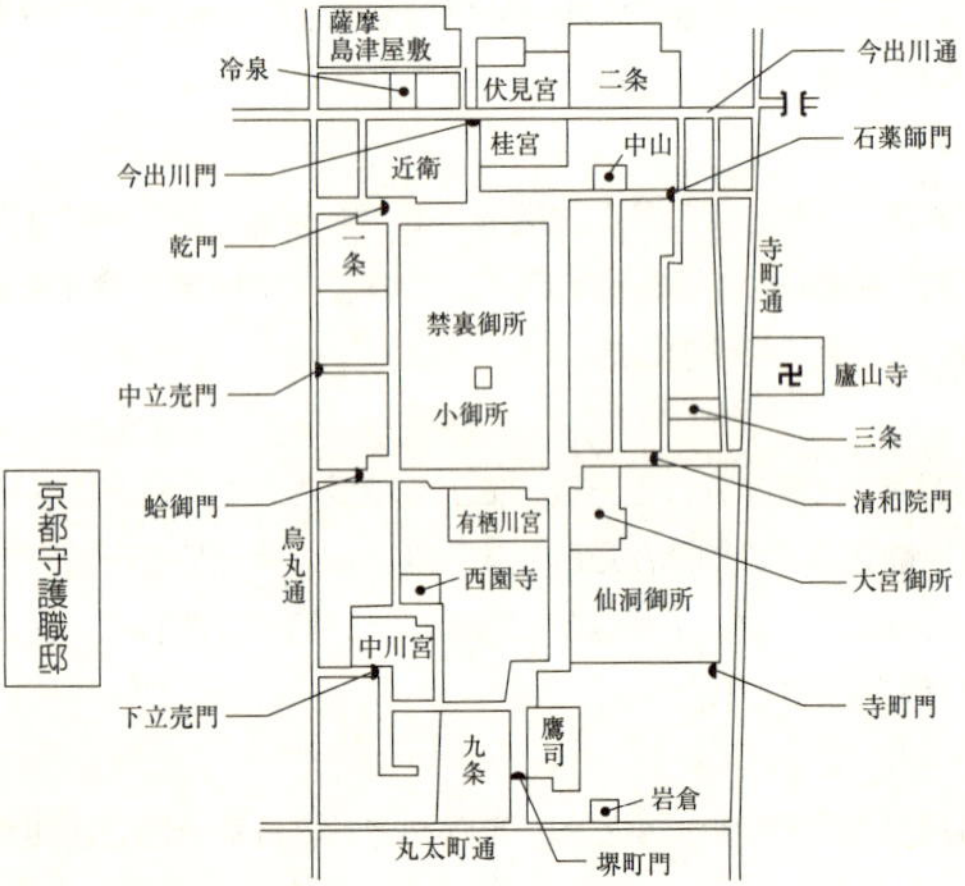

第四章　情報不足が戊辰戦争の悲劇を生んだ

会津藩主・松平容保と会津若松城

※1868年、茨城県新治郡千代田町に「常陸志筑藩（1万石）」、秋田県由利郡矢島町に「羽後矢島藩（1万石）」がそれぞれ創設された

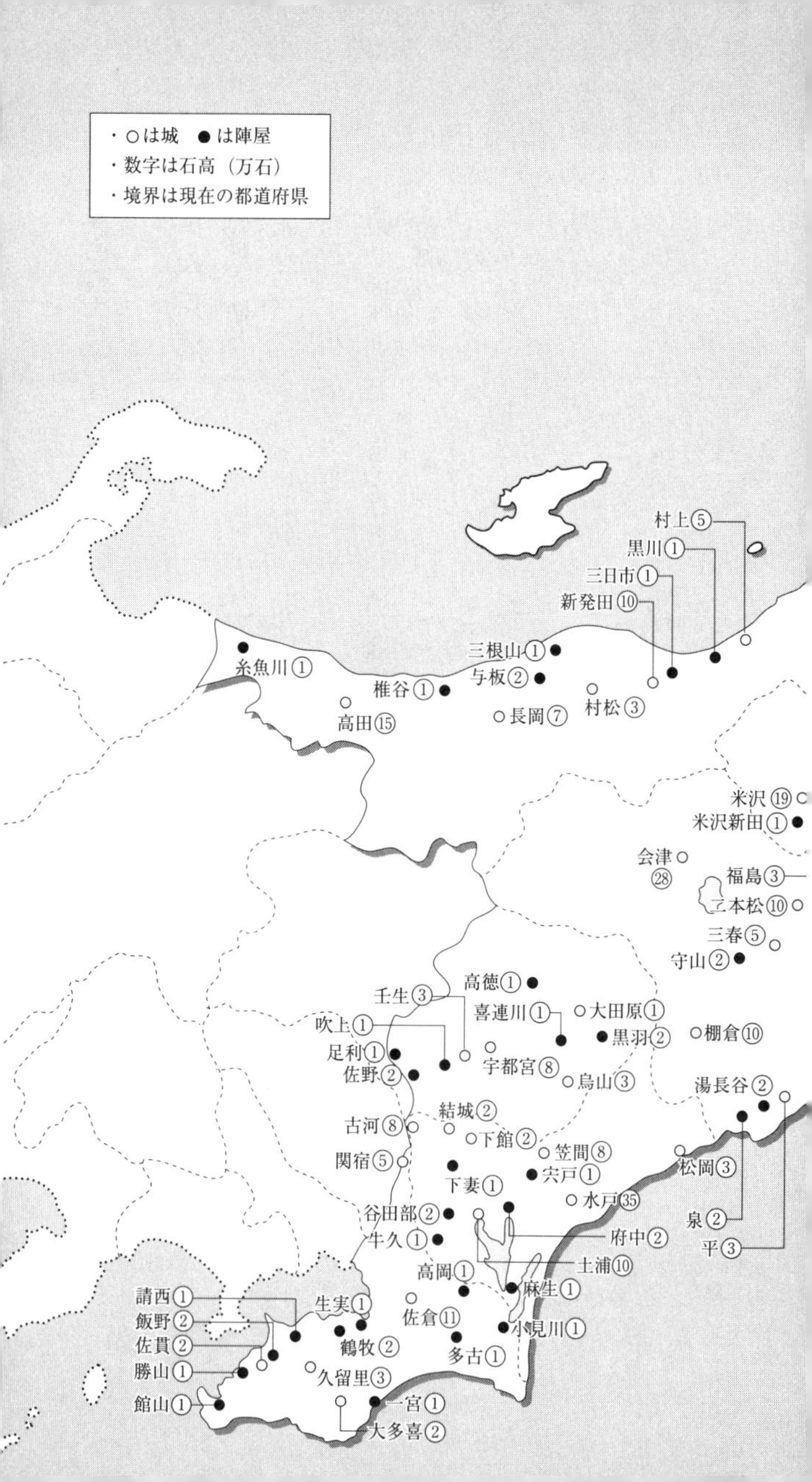
・○は城　●は陣屋
・数字は石高（万石）
・境界は現在の都道府県
村上⑤
黒川①
三日市①
新発田⑩
三根山①
与板②
糸魚川①
椎谷①
村松③
長岡⑦
高田⑮
米沢⑲
米沢新田①
会津㉘
福島③
二本松⑩
三春⑤
守山②
高徳①
壬生③
喜連川①
大田原①
吹上①
黒羽②
棚倉⑩
足利①
宇都宮⑧
佐野②
烏山③
湯長谷②
結城②
古河⑧
下館②
笠間⑧
関宿⑤
宍戸①
下妻①
松岡③
水戸㉟
谷田部②
泉②
府中②
牛久①
平③
土浦⑩
高岡①
麻生①
請西①
生実①
飯野②
佐倉⑪
小見川①
佐貫②
鶴牧②
多古①
勝山①
久留里③
館山①
一宮①
大多喜②

維新の最大功績者は水戸藩ではないだろうか？

常陸《ひたち》　水戸《みと》藩

県民性を語るとき、典型的な茨城県人は、「理屈っぽい」「骨っぽい」「怒りっぽい」という「水戸っぽ」であるといわれる。たしかにそうなのだが、不思議なことに、こうした県民性は周辺の千葉、埼玉、栃木、福島といった諸県にまったくといってよいほど似てないのだ。

この県民性は、御三家のひとつ水戸藩（三五万石）によって人工的に創り出された。この独特の藩風の創始者が、「水戸黄門」こと二代藩主光圀《みつくに》公なのである。光圀は清《しん》に滅ぼされた明《みん》からの亡命者・朱舜水《しゅしゅんすい》を招いて朱子学の勉学を盛んにし、『大日本史』の編纂に藩の財政を傾けるほどの金をつぎ込んだ。ここで、幕府の政権も、大名の領地も、日本という国の枠組のなかにおける預かりものであり、うまくいかなくなったら朝廷に返すのだという考え方が生まれた。

こうして、やたらに理屈っぽく論理に殉じる独特のムードが水戸藩には蔓延した。それを助長したのが幕末の斉昭《なりあき》で、安政の大獄から二・二六事件までテロリストを多数輩出するバックボーンになった。斉昭は、天保の改革の先駆となる藩政改革を志し、それなりに成功するのだが、やりすぎて藩内の緊張が高まった。

尊王論は水戸学の伝統だが、斉昭は異国船の来航が相次ぐなかでそれを攘夷論と結びつけた。息子の徳川慶喜《よしのぶ》の分析によれば、藩政改革の口実として攘夷のための国力増強が必要であるという理屈を持ち出しただけで、そもそもが自派形成のための方便だという。しかし、この思想は大受けに受けて、全国に多くのファンを生んだが、あまりもの過激さが嫌われて幕府から致仕《ちし》謹慎を命じられた。

ところが、黒船が来航すると老中・阿部正弘は斉昭を海防参与に起用した。ガス抜きをしたつもりだったが、暴走して手が付けられなくなる。息子で英明といわれた慶喜を将軍家の跡目となる資格がある一橋家の養子にしたことも、斉昭の言動を穏当にするものでもなかった。通商条約勅許に反対して京都の朝廷に猛工作をかけ、これを潰し、藩内では過激派が跋《ばっ》扈《こ》し桜田門外の変を起こす。こうして、自分の撒いた種で幕府も自藩も制御不能にしてしまった斉昭は、失意の内に世を去る。

あとを嗣いだ**徳川慶篤《よしあつ》**(35)は、在京中の将軍目代《もくだい》として生麦事件の償金支払いの決断を迫られたものの迷走し、領内では天狗党と称する過激派が筑波山で旗揚げした。天狗党は敗れ、藩政は保守派の手に握られるが、維新後は天狗党の残党などが帰ってきて逆転し、保守派の諸生党は粛清された(天狗党については一五九ページ参照)。

戊辰戦争では、藩としては官軍に参加したが、佐幕派だった諸生党残党の一部は会津と合流し、会津陥落後も水戸に帰って藩内で内戦を続けた。このために、死者は、双方で数百名に上った。そうした内紛が収まったあと、箱館に出兵したが、その功績で三五〇〇石の賞典禄を得た。

慶篤は「よかろう様」などと揶揄され、なすところを知らなかったが、一八六八年に水戸で脚気のために死去。あとは、弟の徳川昭武《あきたけ》が嗣いで、最後の殿さまになった。かつて「獅子の時代」という大河ドラマで、パリ万国博参会のために渡欧し、パリのリヨン駅に降り立つ印象的な場面が描かれていたプリンスである。このときと明治になってからと二度にわたってフランスに留学するが、その成果を生かすこともなく、松戸に隠棲し、兄の慶喜と交遊し、狩猟や自転車など趣味の世界に生きた。また、明治初年には蝦夷天塩《てしお》郡の開発を新政府から命じられ、昭武自身もこの新天地に渡ったが、時期尚早で失敗した。

江戸幕府を倒すのに最も功があったのは、そんなつもりがあったかどうかは別として、薩長でも、攘夷派の公家でも、坂本龍馬でもなく、おそらく水戸斉昭だったのではないか。しかし、内戦にまで発展した藩内の対立の傷跡は大きく、人材も払底して、維新後も報われることは少なかった。

ただ、昭和になって水戸家は侯爵である尾張や紀伊より格上の公爵に昇格する。『大日本史』編纂の功によるというのである。それが水戸人にとって少しは慰めになったのだろうか。

戦前までは天守にかわる三層櫓があったが失われた。本丸などは学校用地などに利用され、面影がないが、三の丸には藩校弘道館が一部だが残り、少し雰囲気がある。しかし、最大の見物は、全国屈指の梅の名所である偕楽園《かいらくえん》である。

常陸　松岡《まつおか》藩

水戸藩付家老の中山家は、高萩《たかはぎ》の松岡城に拠り一八六八年に松岡［手綱《たづな》］藩（二万五千石）となった。一代限りの藩主**中山信徴**《のぶあき》は水戸藩内の混乱を処置するのに忙しく、石炭を拠出することで新政府に辛うじて貢献した。

松岡城は戦国時代の城の麓に居館がある。山上の遺跡の整備が少し進んでいる。

常陸　宍戸《ししど》藩

友部《ともべ》町宍戸（一万石）には、水戸の支藩があった。天狗党の鎮圧に向かった**松平頼徳**《よりのり》が、かえって彼らに同調するという不祥事を起こして切腹させられたことから、藩主不在で幕末を迎えたが、前藩主の頼位《よりたか》がよく恭順の姿勢を示した。明治になって、頼位が再び襲封し、版籍奉還を迎えている。

常陸 府中《ふちゅう》藩

石岡《いしおか》市にあった府中[石岡《いしおか》]藩(二万石)も水戸藩支藩である。**松平頼縄**《よりつぐ》は官軍に加わり会津戦線で戦い、水戸の警備に当たった。一八六八年一二月に嫡子の頼策《よりふみ》が相続し、版籍奉還を迎える。

常陸 笠間《かさま》藩

笠間藩(八万石)の**牧野貞直**《まきのさだなお》(37)は、鳥羽伏見の戦いのときに大坂城代だったが、慶喜らが江戸へ戻ったあと関東に帰り、藩内の佐幕派を抑えて官軍に五七六名の部隊を送った。しかし、鎧兜に槍、火縄銃という装備で旧幕臣の草風隊と小山で戦い、散々な目に遭った。貞直はのちに貴族院議員になっている。一八六八年一二月に、貞邦《さだくに》が最後の藩主になる。

本格的な山城で、山上に立派な石垣が残る。関東では珍しいが、当地は花崗岩の産地なのである。

常陸　下館《しもだて》藩

下館（二万石）の石川《いしかわ》家は伊勢亀山藩の分家で、最後の藩主**石川総管《ふさかね》**は若年寄兼陸軍奉行であったが、これを辞していち早く新政府に恭順し、京都に兵を出し献金も行った。江戸開城の直後に土方歳三の部隊が現れ、旧幕府残存勢力で歩兵奉行だった大鳥圭介の軍に「大将」として加わるように要請したが、体調不良を理由に物資の供与などでお茶を濁し、彼らが去ったのちは、官軍に貢献した。

城はほとんど遺構らしきものがない。

常陸　下妻《しもつま》藩

下妻藩（一万石）の最後の藩主**井上正巳《いのうえまさおと》**は新政府に恭順したが、大鳥軍別働隊が会津の秋月登之助や新撰組の島田魁らに率いられて協力を強要したのに抵抗しきれず、二、三男なら後顧の憂いがないとして若者十数名を供出するという悲劇を生んだ。のちに彼らの多くは脱出に成功するが、一部に犠牲者が出た。

常陸　土浦藩《つちうら》

土浦藩(九万五千石)の土屋《つちや》氏は、先祖が武田勝頼《かつより》と運命をともにした忠臣だというので大名になれた。幕末の藩主**土屋寅直《ともなお》**(47)の父は水戸藩からの養子で、嗣子で最後の藩主となる挙直《しげなお》も徳川慶喜の弟だった。寅直は一八六四年から寺社奉行を務めていたが、一八六八年の二月に辞して新政府に協力し、銚子沖で難破した旧幕府軍艦「美加保丸」の乗員を捕らえるなどして、東北にも兵を出した。

印象的な太鼓櫓門などが残るほか、隅櫓も復元され、満々と水をたたえた堀とともにかつての姿をしのばせる。

常陸　谷田部藩《やたべ》

谷田部藩(一万六千石)は細川家分家で、最後の藩主**細川興貫《おきつら》**は一八六八年閏四月に京都へ上って新政府に従った。帰路、帆船を雇ったが、紀州沖に漂着し陸路に切りかえるという苦労をしている。戊辰戦争では会津攻めに兵を出した。

常陸　**麻生**《あそう》**藩**

潮来《いたこ》からほど近い麻生(一万石)の新庄氏は近江出身で、最後の殿さまの**新庄直敬**《なおのり》は旧幕府勢力の取締を命じられたが、小藩のこともあり、不審部隊を見つけても逃げられたりして苦労が絶えなかった。

常陸　**牛久**《うしく》**藩**

巨大な大仏がある牛久(一万石)には、大内氏の流れである山口氏があった。官軍に恭順し、水戸街道筋の警備に当たった。最後の藩主**山口弘達**《ひろよし》は書道の研究家となり、学習院の教授や貴族院議員を務めた。

常陸　**志筑**《しづく》**藩**

交代寄合の**本堂親久**《ほんどうちかひさ》が一八六八年に諸侯として認められ、千代田町に志筑藩(一万石)を創設した。

下総《しもうさ》　**古河**《こが》**藩**

かつて古河公方《くぼう》が本拠とした古河藩主（八万石）の土井利位は、水野忠邦失脚後の老中首座だった。分家の三河刈谷藩の生まれだが、本家の古河藩の養子になった。大坂城代時代に大塩平八郎《おおしおへいはちろう》の乱が起こったが、責任を問われるどころか、鎮圧の功を認められて、京都所司代などを経て老中になった。失政だとすると、幕閣にも責任が及ぶので責任を問われなかったのだ。現代の官僚の世界でも、小さな失敗は処罰されるが、省庁最高幹部まで巻き込んだ大失敗は、むしろ事態乗り切りの功績で出世することが多いのと同じである。

雪の結晶の研究をして、初歩的な顕微鏡で観察した美しいデッサンを残していることでも有名で、趣味人としてはまずまずの人物だったが宰相の器などではとうていなかった。家老・小杉監物の主導でなんとか新政府に恭順し、最後の藩主となる**土井利与**《としとも》（16）を上京させたが、国元ではキャノン砲を彰義隊に強要されて貸し出す不祥事を起こしている。歴史がある城だが、渡良瀬《わたらせ》川の流路拡張などであまり面影を留めていない。

下総　結城藩《ゆうき》

結城藩（一万八千石）の水野氏は宗家であり、かつては備後福山にあった。恭順派が主導権を握ったが、藩主である**水野勝知**《かつとも》が彰義隊と協力して結城城をいったんは攻め取るという、殿さま自身によるクーデターを起こした。まもなく鎮圧され、勝知は廃され、一八六九年に最後の藩主の勝寛《かつひろ》にかわった。

土塁などが散在し、わずかに室町時代に有名な結城合戦の舞台となった歴史をしのばせる。

脱藩して矢面に立ったサムライ藩主

上総《かずさ》 請西藩《じようざい》

房総地方には、なんと、一七もの藩が所在した。現在は茨城県に属するものを除いても一五である。しかも、明治元年になると、徳川家達が静岡で駿遠七〇万石を与えられたのに押し出されて、この両国から七藩が房総半島に引っ越してきたのである。

江戸開城ののち、房総の諸藩は木更津《きさらづ》の山手にあった請西藩（一万石）というちっぽけな藩の殿さま**林忠崇**《はやしただたか》(19)の破天荒な行動に振り回されることになった。請西藩は、三〇〇藩のなかでただひとつの取り潰しの「栄誉」を受けることになる。

林家は信濃の小笠原家の分家で、徳川氏の祖先である松平親氏《ちかうじ》親子をかくまい、元旦に兎の汁を供したことから、諸侯に先立って林家の当主に将軍から兎の吸い物と杯を賜るのが江戸幕府の正月行事の恒例であった。

最後の藩主である忠崇は、江戸開城のあと帰国したが、そこに現れたのが撒兵隊《さんぺいたい》、ついで遊撃隊であった。撒兵隊の素行の悪さには躊躇した忠崇だったが、遊撃隊の説得で行動をともにすることにし、大名自身が脱藩して官軍と戦うことになったのである。

彼らは、まず南下して相模に海路向かい、一時は小田原藩と箱根の関を新政府から奪ったが、小田原藩の態度が変化して館山に戻った。そこから、榎本武揚とともに「咸臨丸」で東北へ転じたが、伊達や上杉も戦意を喪失するなかで、会津落城のあと仙台で官軍に降伏した（撒兵隊、遊撃隊については一五九ページ参照）。

結局、請西藩は取り潰しとなり、戊辰戦争で消えたただひとつの藩となった。まだ二〇歳を越えたばかりの忠崇は、ほかの藩主のように華族の特典に浴することも適わず、生活にも困窮したが、やがて赦免され、林家には普通の大名よりワンランク下だが男爵が与えられ、忠崇も昭和一六年に九四歳で死去するまで、昭和まで生き残った「最後の殿さま」としてそれなりに人気を集めた。

下総　佐倉《さくら》藩

佐倉藩（一一万石）は、安政の通商条約を結んだときの老中首座・堀田正睦《まさよし》を出した名門譜代の家である。鳥羽伏見の戦いのあと、東征大総督が討伐軍を差し向けるなか、京都に拠点もなく情報が十分に入らなかったこともあり、とりあえず、東日本の四六藩連名で慶喜への寛大な措置を陳情することになった。その代表となったのが佐倉藩と小田原藩だった。

最後の藩主**堀田正倫《まさとも》**(16)は三月に上京することにしたが、嘆願書を出したこと自体が新政府の怒りを買い、尋問の結果も「方向曖昧」とみなされ、人質同然に京都に留め置かれることになった。

藩主を人質に取られたまま、官軍の東海道副総督 柳原前光《やなぎはらさきみつ》が佐倉城に入り、鳥羽伏見の戦いで先鋒を務めた大多喜藩を攻めることを佐倉藩に要求してきた。佐倉藩はこの官軍の要求を受け入れて大多喜城接収に参加し、官軍の東北戦線にも参加したので、正倫も帰還することが出来た。

明治になって、堀田家は早い時期に東京から佐倉に戻り、教育や農業の振興に貢献し、戦後には市長も出すなど、地元との係わりが深い大名家である。

外国人観光客からも評価が高い国立歴史民俗博物館が城跡にあり、馬出が丁寧に再現されている。

上総　大多喜藩《おおたき》

上総国の中心都市だった大多喜藩（二万石）の最後の藩主**大河内**（**松平**）**正質**《まさただ》（23）は、老中・間部詮勝《まなべあきかつ》の実子で、大河内家に婿入りした。鳥羽伏見の戦いでは、老中格として、淀の本営で指揮をとったが惨敗し、慶喜の大坂脱出後に諸隊解散を指揮した。このため、新政府から追及を受け、菩提寺の円照寺で謹慎し、やがて佐倉城に幽閉された。明治以降は復権し、麹町区長などを務めた。幕末の記録に、松平豊前守《ぶぜんのかみ》の名でよく登場する殿さまである。

城跡は夷隅《いすみ》川に面した崖の上にあり、要害の地であったことをしのばせる。古絵図をもとに天守閣が復元され、城全体の復元模型も展示されている。ほかに、二の丸御殿の薬医門が残る。

上総　鶴牧藩《つるまき》

Jリーグのジェフ市原本拠地の近くに、鶴牧藩（一万五千石）があった。江戸開城を不服として、二千名ほどの撤兵隊が陣屋近くに上陸布陣したのに、新政府軍が来るまで米を援助するなどしつつ傍観したので、最後の藩主の**水野忠順**《ただより》は一時期だが謹慎させられた。

上総　久留里藩《くるり》

君津《きみつ》市の久留里(三万石)の殿さまである黒田氏は福岡藩とは関係なく、北条氏の旧臣である。最後の藩主は**黒田直養**《なおたか》。やはり撤兵隊に食糧を与えたとして問題にされたが、さほどの追及も受けずに乗りきった。

土塁などが残るほか、かつての姿と関係なく天守閣が復元されている。

上総　一宮藩《いちのみや》

九十九里浜の南端に位置する一宮(一万三千石)は、吉宗のおもり役・加納久通《ひさみち》が陣屋を設けた。最後の藩主の**加納久宜**《ひさよし》は、筑後三池の立花《たちばな》家からの養子である。官軍の進発を受けて、藩主自ら上京しているが、ここでも国元で撤兵隊に強いられて援助を与えた。

上総　佐貫藩《さぬき》

アクアラインの千葉県側の入口にある富津《ふっつ》市に佐貫藩(一万六千石)があり、福山阿部家の分家があった。家老・相場助右衛門は京都や大坂にあって中央の情勢に明るく、新政府に与《くみ》することを主張したが、佐幕派の藩士に暗殺され、藩兵は撤兵隊や請西藩とともに富津陣屋を攻めるなどした。しかし、大村藩など官軍の到来の報を聞いて、最後の藩主の**阿部正恒《まさつね》**らは、城を放棄して逃亡した。丘の上に土塁などが残り、かつての曲輪の規模をしのばせる。

上総　飯野《いいの》藩

同じく富津市にあった飯野藩(二万石)の陣屋は、たいへん立派なものだった。会津藩祖の正之が保科正光《ほしなまさみつ》の養子となったために、正光の甥が別家を立てた。

最後の藩主の**保科正益《まさあり》**は、若年寄を務め、第二次長州戦争では石州口総督として戦い、敗れた。一八六八年三月に京都へ向かったが近江草津宿で留め置かれ、のちに謹慎させられた。国元では請西藩などの動きに藩士を脱藩させて参加させたが、藩としては動かなかった。

下総　高岡《たかおか》藩・小見川《おみがわ》藩・生実《おゆみ》藩・多古《たこ》藩

成田《なりた》市北隣の下総町には、浜松藩井上氏分家の高岡藩(一万石)が、佐原《さわら》と銚子の間にある小見川(一万石)には、遠江出身の内田《うちだ》氏があった(最後の藩主は**内田正学**《まさあきら》)。

また、宿場町だった千葉市の南の郊外には、旧今川家臣森川氏の生実藩(一万石)があり(最後の藩主は**森川俊方**《としかた》)、成田空港の近くには、本来は久松《ひさまつ》宗家である多古藩(一万二千石)があった(最後の藩主は**久松勝行**《かつゆき》)。

いずれも、一八六八年の比較的に早い時期に新政府に忠誠を誓い、平穏に新時代に移行した。ただ、小見川藩は水戸藩に近接していることから内紛のとばっちりをたびたび受けた。高岡最後の藩主の**井上正順**《まさより》は、明治になって警視庁に勤務した。

安房《あわ》　勝山藩《かつやま》

鋸山《のこぎりやま》がある鋸南《きょなん》町には、若狭小浜藩分家の勝山藩(一万二千石)があった。最後の藩主の**酒井忠美**《ただよし》が上京している間に請西兵などの要求に屈し、一部の藩士を送り込み犠牲者を出した。東北の戦いには官軍側として参加した。

安房　館山藩《たてやま》

里見《さとみ》氏の城下町だった館山(一万石)には、淀藩稲葉氏の分家が陣屋を置いた。幕末の稲葉正巳《まさみ》(38)は、若年寄、外国御用取扱、陸軍奉行、老中格、海軍総裁を務めるなどして、とくに、幕府海軍についてはその創設者といってもよい存在だった。

一八六八年、最後の藩主の**稲葉正善**《まさよし》(岩槻藩大岡氏からの養子)は上京したが、遊撃隊や幕府海軍は隠居していた正巳に圧力をかけ、館山から浦賀水道を渡って小田原方面で戦い、また、東北へ出航していった。館山藩士でこれに参加する者もいた。このため、官軍から責められ正巳が謹慎するとともに、東北・箱館方面では官軍に参加して戦い、窮地を脱した。

下総 関宿藩《せきやど》

千葉県北西部の利根川と江戸川に挟まれている嘴《くちばし》のようなところに、関宿藩(四万八千石)があった。幕末には久世広周《ひろちか》が老中になり、桜田門外の変のあと安藤信正とともに政権中枢にあった。

江戸開城ののちに旧幕府勢力が城下の通行を求めるところとなったり、藩士の一部は一六歳の藩主**久世広文**《ひろふみ》を上野の山に拉致し、彰義隊の戦いに参加した。この結果、五千石を削られたうえに広文は隠居させられ、弟の広業《ひろなり》が最後の藩主となった。

荒川の堤防の上にかつての関宿城の天守閣などが復元されて、河川土木と歴史の展示館になっている。関東平野のど真ん中であり、富士山でも見えると素晴らしいアングルを提供する。

なお、徳川家達の静岡転封に押し出される形で七藩が房総半島に移ってきた。ここでは、その移転先と現在の市町村名のみを記しておく。太田家の掛川藩は、松尾町に移り、最初は芝山藩、ついで松尾藩と称した。水野氏の沼津藩は市原市に移り菊間藩、井上氏の浜松藩は同じく市原で鶴舞藩、滝脇松平氏の小島藩は木更津市で桜井藩、田沼氏の相良藩は富津市で小久保藩、西尾氏の横須賀藩は鴨川市の花房藩、本多氏の田中藩は白浜町の長尾藩となった。

世渡り上手な下野《しもつけ》の小藩たち

南に江戸を望み、東に抗争に明け暮れる水戸藩、西に東征軍が進む中山道、北に白河の関を通じて戊辰戦争最激戦の舞台となる会津を控える下野の地は、いやおうなしに騒乱のなかに巻き込まれていった。とはいっても、新政府に徹底抗戦を試みた請西藩とか、官軍に反旗を翻した小田原藩といった大名がいなかったおかげで、あまり右往左往することなく各藩がよく協力して激動期を乗りきった。

下野《しもつけ》　宇都宮《うつのみや》藩

宇都宮城(七万七千石)は、本多正純《まさずみ》が秀忠暗殺を狙ったという「吊り天井事件」で有名だが、幕末の藩主は戸田《とだ》氏である。坂下門外の変に関係者がかかわったことから存亡の危機に立ったこの藩は、尊王派の慰撫と、幕府・朝廷への心証を良くするために、歴代天皇の山陵を修築する事業を提案し引き受けた。

鳥羽伏見の戦いの敗戦の報を聞き、最後の藩主の**戸田忠友《ただとも》**(20)は、寺社奉行を辞して徳川宗家への処分を軽くすることを求めて上京の途についたが、この上洛目的を咎められて大津の乗念寺で謹慎させられた(余談だがこのお寺は私の生まれた家の近くにある)。

国元では三月に一揆が起こり、さらに、旧幕府残存勢力が北上してきたが、なんとか総督府や周囲の藩の助力で撃退し、今市《いまいち》で板倉勝静《かつきよ》を降伏させて市内に幽閉した。

ところが四月になると、江戸開城を不満とする大鳥圭介らが率い、土方歳三《ひじかたとしぞう》などが参加した部隊が宇都宮城を攻撃した。彦根藩兵などとともに防いだが、いったんは板倉勝静の身柄を奪われて、不在の忠友にかわって一時復帰した前藩主の忠恕《ただひろ》や、水戸藩出身の軍監・香川敬三も城を退却した。その後、薩摩兵の奮戦で宇都宮城は取り戻された。藩主忠友も帰還し、官軍部隊とともに会津攻めに加わり、長岡藩家老で山本五十六《いそろく》の叔父にあたる山本帯刀《たてわき》を捕らえる手柄をあげた。会津戦線での宇都宮戦死者は五二名で、新政府からは奮闘を賞され、賞典禄として一万石が与えられた。

城はほぼ完全に破壊されたが、少し復元しようという計画もあるようだ。城内の清明館という施設に模型がある。

下野　高徳《たかとく》藩

鬼怒川《きぬがわ》温泉の近くに高徳［下総曾我野《そがの》］藩（一万石）があった。宇都宮藩による山陵修築事業を指揮した**戸田忠至《ただゆき》**が、一万石を分与されて設立された。忠至は新政府でも活躍し、会計事務局判事、山陵副官などを務めた。一八六九年に子の忠綱《ただつな》が嗣ぐ。明治三年、下総曾我野に領地がかわった。

下野　大田原《おおたわら》藩

大田原(一万一千石)の大田原氏は、当地の土豪である。最後の藩主の**大田原勝清**《かつきよ》はまだ幼児だったが、大政奉還後、速やかに恭順した。会津・旧幕脱走隊の襲来を受け、城を放棄するが、攻撃側もあえて占領には及ばなかった。

城跡は公園になっており、土塁や空堀が残る。

下野 黒羽藩《くろばね》

黒羽(一万八千石)の大関《おおぜき》氏も那須《なす》地方の土豪だが、遠江横須賀藩西尾氏から養子に入った**大関増裕**《ますひろ》は幕府の要職を歴任し、自藩にあっても、驚くべき近代的な兵器を購入していた。

大政奉還後、増裕は若年寄・海軍奉行を辞して帰藩したが、謎の死を遂げ、増勤《ますのり》が最後の藩主となった。幕府要職にあったので官軍から嫌われるとみて藩内の誰かによって消されたなどという想像の余地もある。だとすれば、養子の悲劇である。

大鳥軍の攻撃を受けたのを機に積極的に官軍側で参戦し、白河口での奮戦もあって一万五千石という破格の賞典禄を得た。

下野 烏山藩《からすやま》

烏山藩（三万石）の大久保氏は、大勢に順応して白河攻めなどに参加した。最後の藩主**大久保忠順**《ただとし》は新政府の御料局などに勤務し、貴族院議員になった。

山上にある石垣などは比較的よく保存され、堅固な構えをよく残している。

下野　吹上《ふきあげ》藩

東北自動車道の栃木インター付近にあった吹上藩（一万石）は、有馬氏倫が紀州時代から吉宗に仕えて諸侯に列した。大勢に順応して、官軍側で戦った。戦後、最後の藩主の**有馬氏弘**《うじひろ》を騙して官軍からの手当金を横領したとして、重臣らが襲われる事件があった。

下野　佐野《さの》藩

佐野藩（一万六千石）の堀田氏は、一時、近江堅田《おうみかたた》に移ったこともあるが戻った。最後の藩主**堀田正頌**《まさつぐ》は、官軍には装備を提供するに留めるなど比較的に鈍い協力ぶりだったが、叱責を受けて兵を出した。

下野　壬生《みぶ》藩

関ケ原前夜の伏見城攻防戦で戦死した鳥居元忠の子孫である**鳥居忠宝**《ただとみ》の壬生藩(三万石)は、大鳥圭介軍の北上を阻止すべく戦ったが利あらず、辛うじて兵糧を提供して城下を避けてもらった。のちに、東北戦線に参加した。

城跡の整備が行われているほか、歴史民俗資料館に立派な模型がある。

下野 足利《あしかが》藩

宇都宮藩支藩の足利藩(一万一千石)の最後の藩主である**戸田忠行**《ただゆき》は、陸軍奉行並を務めており幕府に忠実だったが、慶喜の上野謹慎を受けて、北関東諸侯に「子(譜代)は、まず祖父(朝廷)に従い、慷慨涕泣《こうがいていきゅう》して父(幕府)のために許しを請うべき」と呼びかけ、家老の相場杢左衛門を上京させた。また、安中にあった東山道総督・岩倉具定《ともさだ》にも使いを送るなど機敏に動き官軍に積極的に協力した。会津方面にも兵を送り、一五〇〇両を贈られた。忠之はのちに海軍御用掛や貴族院議員を務めた。

下野 喜連川《きつれがわ》藩

足利氏発祥の地である下野には、東北自動車道矢板《やいた》インターから東へ入ったところに喜連川藩(一万石)があった。豊臣秀吉が名族の滅亡を惜しんで古河公方家を嗣がせたものである。実質は一万石にも満たなかったが、一〇万石並みの格式だった。**喜連川縄氏《つなうじ》**は水戸斉昭の子で、新政府に恭順し会津攻めにも参加した。喜連川姓だったが、一八六八年に足利姓に復し、一八六九年には最後の藩主の聡氏《さとうじ》が嗣ぐ。

過大評価される河井継之助《かわいつぐのすけ》を擁した長岡藩の悲運

越後《えちご》 長岡《ながおか》藩

長岡(七万四千石)といえば、戊辰戦争の河井継之助に、真珠湾の山本五十六、それに信濃川河川敷の田中角栄だったが、ここのところは、田中真紀子と「米百俵」である。戊辰戦争で荒廃した長岡藩に、隣の三根山藩が見舞として百俵の米を贈ったが、長岡藩大参事(副知事のようなもの)の小林虎三郎は、米を藩士に分与せず売却して学校建設に使った。この「米百俵」の美談は、山本有三の戯曲で有名になり、小泉首相が演説で「さしあたっての痛み」の必要性を説明するのに使ったのでいっそう知られるようになった。

さて、河井継之助というのは、どうして高く評価されるのか私には理解できない人物である。牧野氏はもともと三河豊橋の土豪で、長岡では新田開発などを進めて発展したが、幕末に密貿易などして新潟港を取り上げられた。幕末の藩主の水野忠雅《ただまさ》は老中を務め、養子として西尾藩松平家から入った忠恭《ただゆき》(43)は、松平容保《かたもり》の京都守護任命に先行し京都所司代を務めた。あまりもの負担に、「東北辺境の一小藩主重責に堪えず」として辞任して江戸に戻ったが、さっそく、老中海防掛を命じられ下関四国艦隊砲撃事件などの処理に奔走する。だが、それも、病気を理由に辞任する。

こうした幕府の要職を辞したのは河井継之助の進言によるもので、慰留にやって来た牧野家分家の笠間の殿さまを継之助は激しい言葉でやりこめ、大名に対して無礼だとして問題になった。

大政奉還後、忠恭の隠居により藩主となった**牧野忠訓《ただくに》**(23)と継之助は、二人して上京したうえで政権をそのまま徳川家に委ねるように上申したが入れられるはずもなく、つぎに江戸に回って藩邸の什器《じゅうき》や美術品を横浜で売り払ってガットリング砲など近代的な装備を買い入れて国元に帰った。

官軍が越後に進行してきたときには、官軍に恭順するという意見も藩内で強かったのだが、継之助は反対し、忠恭もこれを積極的に支持した。継之助は小千谷《おぢや》で官軍の軍監だった土佐の岩村精一郎と談判し、「官軍側に立って戦うとか献金をすることには、藩内の意見が時間をいただかないと集約できない。また、会津などを説得するので時間が欲しい」と述べたが、このような子供だましは通用せず、継之助の態度も横柄であったので相手にされなかった。継之助は「局外中立」を宣言するも官軍が聞き入れるはずもなく戦いが始まった。

最初の落城の後、いちどは奪還するものの再度の落城となり、継之助も会津へ逃亡する途中の山道で傷が化膿し没した。

ところで、忠恭と忠訓の殿さま親子は、最初の落城の際に会津に逃亡して、そこで悲報の数々を聞いたというのだが、足手まといになりかねないバカ殿さまならともかく、老中まで務めた忠恭のような人物ですら家臣を放り出して他領に逃げるというのは私にはどうしても合点がいかない。継之助を主人公にした長編小説などでも、長岡を後にして逃げ出す殿さまとの感傷的な別れが少し出てくるだけなのだから不思議なことである。

この継之助の構想を官軍側が退けたことを、「岩村のような人物には河井継之助とほかの小賢しい家老たちとの区別が付かなかった」とする情緒的な表現をよくみるが、継之助のいうように各藩が勝手に軍備を増強し、政府の命令を無視して好きなように行動できるとなれば、国家としての日本は軍閥が割拠して列強が領土を食い荒らすままになった中国のようになっただろう。

その意味で、彼の構想は慧眼《けいがん》でも何でもなく、国家としてこのうえもなく危険なものだったのだ。そして、老中まで務めた忠恭がそれに気付かなかったとしたら不見識なことであったとみるべきだ。岩村の失敗は、河井の提案を受けなかったことではなく、その場で拘束せず長岡に戻らせたことである。敗戦後、いったん領地を没収されたが、最後の藩主の忠毅《ただかつ》によって復活した。

城跡は駅になってしまい何も残っていない。

越後 三根山《みねやま》藩

長岡藩分家の三根山[峯岡《みねおか》]藩(一万一千石)は、原発の是非を問う住民投票があった巻町にあった。最初にして最後の藩主**牧野忠泰《ただひろ》**は、最初は消極的ながらも長岡藩と行動をともにしたが、のちに、「不本意の出兵」であったことを訴え、庄内藩攻撃に参加した。信濃伊那に移封されかかったが、中止になった。

越後　村上藩《むらかみ》

越後でももっとも北に位置するのが村上藩（五万石）である。藩主は内藤氏で、幕末の藩主信思《のぶとも》(55)は、黒船来航のころから坂下門外の変まで九年間も老中だった。鮭の養殖を広めたことでも知られる。

戊辰戦争においては、当初、列藩同盟派が優勢だったが、新発田《しばた》藩を先陣とした官軍の攻撃を受け、城に火をかけて会津に逃亡した。藩主**内藤信民**《のぶたみ》(17)は岩村田藩内藤家からの養子だったが、この混乱のなかで自殺したといわれる。信思は江戸から帰国しようとしたが、途中、長岡攻防戦のあおりで行く手を阻まれ、岩村田で立ち往生していた。一方、恭順派は官軍に加わって戦った。翌年になり、岩村田藩岡部氏から信義《のぶよし》が養子に入り最後の藩主となる。皇太子妃雅子様の実家である小和田《おわだ》家は村上藩士である。

標高一三五メートルの山上に石垣がよく残り、眺望も美しい。城下の武家屋敷・若林家住宅は、重要文化財に指定された貴重なもの。

越後　高田《たかだ》藩

新潟県にはもうひとつ、小和田家ゆかりの町がある。雅子妃の父である小和田恒《ひさし》さんは、教師だった父親の勤務の関係で上越市《じょうえつし》で育ち、ここの高田高校の卒業である。「この下に高田(一五万石)あり」といわれた豪雪地帯で、日本におけるスキー発祥の地である。

上杉謙信の春日山城《かすがやまじょう》はこの高田の郊外にあったが、家康の六男で伊達政宗の娘婿だった松平忠輝は、平野部の中央に築城した。のちに結城秀康《ゆうきひでやす》の孫で忠直の子である光長が入ったが、重臣同士が争った越後騒動の結果、綱吉によって津山に移され、吉宗の時代に徳川四天王の一人・榊原康政の子孫が一五万石で移ってきた。吉原の花魁《おいらん》「高尾」を身請けするスキャンダルを犯したことを咎める懲罰的なもので、表面的な石高は同じでも税収は大幅に減った。第七章で書くが、この差が明治になってからの爵位に響いて子爵にしかなれなかった。

最後の藩主の**榊原政敬《まさたか》**(24)は長州征伐の先鋒をつとめたが惨敗した。戊辰戦争では官軍についたものの、旧幕臣らで組織された衝鉾隊も歓待して領内の新井に基地を与えるなど融和策を取って疑念を招いた。のちに、越後方面における官軍の基地として城内を開放し、長岡や会津攻撃でも奮戦して賞典禄一万石を得た。

しかし、戦死者九九名を出し、江戸にあって佐幕的なグループが「榊」の字を解体して名乗った「神木隊《しんぼくたい》」が上野、東北、箱館で奮戦して、こちらでも三四名の戦死者を出している。

広々とした堀と土塁だけによる構造が地域性を感じさせてユニークであり、板張りが美しく北陸の風光にふさわしい三層櫓が復元されて彩りを添えている。

越後　新発田《しばた》藩

新潟県下の城は余りよく残っていないが、新発田城(一〇万石)には海鼠壁《なまこかべ》が美しい櫓や城門が残り、越後一の名城といわれる。溝口《みぞぐち》氏はもともとは丹羽長秀《にわながひで》に属していた。新田開発のおかげで、表高六万石に対して四〇万石の実収といわれ、やがて表高も一〇万石に改めた。阿賀野《あがの》川の河口を信濃川と切り離したのも新発田藩であるが、こうした公共事業のために財政赤字は深刻だった。

幕末の藩主の直諒《なおあき》は『報国説』『開国論』などを著し、尊王開国論を展開した開明的な人物であり、つづく直溥《なおひろ》は周囲を佐幕派に囲まれていたために渋々ながらも列藩同盟に加わった。米沢藩は藩主を米沢に来させ、実質、人質に取ろうとまでしたが、さすがに領民が怒って阻止した。官軍との戦闘にも加わらざるを得ず、戦死者も出したが、江戸で新政府と接触するなどして、松ケ崎に官軍を密かに上陸させ、長岡藩にとどめを刺すのに成功した。一八六七年に**溝口直正《なおまさ》**(13)が嗣いで、最後の藩主となった。

越後　三日市藩《みっかいち》

新発田市の周辺にある三日市、黒川両藩は大和《やまと》郡山《こおりやま》柳沢氏の支流である。三日市藩（一万石）は本家の動向に従って新政府に恭順していたが、最後の藩主**柳沢徳忠**《のりただ》の不在中に周辺藩の圧力で列藩同盟に加わらざるを得なかった。だが、新発田藩に攻められ降伏、一部の藩士が新発田藩に参加して会津攻めに加わった。

越後　黒川藩《くろかわ》

黒川藩（一万石）は長岡城落城を見て、最後の藩主・柳沢光邦《みつくに》の養父で前藩主の**柳沢光昭**《みつてる》がいったん身を隠したのちに官軍に謝罪降伏した。

越後　村松藩《むらまつ》

村松藩（三万石）の堀《ほり》氏は、信長に仕えた堀秀政《ひでまさ》の家老を祖先としている。勤王、佐幕の両派が激しく争ったが、会津藩に圧力をかけられ、一八六七年、勤王派の七人を処刑し、列藩同盟に与した。それでも藩内はまとまらず、長岡藩の河井継之助からは戦いぶりの悪さを責められ、両派から悲憤のあまり自刃する者を出す悲劇となった。

官軍に攻められ落城したのち、藩主**堀直賀**《なおよし》は米沢に逃れたが、弟の直弘《なおひろ》(最後の藩主)を勤王派が擁して官軍に下り、会津攻めに加わった。城跡の保存状態は良くないが、故地にある郷土資料館に模型が置かれている。

越後　椎谷《しいや》藩

拉致事件の蓮池さんたちの出身地柏崎《かしわざき》の北部郊外に、椎谷藩(一万石)があった。村松藩・堀家の分家だが、春日局《かすがのつぼね》の親戚筋の娘と結婚したおかげで譜代扱いされていた。官軍についたのだが、水戸脱走兵に陣屋を取り囲まれ、官軍の救援で敗走させたものの、陣屋と市中を焼かれてしまった。

最後の藩主である**堀之美**《ゆきよし》の父・之敏《ゆきとし》は若年寄、祖父・直哉《なおちか》は水野忠邦の弟だった。なお、柏崎は桑名藩の飛び地で、松平定敬《さだあき》が江戸を脱出して会津に赴くまでここにあった。

越後　与板《よいた》藩

与板藩(二万石)は、彦根藩二代目の直勝《なおかつ》が弟直孝《なおたか》に家督を譲ったのちに別家を立てた。ただし、最後の藩主の**井伊直安**《なおやす》は井伊直弼《なおすけ》の子で、戊辰戦争には彦根藩と歩調をそろえていち早く新政府側につき、長岡戦線における官軍の拠点となった。井伊家の菩提寺である世田谷豪徳寺にある井伊直弼を描いた有名な肖像画は、この直安の手によるものである。

越後　糸魚川《いといがわ》藩

「都の西北」（早稲田大学校歌）の作詞者・相馬御風《そうまぎょふう》の出身地である糸魚川（一万石）は、越前松平家の分家があった。松平春嶽《しゅんがく》の養子となって最後の福井藩主となった茂昭《もちあき》は、一時、糸魚川藩主として直廉を名乗っていた。最後の藩主の**松平直静**《なおやす》は、同じく越前系の明石藩からの養子で、戊辰戦争時には新政府に恭順し、出兵を免れるかわりに軍需品を供出した。

「会津は忠義の士」に異論あり

岩代《いわしろ》　会津《あいづ》藩

「朝寝朝風呂」が大好きな小原庄助さんと、白虎隊に代表される会津武士との落差はあまりにも大きいが、これは、松平家の本姓である保科の家が武田一党で、最後まで織田軍に抵抗したことが評価されて大名になった歴史と関係しそうである。

会津［陸奥斗南《となみ》］（二八万石）の藩祖・保科正之は、二代将軍秀忠の隠し子であり、信濃の保科家を嗣いだ。「新撰組」で有名な幕末の藩主・**松平容保**《かたもり》（32）は、尾張藩の支藩である美濃高須藩からの養子である。容保はたいへん見識があるとか、指導力がある人物ではないのだが、寡黙ながらも意見を求められたときの応答ぶりは的を射ていたし、ひたむきな誠実さは会う人から評価を得た。

容保が表舞台に出てくるきっかけとなったのは、桜田門外の変の処理をめぐる水戸藩との折衝での冷静な仕事ぶりである。島津久光と勅使・大原重徳《しげとみ》が幕政改革を要求して、一橋慶喜を将軍後見職、松平春嶽を政事総裁職に任命するのと同時に、容保を京都守護職として京都に常駐させることになった。これまで、在京の最高責任者が、中小大名が任じられる所司代であった京都に、大きな兵力をもった大藩を送り込もうということになり、京都守護職としての会津藩に白羽の矢が立ったのである。それまで、井伊家が京都守護職を担当していたが、藩主自ら在京していたわけではなかった。

容保は病弱だったうえに、藩にとってもたいへんな財政負担となることが分かりきっていたので、家老・西郷頼母《さいごうたのも》らが必死に制止したが、容保は将軍家への忠誠を絶対的なものとした藩祖正之の遺訓をたてに、この貧乏くじを引き受けてしまった。そして京都では、権謀《けんぼう》術数《じゅつすう》を弄する公家に嫌気がさしていた孝明天皇に、真っ直ぐな人柄が気に入られ、すっかり頼りにされるようになった。この信頼は、薩摩とも連携して長州と攘夷派公卿を追い落としたクーデター(八月一八日政変)、さらには、禁門の変での勝利につながっていく。

だが、京都の治安維持を「新撰組」にまかせて、手荒に志士たちを追いつめていったことによって会津への憎悪がかきたてられていたので、将来、禍がもたらされるであろうと、国元や江戸藩邸から憂慮する諫言《かんげん》が早くから出された。実兄の尾張慶勝《よしかつ》も、弟に「会津へ引き揚げるべき」と忠告したのだが、容保にはその決断はできなかった。

そして、鳥羽伏見の戦いでも、慶喜が軽率な開戦を嫌ったにもかかわらず、容保は兵たちを抑えられず、挙兵を主導し惨敗を招いた。

そうなるとますます「朝敵」として歴史に名を残すのが嫌で恭順したい慶喜は、会津兵が再び官軍と戦端を開くことを恐れ、軍艦「開陽丸」で江戸に逃げ帰る際に、容保、定敬兄弟を拉致同然にうまく同行させた。しかも、江戸に着くと、この兄弟は退去を命じられ放り出された。

こうなれば、他藩ならどうせ養子の身である容保を見捨ててでも恭順したかもしれないが、真面目な会津藩士にはそれもできなかったし、容保の方も藩士たちを守るために自発的に隠遁するとか柔軟な発想をせず、仙台藩が斡旋した家老の首級を差し出すといった案も退ける優柔不断ぶりだった。最終処分はその案に加え、容保の永蟄居と、いったん取り潰しのうえ一〇万石程度での復活が手の打ちどころだったはずだ。

結局は白虎隊《びゃっこたい》など数々の悲劇を生み、他の東北諸藩を道連れに会津は敗れ、あとを嗣いだ最後の藩主の容大《かたはる》は、南部藩が白石に移されたあとの斗南(三沢市の北方)三万石に移封された。猪苗代《いなわしろ》か斗南かどちらかを選べといわれて、斗南を選んだのは会津藩自身であって、新政府が無理矢理に過酷な土地を押し付けたわけではない。静内《しずない》と色丹《しこたん》を与えられた淡路稲田家の話は第六章に書くが、当時は、世上一般に北の大地の開拓に楽観的な見通しがあったのである。

だが、この不器用で、無用の犠牲を生んだ、しかし、ある意味で純粋な会津藩士の生き方は、多くの人を惹きつけることとなり、司馬遼太郎が「会津があったからこそ救われた気になる」などというようにもなる。東照宮の宮司となって一八九三年まで生きた容保が、晩年、身につけて持っていた竹筒から容保への信頼の言葉を綴った孝明天皇の宸翰《しんかん》が出てきたといったエピソードも日本人の琴線に触れた。

こうして会津藩は、武田家に忠誠を尽くしたことが江戸時代の保科家に幸運をもたらしたのと同じように、近代日本である種の名誉ある評価を受け、要職に人を送り込むことに成功し、ついには、秩父宮妃殿下まで出すことになったのだから、結局、会津は「勝った」のかもしれないのだ。

ただ、冷静に考えた場合に、容保の資質と行動は疑問である。容保が孝明天皇に忠実だったのは確かだが、かなり極端に走りがちな天皇の意に、側近の公卿ならともかく、幕府の代表である京都守護職がブレーキ役とならなかったことは職務怠慢も甚だしい。

また、第二章でも書いたように、容保と慶喜の蜜月は短く、慶喜にとって容保は必ずしも好ましい存在ではなかったし、幕府中枢とはほとんどの期間友好状態ではなかった。しばしば忠義の人といわれるが、いったい誰に対してそうなのだろうか。新撰組などによる厳罰主義も、その是非はともかくとしても、後難を考えれば危険な行動であった。

こうした行動のもたらす危険は、いずれも藩内の多くの幹部からすら指摘されていたことであり、予想外で不当な災難が降りかかってきたのでも何でもないのである。鳥羽伏見の戦いのあと、恭順を勧めた神保修理に江戸で切腹を命じたことなども誉めたくない行いである。

戊辰戦争にもかかわらず城は残ったがのちに破却された。しかし、戦後、蒲生氏郷《がもううじさと》によって創建された桃山風の趣を残す天守閣が再現され、鶴ケ城という名にふさわしい軽やかな姿がみちのくの空に映えている。

悪気はなくても幕府滅亡の引き金を二度も引いてしまった譜代筆頭

羽前《うぜん》 庄内藩《しょうないはん》

酒井忠次は、家康が若いころの筆頭家老だったが、その子孫は最上《もがみ》氏が除封されたのちに庄内[鶴岡《つるおか》]に入った。そして、譜代にしては珍しく、移封されることなく天保時代に至った。酒田《さかた》の大地主・本間《ほんま》家の適切な領国経営への協力も大いに助けになった。

ところが、すでに第一章で書いたように、幕府は川越、庄内、長岡の有力譜代大名を三角トレードしようとした。これに対して、庄内[大泉《おおいずみ》]藩(一七万石)では、救米や貸付制度など社会政策や金融制度が崩壊するのを恐れて、領内挙げて猛然と反対運動を展開し、それが通ってしまった。これが、幕府を中心に中央集権化を図るという可能性を粉砕することになって、幕府に致命的な打撃を与えた。

文久年間からは、加増や臨時の領地も与えられて、江戸市中警備を任されていたが、大政奉還のあと薩摩が江戸で行った挑発行為に業を煮やして薩摩藩邸を焼き討ちし、これを機に大坂の幕府方が鳥羽伏見の戦いに突入することとなり、またもや、将軍家を窮地に追い込むきっかけを作った。

薩摩藩邸攻撃は庄内藩が独断でやったわけではないし、もちろん、譜代筆頭といわれるほどの酒井家に幕府への悪気などないが、結果的には相当に深い傷を二度も幕府に負わせたのである。

戊辰戦争では、官軍側についた天童《てんどう》、新庄《しんじょう》の各藩を撃破し、秋田に迫った。しかし、政府軍が増強されて到着し戦況が悪くなるなかで、会津落城の報せもあり、奥羽列藩同盟で最後に降伏した。取り潰されてもおかしくないほどであったが、西郷隆盛の口添えもあって、わずかの減封だけですんだ。会津への転封も七〇万両の献金を条件に取り消された。

それでは、なぜ西郷が庄内を優遇したかだが、考えてみれば、庄内藩は二度にわたって西郷ら薩摩に大きなプレゼントをしたのである。お国替え反対で雄藩の幕府からの不可侵性を強化し、薩摩藩邸焼き討ちで旧幕府勢力武力制圧へのきっかけを与えたのであるから、西郷は庄内にいくら感謝しても感謝しすぎることもなかっただろう。

一八七〇年、**酒井忠篤**《ただずみ》(14)は旧藩士七六人を引き連れ、鹿児島の西郷を訪ね、教えを請うた。のちにその教えを『南洲翁遺訓《なんしゅうおういくん》』にまとめ、思想家としての西郷の名声を不朽のものとしたのは、庄内の人たちなのである。

降伏の際の藩主・忠篤と、その弟で家督を継いで最後の藩主となった忠宝《ただみち》はドイツに留学したが、帰国後、あまり新政府から優遇されず、早々に庄内に引きこもった。鶴岡ではいまだ酒井家への愛着が強く、藩校「致道館」などが残り、落ち着いた城下町らしい風情をよく保っている。私の好きな城下町のひとつである。

羽前　山形藩《やまがた》

山形[近江朝日山《あさひやま》]藩(五万石)は水野忠邦の家だが、幕末の藩主・忠精《ただきよ》(35)も老中を務めた。

ところで、堺屋太一《さかいやたいち》の出現というのは、日本人の歴史を見る眼をずいぶんと変えた。それまでの歴史書やドラマには、経済という観点が明らかに欠けていた。だから、江戸の三大改革といわれる八代将軍吉宗の「享保《きょうほう》の改革」、松平定信の「寛政の改革」、水野忠邦による「天保の改革」についても、その方向は正しかったという評価が一般的だった。

しかし、堺屋太一に代表されるような経済の分かる歴史通の分析が流布すると、賄賂政治家として評判が悪かった田沼意次《おきつぐ》が先進的な経済政策と評価される一方、三大改革は経済音痴の愚策とされるようになった。

なかでも、天保の改革の主人公である水野忠邦への評価は厳しい。しかし、経済問題についてはともかく、国家像や国際情勢認識となると、忠邦の鋭さに惹かれるところもあることは第一章でも書いたとおりである。

戊辰戦争時の藩主は最後の藩主の**水野忠弘**《ただひろ》(11)だったが、江戸にあり、山形にあった忠精も身分を隠して江戸に向かい、ついで京都に移った。戊辰戦争が始まると、山形では家老水野三郎右衛門のもとで列藩同盟側で戦い、藩主父子は京都で恭順するという芝居を打った。最後は、三郎右衛門が独断で責任を負うという形で刑死した。のちに、近江東浅井郡の朝日山に転封させられたが、実態は記録がなくてよく分からない。

山形では、近年、全国でも稀な城の大規模復元工事が進められており、県庁所在地にふさわしい景観を獲得しそうである。

出羽《でわ》　松山《まつやま》藩・上山《かみのやま》藩

庄内藩酒井氏分家の松山藩(二万五千石)、藤井松平家が藩主の上山藩(三万石)なども列藩同盟側で戦った。幕末の藩主は**酒井忠良《ただよし》**と**松平信庸《のぶつね》**であるが、最後は忠匡《ただまさ》と信安《のぶやす》にかわった。松山城には見事な大手門(櫓門)が残る。上山城では、昔のものとは関係なく見事な五層天守閣が建てられ、山形新幹線からもよく見える。

タイミングを逃し、最後の登場となった大御所・仙台

陸前《りくぜん》 仙台《せんだい》藩

東北きっての大藩である仙台藩(六二万石)は、幕末維新の激動のなかで影が薄かったが、最後に登場したものの時期はずれで、真打登場ということにはならなかった。雄藩連合のなかでそれなりの動きを期待されながら何もしなかったし、藩内では勤王派の遠藤允信が失脚し、佐幕派の但木土佐《ただきとさ》が権力を握っていた。

戊辰戦争が始まったあと、九条道孝を総督とする奥羽鎮撫総督府に会津征伐を促されたが、藩主**伊達慶邦《だてよしくに》**(42)は恭順派の三好監物《みよしけんもつ》を追放するなどして出陣するが戦意なく、かえって白石で会津の降伏を受け入れることを嘆願する「奥羽列藩会議」を主宰して、サボタージュを

決め込んだ。

しかも、閏四月に仙台藩士が福島で長州藩士の世良修蔵《せらしゅうぞう》を襲い処刑したところ、「奥州全域討伐」を具申する世良の手紙が発見され、これに激して官軍に抵抗しようという奥羽列藩同盟が成立した。世良の具申にすぎないのに、過剰な反応だった。しかし、白河城攻防戦に敗れ、九月には、冬へ向けて領地を焦土とするとも抵抗しようという、ナポレオンを迎えたロシアのような議論を主張する強硬派を、復帰した遠藤允信らが抑えて降伏した。藩主慶邦は謹慎させられ、宗基《むねもと》が嗣いで最後の藩主となったが、二八万石に削減され白石などを失った。

仙台藩では、学問所「養賢堂《ようけんどう》」から高野長英《たかのちょうえい》、林子平《はやししへい》、大槻玄沢《おおつきげんたく》など開国へ向けた最も先進的な人物を輩出しながら、京都から遠いこともあり、時の流れを見極められなかったことは返す返すも残念なことである。

仙台藩に限らず、こうして、京都に近い諸藩から書き進めていくと、情報伝達の速度が遅い時代だっただけに、京都で起きた変革への理解度が遠くなればなるほど十分でなかったことが、東北での戊辰戦争の悲劇の原因だという気がする。また、状況をいちばんよく知る立場にあったはずの会津藩のわがままが、他藩を戦渦に巻き込んだ責任は大きいと感じるのだがどうだろうか。

ただし、仙台の町についていえば、明治になって政府機関、東北帝国大学、第二高等学校などが置かれ、むしろ東北開発の拠点として旧藩時代を凌ぐ発展を勝ち得たのだから何も損をしたわけではない。

青葉城跡には、肥前名護屋城から移築したという華麗な大手門があったが、戦災で失われた。石垣や堀、それに復元された隅櫓などがあるが、「青葉城恋唄」の美しいイメージはどこにもない。せめて大手門くらいは復元して欲しいものである。

北海道の湘南地方といわれる伊達郡は、藩内で亘理《わたり》三万石の領主だった伊達邦成《くにしげ》主従によって開拓されたことで名付けられた。

廃藩置県を待たずに廃藩となった南部藩

陸中《りくちゅう》　南部《なんぶ》藩

南部［盛岡《もりおか》］藩（二〇万石）は、源頼朝から青森県東部を切り従えることを命じられた甲斐国《かいのくに》南部郡の一党が、征服者として八戸《はちのへ》に武装上陸して定着し、幕末まで領主として君臨し続けた名門である。盛岡に本拠を移したのは、秀吉の天下統一後のことである。幕末の南部藩は、嘉永《かえい》年間の三《さん》閉伊《へい》一揆《いっき》の混乱のなかにあったが、奥羽列藩同盟に参加し、官軍の支援を受けた秋田藩と戦い、一時は大館《おおだて》を落としたが、反撃され降伏した。

幕末の藩主**南部利剛**《としひさ》(48)は引退させられ、それを嗣いだ最後の藩主・利恭《としゆき》は一時、白石《しろいし》一三万石に移されたが、嘆願して七〇万両の償金を払い、また盛岡へ戻った。移封を命じられたのは庄内も同じであるが、南部藩は一度白石に移ってから戻ったので疲弊も激しく、廃藩置県をまたずに廃藩に追い込まれた。この往復は過酷で、多くの悲劇を生んだ。

その子の利祥は日露戦争に中尉として従軍したが、満州(中国東北部)の井口嶺で戦死し、戦前は盛岡城内に大きな銅像が立っていた。また、戊辰戦争五〇年祭には、政友会総裁だった原敬《はらたかし》が、「戊辰戦争は政見の異同のみ、誰か朝廷に弓引くものあらんや」と祭文《さいもん》を読み上げたことはよく知られている。

平山城だがさほど高くないので、城跡全体が市街地に飲み込まれている観もあるが、それでも、東北屈指の立派な石垣が誇り高き名門大名の居城にふさわしい格調を感じさせる。

陸中　一関《いちのせき》藩

伊達政宗正室だった愛姫の実家である田村家の一関藩(三万石)は、仙台藩と行動をともにし、藩主**田村邦栄**《くによし》は官軍についた秋田藩と戦った。翌年、弟の崇顕《たかあき》が嗣ぎ、最後の藩主となる。城跡には何も残っていないが、城門が毛越寺に移築されている。

羽前　米沢《よねざわ》藩

上杉謙信、鷹山の流れをくむ米沢藩(一八万七千石)の動きは、もう少し複雑である。**上杉斉憲**《なりのり》(47)は種痘の奨励や西洋砲術の習得などに取り組み、京都の警備に功績を挙げ、将軍家茂から一八六三年に政事総裁職を要請されたこともある実力者であった。

戊辰戦争では、会津救済のために熱心に動いた。朝廷や山内容堂など有力者に働きかけたり、白石にあった輪王寺宮《りんのうじのみや》(のちに台湾で戦没死した北白川宮能久殿下《きたしらかわのみやよしひさ》)を太上天皇《だいじょうてんのう》として擁立しようと図ったりし、あるいは父祖の地である越後に食指を伸ばして新潟を占拠したりした。

しかし、状況の変化にも敏感に対応し、桑名藩主・松平定敬が米沢に来て要請したときにも、会津救援には腰を上げず、ほどほどのところで恭順し、庄内藩攻撃などに参加したので、四万石の減封という比較的に軽い処分となった。

最後の藩主・茂憲《もちのり》は、ロンドン留学ののちに官僚として活躍し、沖縄県令などを務めた。県内各島を巡回したとき、「人民の心得方」を出し、土産等一切不要、宿所・食事等特別の用意も不要などを通達して人気を博した。また、教育を充実するとともに、離任に当たっては私財を投じて人材育成を促すなどして、現在でも沖縄県民からたいへん敬愛されている。

会津から大幅に減封されて米沢に移っただけに城も城下町も簡素である。規模は大きいが土塁のみで築かれて石垣がない。古い建築は残っていないが、本丸跡には上杉謙信を祀った上杉神社があり、宝物殿も充実している。

羽前 米沢新田《よねざわしんでん》藩

米沢藩の支藩で城内の二の丸に居館を持っていた。米沢新田藩(一万石)の最後の殿さまである**上杉勝道**《かつみち》は奥羽列藩同盟には参加せず、そのおかげで宗家を始め東北各藩と新政府の間の斡旋に努めることができた。

磐城《いわき》 平《たいら》藩

磐城平（三万石）の藩主は安藤家で、信正（48）が老中として活躍したが坂下門外の変に遭い失脚し、永蟄居となり平に引きこもっていた。戊辰戦争では積極的に列藩同盟に与し戦ったが、官軍の攻撃の前に落とされ、信正は北へ退却したのちに降伏した。

当主は信濃岩村藩内藤家から養子に来た最後の藩主の**安藤信勇**《のぶたけ》（18）だったが、京都からの帰途、美濃国の飛び地に滞在しているときに戊辰戦争となった。戦後、陸中に転封されることが一時決まったが、信勇の工作で七万両の償金をもって転封を免れた。

城の遺跡はほとんど残っていない。

磐城　棚倉《たなくら》藩

老中阿部正外《まさと》（38）を出した棚倉藩（一〇万石）は、福山の阿部家の分家で、武蔵国《むさしのくに》忍《おし》（行《ぎょう》田《だ》市）にあったが、松平定信の画策による白河、桑名、忍の三角トレードによって白河に入り、開港問題の責任をとらされ白河から棚倉へ左遷された。**阿部正静**《まさきよ》（18）が列藩同盟に加わり奮戦したが、板垣退助の率いる官軍に降伏した。正静は引退し、叔父にあたる正功《まさこと》が最後の藩主となった。

東北本線からはずれて寂しいが、本丸跡の土塁や堀が残り、かつて重要藩の城下町であったことをしのばせる。

当地は、どうしてか、スキャンダルを起こした大名の左遷先としてたびたび使われた不思議な場所である。吉宗に睨まれた松平武元《たけもと》(子孫が浜田藩)、酒によって不祥事を起こした井上正甫《まさもと》(浜松藩)、老中首座でありながら密貿易をした松平康任(川越藩)などであるが、そういう歴史の舞台として訪れるのも一興であろう。


そのほか、東北で奥羽列藩同盟に与した各藩の動向を列挙する。

磐城 相馬《そうま》藩

平将門《たいらのまさかど》の子孫と言い、「相馬馬追」で有名な相馬[中村《なかむら》]藩(六万石)の最後の藩主**相馬誠胤**《ともたね》(15)は、どちらかというと新政府に好意的だったが、周囲を列藩の同盟側に囲まれていたため参加のやむなきにあった。しかし、早期に離脱して降伏し、減封などを免れた。

城跡の保存状態は良くないが、立派な高麗門《こうらいもん》(大手門)が残ってシンボルになっている。

岩代 二本松《にほんまつ》藩

織田信長の重臣・丹羽長秀《にわながひで》の子孫である二本松藩(一〇万石)は、頑強に抵抗し、一二歳から一四歳の少年たちが敵陣に突入して全滅する二本松少年隊の悲劇を生んだ。

棚倉城奪還戦のあたりから、もともと官軍と気脈を通じながら周囲を同盟軍に囲まれてしぶしぶ従っていた三春《みはる》藩が、誤射と称して同盟軍を攻撃したりしていたが、同盟軍が棚倉から撤退するや官軍に降伏し、これまでの鬱憤を晴らすように官軍を二本松や会津へ先導したのである。二本松兵は、領地に戻る暇もなく攻撃を受けることになり、降伏するかで藩論は二分されたが、白石から戻った家老・丹羽大学が強硬に主戦論を唱えて悲劇を生んだ。しかも、藩主一家はこの戦いの最中に藩士たちの願いで米沢に逃亡したのであるから、幕末の殿さまたちの精神構造は理解できない。

明治になって、幕末の藩主・**丹羽長国《ながくに》**(33)の娘婿に米沢から長裕《ながひろ》を迎え、版籍奉還となる。箕輪《みのわ》門が復元され、石垣もよく修築されている。

岩代　福島《ふくしま》藩

島原の乱で戦死した板倉重昌《しげまさ》の子孫である**板倉勝尚《かつなお》**の福島[三河重原《しげはら》]藩(三万石)は、列藩同盟側で戦ったが、二本松落城のあと降伏した。戦後、三河重原に転封させられた。戊辰戦争後、最後の藩主となる勝達《かつさと》に藩主が交替した。
福島城跡は県庁になっており、遺構はあまり残っていない。

磐城 湯長谷《ゆながや》藩・泉《いずみ》藩・守山《もりやま》藩

内藤氏の湯長谷藩(一万五千石)も列藩同盟に加わったが、官軍に攻撃されて藩主**内藤政養**《まさやす》は平城に向かった。戊辰戦争後、政憲《まさのり》に藩主が交替し、版籍奉還となった。

寛政の改革で活躍した老中格・本多忠籌《ただかず》の泉《いずみ》藩(二万石)は、いわき市にあるが、列藩同盟に与して陣屋を焼かれた。戊辰戦争が終わってから、**本多忠紀**《ただとし》にかわり忠伸《ただのぶ》が最後の藩主となった。

郡山市《こおりやま》にあった水戸藩支藩の守山［常陸松川《まつかわ》］藩(二万石)の**松平頼升**《よりのり》は、列藩同盟に加入したものの戦意なく、早々に降伏した。

陸奥《むつ》 七戸《しちのへ》藩・八戸《はちのへ》藩

南部藩分家の七戸藩(一万一千石)の藩主は**南部信民**《のぶたみ》で、列藩同盟に参加して津軽藩の攻撃を受けた。最後の藩主・信方《のぶかた》は米国に留学し細菌学を研究した。

同じく南部藩分家の八戸藩（二万石）は、最後の藩主の**南部信順**《のぶゆき》が島津重豪《しげひで》の五男だったので、列藩同盟に加盟したもののほどほどに付き合っただけで、減封も受けていない。

東北の官軍派は骨折り損でくたびれただけ

出羽《でわ》　秋田《あきた》藩

秋田［久保田《くぼた》］（二〇万五千石）の佐竹《さたけ》氏は、関ケ原の戦いで西軍寄りだったことから水戸から秋田に移された。その佐竹家が、一瞬といえども父祖の地である水戸への復帰を夢見たのである。江戸時代に秋田は久保田と呼ばれており、改称されたのは一八七一年一月だから、久保田藩というのが正しいのだが、分かりにくいのでここでは秋田藩といっておく。

戊辰戦争が始まったとき、秋田藩でも藩論は分かれたが、「我に於いて勤王に一決せり」という最後の藩主**佐竹義尭**《よしたか》（42）の決断で方針は決まった。さっそく、近隣の新庄、本荘、亀田の各藩、それに大名というかどうかは別として、生駒《いこま》氏や仁賀保《にがほ》氏にも呼びかけて連合を組んだのである。

しかし、東北の大勢は反官軍にあり、勤王諸藩は苦戦を強いられた。まず、庄内藩によって新庄城が落城し、雄勝《おがち》峠を越えて湯沢や横手、北部の大館が落とされるなどしたが、なんとか、久保田城が落ちる前に官軍の増援部隊が到着し、勝利を収めることができた。

こうなると、藩内の期待は膨らんで、水戸の旧領への復帰で関ケ原の屈辱を晴らそうなどという意見も出てくる。しかし、与えられた賞典禄はわずか二万石であった。しかも、財政的に困窮した秋田藩では、勝手に貨幣を鋳造し、畿内で出先が独断で汽船を購入したり開拓物産所を開いたりして、外国商社から莫大な借金をしてしまったのである。

こうして、せっかく領内を荒廃させてまでも官軍に忠誠を果たしたにもかかわらず、まったくのくたびれもうけだったのである。新政府は、政情の安定を優先させたので、敗者に寛大だったのに勝者には報いなかった。これが理由で、秋田ではかえって反政府的な気分が残り、東北では比較的に左翼政党が強いとか、国の減反政策にも体を張って闘うといった反政府的風土が出来上がった。

もともと土塁を主体にした簡素な造りの城であったが、城跡は公園として整備され、隅櫓が建てられている。

羽後《うご》　秋田新田藩《あきたしんでんはん》

秋田新田[出羽岩崎《いわさき》]藩(二万石)の**佐竹義諶**《よしつま》は相馬藩からの養子であるが、秋田藩と行動をともにした。一八六九年に同じく相馬家からの養子である義理《よしただ》(最後の藩主)が嗣ぎ、「爛漫」「両関」などの酒どころで知られる湯沢市郊外の岩崎に領地を与えられた。のちに義理は貴族院議員になり、保険会社を経営した。

羽後　本荘藩《ほんじょうはん》

本荘(二万二千石)は、鎌倉時代の名族・二階堂《にかいどう》氏の一族で、横手盆地の地頭だった六郷《ろくごう》氏が藩主だった。最後の藩主**六郷政鑑**《まさあきら》は積極的に官軍につき、「奥羽の亀鑑」と賞せられたが、庄内藩の攻撃で城下を焼かれた。戦後、賞典禄一万石を得た。こうしたなかで、戦争の初期にあっていちはやく錦の御旗の下賜を願い出て、先見の明を讃えられた。城跡に特に遺構はないが、城門が復元された。

羽後　矢島藩《やしまはん》

矢島(一万石)には、かつて讃岐一国の領主だった生駒《いこま》氏が八千石の寄合衆として領していたが、**生駒親敬**《ちかゆき》が官軍についたおかげで戊辰戦争後に諸侯に列した。

羽前　新庄藩《しんじょう》

山形新幹線の終点である新庄藩(六万八千石)は戸沢《とざわ》氏で、もともと岩手県の雫石《しずくいし》にあったが、鳥居元忠《とりいもとただ》の娘婿だったことから鳥居氏が山形にあったときに新庄に入った。最後の藩主である**戸沢正実**《まさざね》(35)は、官軍についたことから賞典禄一万五千石を得た。

城跡には建造物はないが、戸沢神社と公園になっており、土塁や堀など構えはよく残っている。「新庄ふるさと歴史センター」の展示で、官軍についたことがわざと曖昧にしか説明されていないのに驚き、東北における官軍の立場の難しさを痛感した。

羽前　亀田藩《かめだ》

亀田藩(二万石)は、平国香《たいらのくにか》の子孫が藤原秀衡《ひでひら》の娘と結婚して土着した岩城《いわき》家が藩主で、**岩城隆邦**《たかくに》は秋田藩と行動をともにしたが、本荘陥落を受けて列藩同盟側に寝返った。近江宮川藩から隆彰《たかあき》が養子となって嗣いで、版籍奉還を迎える。

羽前　天童《てんどう》藩

将棋の駒の産地として知られる天童藩（二万石）は、織田信雄の直系で上野小幡藩主として格としては一〇万石と同格とされていたが、一七六六年に尊王思想を持つ山県大弐《やまがただいに》が倒幕を企てた事件に関与して左遷された。上京したところ、新政府から**織田信学《のぶみち》**が羽前地方鎮撫の先導役を命じられたが、庄内藩の攻撃を受けて城下を炎上させられ、今度は列藩同盟側で戦った。一八六八年に信敏《のぶとし》に、戊辰戦争後、寿重丸《すえまる》に藩主はかわった。

羽前　長瀞《ながとろ》藩

長瀞［上総大網《おおあみ》、常陸竜ケ崎《りゅうがさき》］藩（一万一千石）は、奥羽列藩同盟には不参加でとくに動きはなかった。最後の藩主の**米津政敏《よねきづまさとし》**は、上総大網、ついで常陸竜ケ崎に移された。陸軍軍人として活躍し貴族院議員にも選ばれる。

陸奥 **弘前藩《ひろさき》**

弘前［津軽《つがる》］（一〇万石）の津軽氏は、もともと南部氏に属していたが自立を図り、小田原攻めの際に、南部氏より早く豊臣秀吉のもとに参陣し、独立を承認された。近衛《このえ》家の庶流と称し関係を深めていたが、戊辰戦争においても、京都で近衛家との連絡に当たっていた西館平馬が津軽に帰り、最後の藩主**津軽承昭《つぐあきら》**（27）夫人の実家である近衛家からの教書をもたらし、官軍につくことを決め、南部領の野辺地《のへじ》を攻めた。

さらに、箱館戦争では青森が補給基地になったこともあり、奥州触頭《ふれがしら》として奮闘し、賞典禄二万石を得た。

常陸宮《ひたちのみや》妃殿下の実家であり、小さな天守閣が残る城跡は、ゴールデンウィークごろに満開となる北国きっての桜の名所である。城下町全体に見所が多く、その意味では彦根と双璧といってよく、世界文化遺産にする値打ちがあるのではと思うくらいである。

陸奥 **黒石藩《くろいし》**

旗本津軽親足《ちかたる》が弘前藩から一万石を分与されて成立した（一万石）。弘前藩と行動をともにし、南部藩の野辺地への攻撃に参加した。最後の殿さま**津軽承叙**《つぐみち》はのちに貴族院議員になった。

「こみせ通り」は、商店街の軒を張り出して木製のアーケードのようにしたものだが、雪国らしい街並みとして人気がある。

磐城 三春藩《みはる》

坂上田村麻呂《さかのうえのたむらまろ》を記念した民芸品の三春駒《みはるごま》や滝桜で有名な山里三春（五万石）の藩主は、古代蝦夷や中世に十三湊《とさみなと》で北方文化を花開かせた安東《あんどう》氏の血を引く秋田氏だった。

三春藩では最後の藩主の**秋田映季**《あきすえ》（9）が幼少だったが、叔父の主税は早くから京都の情勢を的確につかみ、郷士で水戸藩の勤王派とも通じていた河野広中《こうのひろなか》の説得もあって、岩倉具視などと通じていた。

ただ、周辺を佐幕派に囲まれていたために態度を鮮明にできなかったが、板垣退助らの官軍が棚倉城を落とすや、二本松や会津攻撃の手引きをした。のちに河野広中は自由民権運動の中心となり、衆議院議長になる。

城跡は公園化されたときに破壊が激しいが、雰囲気は残る。大手筋には、藩講所「正道館」の正門だったものが移築されている。

蝦夷《えぞ》　松前藩《まつまえ》

蝦夷の松前[館《たて》]藩(三万石)は、一八〇七年に幕府が蝦夷地を直轄地にすることにしたので一時は陸奥梁川《やながわ》に移ったが、一八二一年に復帰し、一八五四年には旧式の立派な天守閣まで持った松前城が本格的に築城されている。翌年、箱館開港に伴い、その周辺を天領に取られた。

藩主だった松前崇広《たかひろ》は一八六四年に老中になったが、阿部正外らと兵庫開港を勅許なしで断固決行することを主張して罷免された。

一八六八年には、京都で藩主の**松前徳広**《のりひろ》(23)が新政府に恭順し、一方、国元は列藩同盟に加盟するという混乱を示したが、国元でも勤王派が正議隊《せいぎたい》を名乗って勤王に転換し、藩庁を北の館に移した。しかし、榎本武揚らの旧幕府軍に敗れて青森に避難した。戊辰戦争後、賞典禄二万石を獲得している。一八六九年に修広《ながひろ》が最後の藩主となった。

本丸大手門が残り、戦後焼失した天守閣が復元されている。シンプルなデザインだが、北海道にふさわしいイメージである。

東北での戦いは事実上終わった。

しかし、榎本武揚《えのもとたけあき》らは、蝦夷地を旧幕臣らで開発しようとして、旧幕府脱走諸隊3000名らで箱館へ渡り、松前藩を駆逐して五稜郭によった。しかし、このような地方軍閥を認めよという考えが時代錯誤であり、翌年５月18日には開城した。その前の４月には、板倉、小笠原、松平定敬らは脱出し、榎本らは降伏したが、土方歳三らはここで死に場所を見つける。

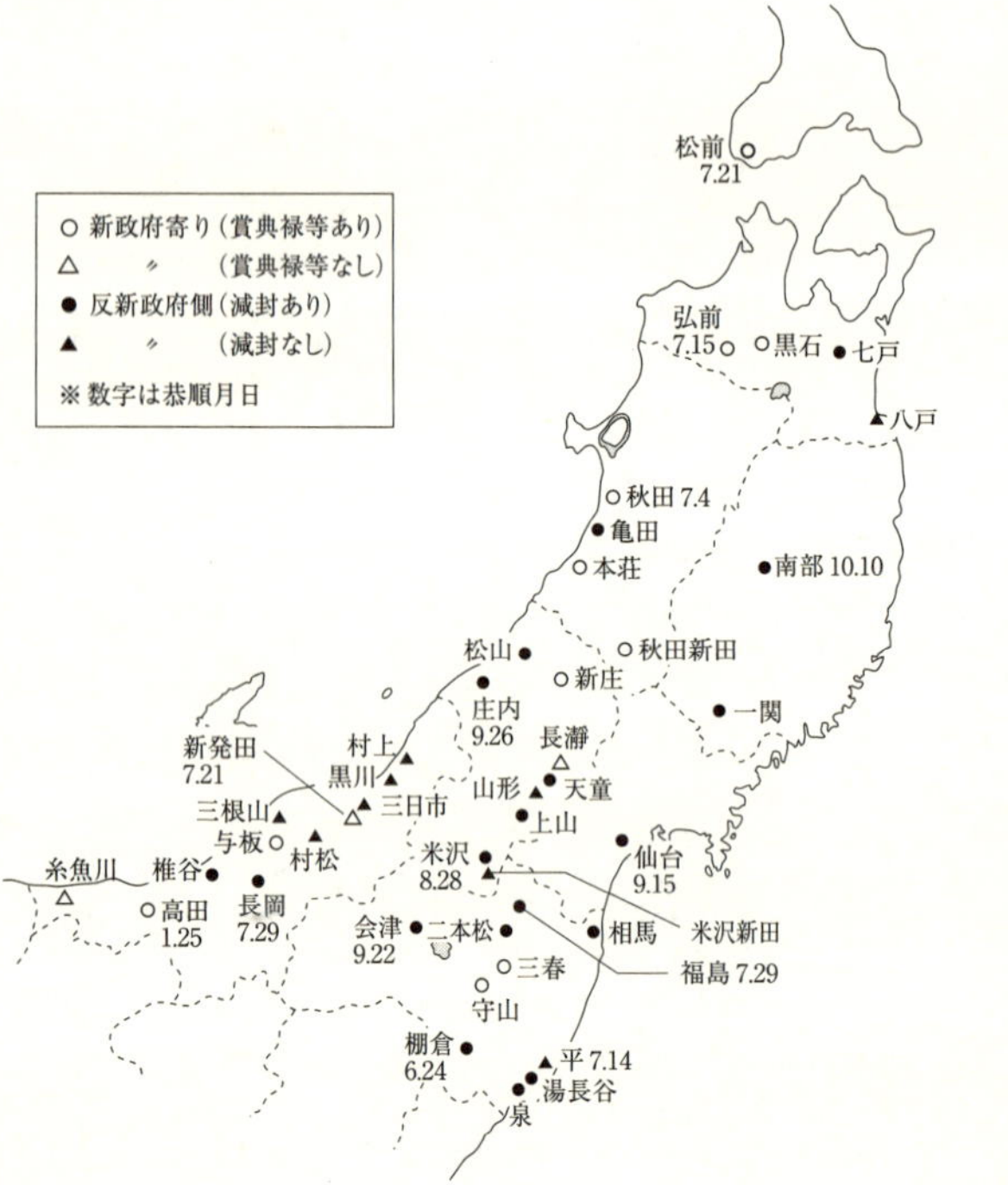

戊辰戦争の白旗カレンダー

新政府は1868年３月に奥羽鎮撫総督を仙台に派遣し、会津、庄内両藩の追討を各藩に命じた。会津がとりあえず無条件で恭順すれば四国や中国のように穏便にことは運んだのだが、会津は厳しく条件闘争を挑んだ。減封はともかく、家老切腹なども受け入れず、松平容保《まつだいらかたもり》の身の安全にもこだわったのである。間に立った仙台藩は困り果てて、会津藩との形ばかりの戦いを演出して時間を稼いだ。こうしたなかで、仙台藩の佐幕派が閏４月に官軍参謀·世良修蔵《せらしゅうぞう》を謀殺して賽《さい》を投げた形となった。押収された世良の手紙には、仙台藩は弱国だとか東北は皆敵だとか書かれており、東北諸藩は感情的反発に押し流された。

５月には奥羽列藩同盟（会津、庄内は構成員でない）を成立させ、白河方面で戦闘が始まった。一方、北越では長岡藩が「武装中立」という官軍にとってどうみても受け入れ不能な案に固執して、ここでも戦闘が開始された。

６月から７月初旬までには、棚倉、平など福島県南部の諸城が官軍の手に落ちる一方、仙台からの脱出に成功した九条総督らは秋田に集結し、秋田、津軽両藩は官軍についた。７月中旬から下旬にかけて、二本松、長岡城などが落ちた。秋田戦線では、当初、庄内·南部の攻撃を受け官軍劣勢だったが、８月になると援軍が到着して巻き返した。列藩同盟では、江戸を脱出した輪王寺宮《りんのうじのみや》（のちに許され北白川宮能久《きたしらかわのみやよしひさ》親王となり台湾遠征中に戦没死）や板倉勝静《いたくらかつきよ》、小笠原長行《おがさわらながみち》などを中心に新政府を樹立させ会津と連携する一方、敗戦が続いた仙台藩などは腰が引け気味になっていく。仙台、米沢両藩の降伏をいつとみるかは難しいところだが、８月にはすでに帰順の方向に固まっていた。

そして、８月21日に新撰組や伝習隊の守る会津東方の母成《ぼなり》峠が落ち、23日には白虎隊が集団自決。23日には松平定敬《さだあき》（桑名藩主）、土方歳三《ひじかたとしぞう》が援兵要請のために会津を退去。９月22日に降伏したが3000名の死者を数えた。庄内藩も26日に帰順。南部藩の正式帰順はもう少し遅いが、

第五章 西南雄藩の行動原理

長州藩主・毛利敬親と萩城

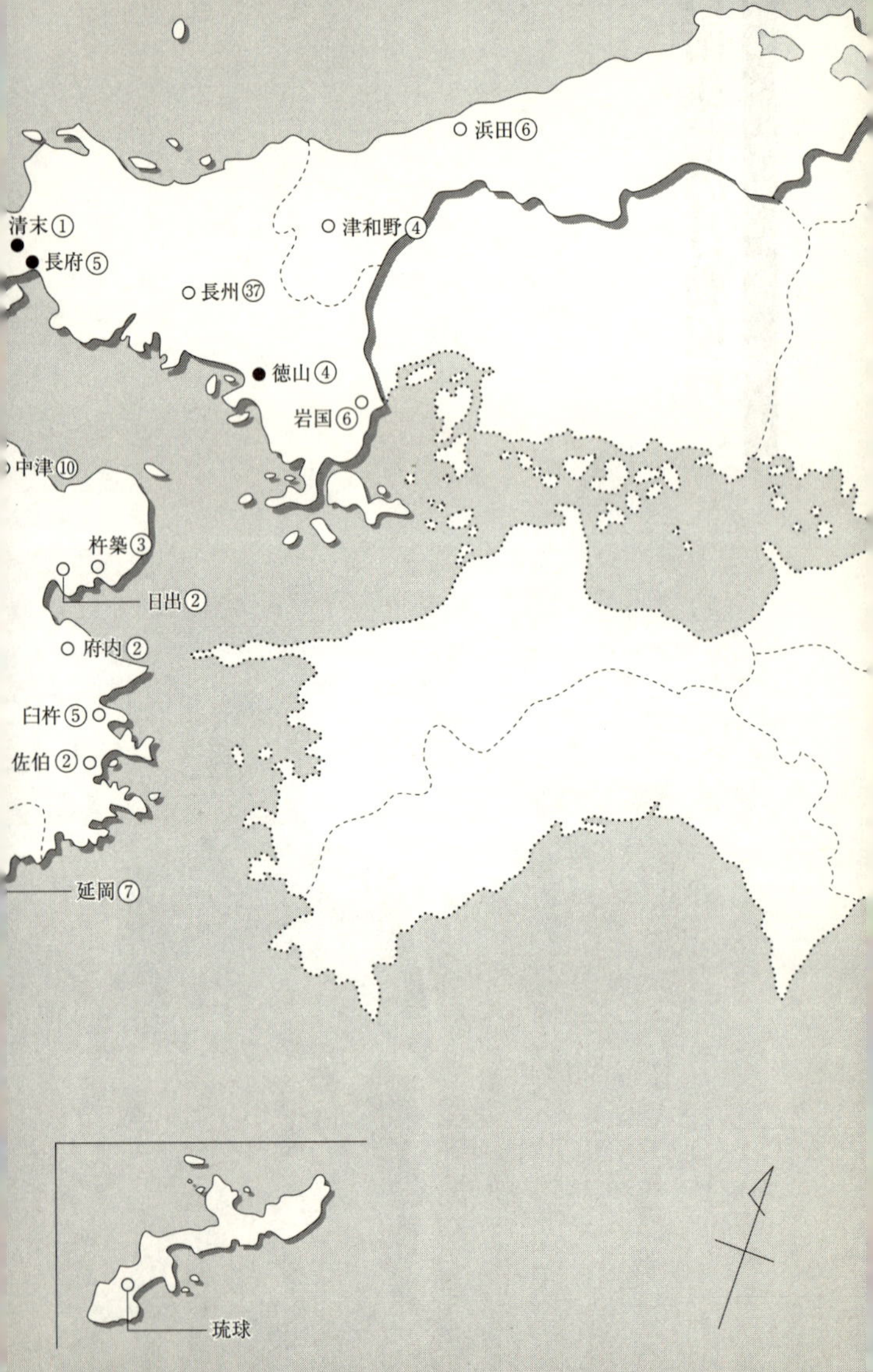

浜田⑥
清末①
長府⑤
津和野④
長州㊲
徳山④
岩国⑥
中津⑩
杵築③
日出②
府内②
臼杵⑤
佐伯②
延岡⑦
琉球

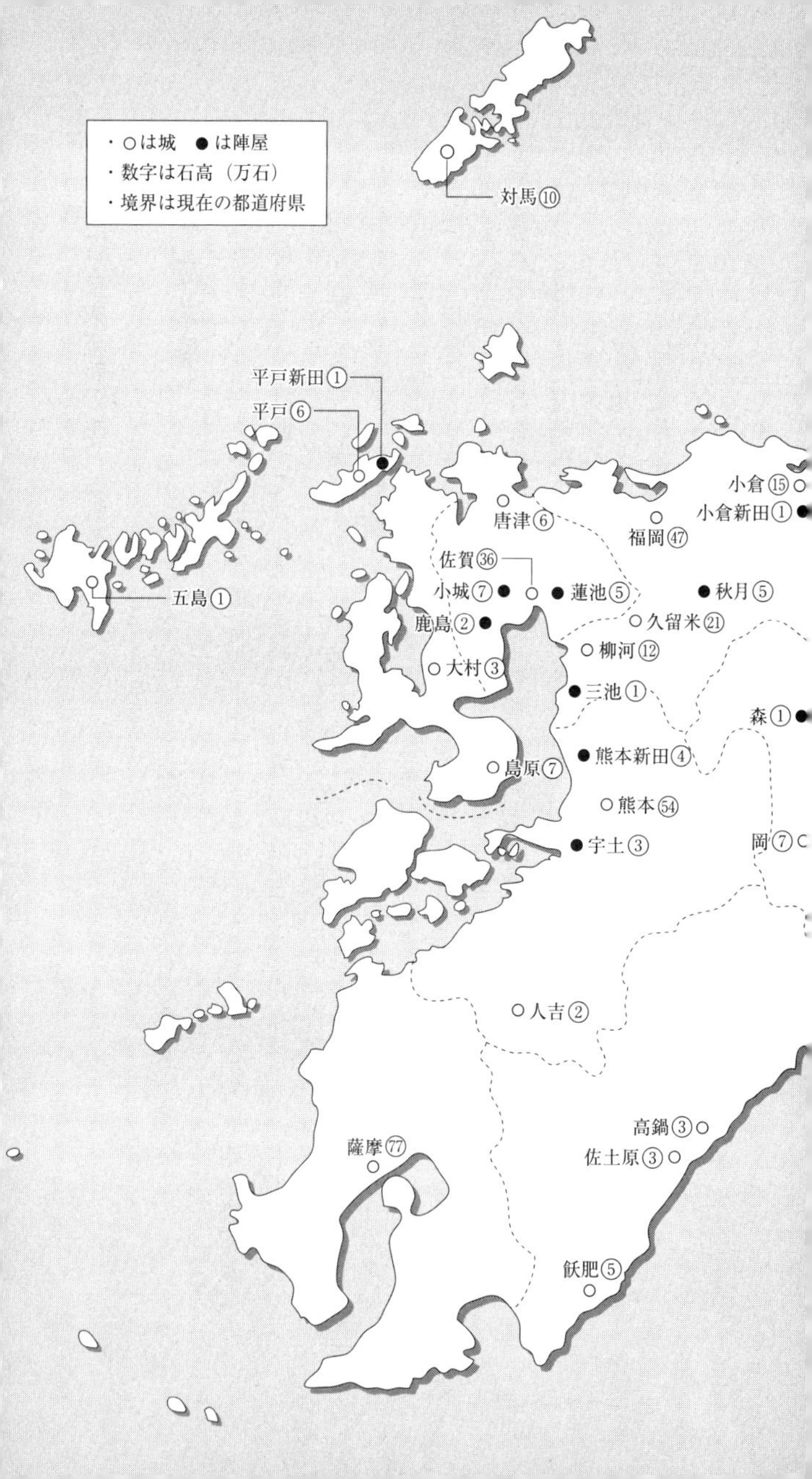

・○は城　●は陣屋
・数字は石高（万石）
・境界は現在の都道府県
対馬⑩
平戸新田①
平戸⑥
五島①
唐津⑥
福岡㊼
小倉⑮
小倉新田①
佐賀㊱
小城⑦
蓮池⑤
秋月⑤
鹿島②
久留米㉑
柳河⑫
大村③
三池①
森①
熊本新田④
島原⑦
熊本(54)
宇土③
岡⑦
人吉②
高鍋③
佐土原③
薩摩(77)
飫肥⑤

やはり幕末維新の主役は薩摩島津家

薩摩《さつま》　薩摩藩

坂本龍馬の仲介で薩長同盟が劇的に成立したことから、一気に幕府が倒れて明治維新となったと世間では受け取っている人が多いが、現実の政治過程はそんなに単純なものではない。この驚愕すべき連合が密かに成立してから二年ほどの展開のなかで、薩長の比重には明らかに大きな違いがある。薩摩［鹿児島《かごしま》］（七七万石）が主役で幕府が敵役だとすれば、長州は名脇役といったところにすぎない。

長州の役割を小さく見るつもりはないし、むしろ、私は長州贔屓《びいき》なのだが、長州が薩摩と肩を並べるような存在になったのは、維新後に、西南《せいなん》戦争のために薩摩の立場が弱くなり、また、長州が近代国家にとって有用な人材をより多く供給したからにほかならず、最初から対等であったのではないのだ。

日本を近代国家に生まれ変わらせることの必要性は、誰しもが認めていた。そのなかで、島津《しまづ》という徳川幕府の社外重役といってよいほどの実力者が、会社の解散と別会社による事業継承を主導したというように読むと分かりやすいように私は思うのだ。

島津家の発祥の地は、宮崎県都城《みやこのじょう》市にあった近衛《このえ》家の島津荘である。源頼朝《みなもとのよりとも》が比企《ひき》能員《よしかず》の妹に孕ませた子が近衛家にかくまわれ、日向《ひゅうが》で地頭《じとう》になり、薩摩、大隅《おおすみ》、日向の守護となったのだというのが公式見解である。その島津氏は、戦国時代に九州を統一するほどの勢いだった。

これを見てあわてたのが豊臣秀吉で、九州独立王国などができて勝手に外国と交流などされては日本の統一も危うくなると危惧し、徳川家康との和睦を急いで、破格の条件を家康に提示して交渉を成立させて、九州征討に踏み切った。

このとき、秀吉は島津を滅ぼすこともできたが、薩摩、大隅、それに日向南部は島津に残してやった。秀吉は南九州だとか東日本とかいった辺境地域には興味がなかったのである。彼にとってのフロンティアは大陸だったから、島津、徳川、伊達《だて》などは、大人しくして地域の平和を守っていてくれればよかった。無理に滅ぼして土着勢力にしつこい抵抗などされるより得だと思ったのである

徳川家康にしても、関ケ原で西軍に与《くみ》した薩摩を滅ぼすことのコストを考えれば、無理をしない方がよいと判断したが、その一方で、島津が強大にならないように木曽三川の工事に莫大な出費を強いるなどということもした。だが、島津は立ち上がってきた。

その理由の第一は、吉宗の時代から大名にとっていちばん嫌な大名の取り潰しとか移封とかいうことが少なくなったことが、薩摩も含めた雄藩の独立性を高め、薩摩をいじめるとほかの藩も反発するという構造をつくったことである。

第二は、鎖国の結果として内外の技術格差が拡がり、薩摩が独占していた琉球《りゅうきゅう》を通じて世界につながる細いパイプの価値がどんどん上がってきたことである。しかも、薩摩藩は公認されている以上にかなりの密貿易をやっていた。

第三は、薩摩自体による重商主義的な経済改革の成功である。

そして、第四は徳川家との意外にも深い姻戚《いんせき》関係である。一七五五年に藩主となり、一八三三年に死ぬまで権力を握り続けた重豪《しげひで》は、鎖国して地味に質実剛健に生きてきた薩摩に、江戸とオランダの文化を持ち込んだ。金に糸目を付けずに、書籍、機械など文物を買い集め、「言語容貌等風俗向上」のために遊女などの入国すら奨励した。当然のことながら、財政赤字は膨大になったが、重豪が晩年に抜擢した調所広郷《ずしょひろさと》は、大坂の商人たちからの借金を棚上げにするという単純明快な方法で、財政再建にも成功した。こんなことができたのは、徳川家との特別なつながりがあったからこそである。

始まりは、島津継豊《つぐとよ》の正室竹姫である。綱吉は、側室大典局の兄である清閑寺大納言熙定の娘を養女にした。ところがこの薄幸の女性は二度も許嫁《いいなずけ》に先立たれ、縁起が悪いというのでもらい手がなくなってしまった。一時は、吉宗が正室にと食指を動かしたこともあったといわれるが、形式的には大叔母になるというので断念。拝み倒して島津家に押し付けたというわけである。

この竹姫が、継豊の孫である重豪を育て、可愛がった。重豪が上方や江戸の文化を好んだのは竹姫の影響が強い。しかも、重豪の娘を一橋豊千代の許嫁とした。豊千代が将軍家斉《いえなり》になったので縁組みは破談という声もあったが、豊千代との結婚は竹姫の遺言でもあり、近衛経熙《つねひろ》の養女にしたうえで御台所《みだいどころ》にしたのである。

こうした将軍家との関係も生かして、重豪の子や孫は、中津《なかつ》、丸岡《まるおか》、福岡、八戸、松山、岡山といったところへ養子に入った。このような関係があればこそ、幕府は密貿易にすら甘くせざるを得なかった。こうして、江戸幕府自体が寛政の改革などで世界の潮流から後れをとっている間に、薩摩が世界の歴史とともに歩み始めたのは、やはり重豪のおかげであろう。

重豪が死んだとき、斉彬《なりあきら》はすでに一八歳であった。しかも、母は鳥取池田家出身の正室なのだからいつ藩主になってもおかしくなかった。ところが、斉彬が重豪に可愛がられ、性格も似ていると見た調所広郷は、財政破綻の再現を恐れて庶弟《しょてい》の久光《ひさみつ》を立てようとし、いつになっても斉彬は世子《せいし》のままだった。

この間にも、江戸にあった斉彬への評価は上がるばかりで、一八五一年になって老中・阿《あ》部《べ》正弘《まさひろ》の斡旋もあってようやく藩主になった。黒船が来航したときは、開国論を唱え一方のオピニオン・リーダーだったが、一八五八年には世を去ってしまった。慶喜《よしのぶ》擁立も支持したが、井伊《いい》直弼《なおすけ》の大老就任の前年に帰国し、その翌年に死んでいるので、直弼との直接対決はなかった。

斉彬の藩主としての功績は、集成館などにおける近代工業の育成、海軍力の強化、そして、西郷隆盛《さいごうたかもり》や大久保利通《おおくぼとしみち》など人材の発掘と育成ということになろう。なお、斉彬の死の直前には、将軍家定《いえさだ》の正室に斉彬の養女が入った。のちの天璋院である。

そのあとは、久光の子の**島津忠義**《ただよし》（**茂久**《もちひさ》）(27)が嗣いだが、最初は斉彬と久光の父である斉《なり》興《おき》が実質的に後見した。忠義は、斉彬による改革事業の縮小、斉彬の側近だった西郷隆盛の流刑などを行った。一八五九年には斉興が死去し、久光による後見が始まった。久光は尊王攘夷派との融和を図り、斉彬の路線を継承することを宣言し、大久保利通を側近として取り込んだ。その間に、尊王攘夷派の一員であった有村次左衛門《ありむらじざえもん》が水戸《みと》浪士とともに桜田門外の変に参加し、これに驚いた忠義は、参勤交代の途中で鹿児島に引き返し、ここから、薩摩と幕府の関係は緊張したものになっていく。このあと、忠義は一度も江戸に行っていない。

あとの動きは第二章で書いたとおりなので詳細は省略するが、藩主の父として国父と呼ばれていた久光の上洛と、明治以降の東京滞在を中心に流れを追ってみよう。

一八六二年、久光が兵を率いて上洛。だが、これに過剰な期待を持った藩内過激派が不穏な動きに出たので、久光が処分を命じた寺田屋事件が伏見《ふしみ》で起きた。これでかえって久光への評価は上がり、勅使・大原重徳《おおはらしげとみ》を伴い江戸に下り、久世《くぜ》・安藤《あんどう》政権を倒したが、その帰路に生麦事件を起こす。

一八六三年には、家茂と同じ三月に上京したが、攘夷派が主導権を取り混乱しているなかでは成果なく、三日間の在京だけで帰国。七月には薩英戦争が起きて、薩摩軍も善戦するのだが、鹿児島の町のかなりが焼けてしまった。そして、京都にて長州が八月一八日政変で失脚したのを見て一〇月に再上京し、左近衛少将《さこんえのしょうしょう》に任じられ、参与会議にも参加するが、第二章で紹介したように、慶喜が「天下の奸物《かんぶつ》」などと久光を罵倒しこれをつぶしてしまったので、四月に帰国した。

久光が三年ぶりに上洛するのは、一八六七年の四月である。ここで兵庫開港を先にすべしという将軍慶喜と、征長が誤りであったことを先に認めよという久光の間で意見が合わずに、久光は八月に鹿児島に帰り、久光と慶喜との個人的関係が修復不可能になったので、久光は武力倒幕路線を取ることを決意する。

このの ちは、一一月に忠義が上京し、久光は、大政奉還、王政復古、鳥羽伏見の戦い、戊辰戦争といった時期を鹿児島で過ごす。薩摩としての主導権を取ったのは西郷隆盛だが、この時点ではあくまでも久光の指示に従いつつのことであった。この時期、藩内で西郷・大久保ら倒幕路線への激しい抵抗もあったが、それを抑えたのは久光自身である。

一八六九年三月に短期間だけ上洛して、従三位参議兼左近衛権中将に任じられたあとすぐに帰国し、六月には戊辰戦争の賞典禄一〇万石と従二位権大納言《ごんだいなごん》を得た。しかし、このあたりから、欧化路線、中央集権路線を採用した新政府と久光との衝突が始まる。

一八七〇年には、鹿児島に一時帰国した大久保と衝突。七月には廃藩置県を呑まされ、花火など上げて悔しさを紛らわした。東京に出ることを嫌がり、いっそう県令になりたいといったりしたので、一八七二年には明治天皇がわざわざ鹿児島に行幸《ぎょうこう》してきた。久光は欧化政策に反対するなどの建白書を提出したが、このときに、同行した西郷が久光に対して十分に敬意を払わなかったというので怒り、一一月には西郷が鹿児島に帰り謝罪した。

一八七三年には、先の建白書について詳細を聞きたいという口実をつけて上京したが、一〇月には征韓論をめぐる西郷と大久保の対立が起きて、この二人が決裂したことに久光は大いに驚いた。

なかなか帰国が許されなかったが、一八七四年二月に佐賀の乱が起きると、薩摩にあった西郷が同調しないように説得することを求められ、帰国した。四月には再上京して左大臣となったが、一八七五年一〇月に辞任したのを最後に第一線から離れて、一八七六年四月に鹿児島へ帰っていった。

翌年には西南戦争が起きたので、桜島に避難した。そして晩年は本来の学問好きの世界に戻り、修史事業などに熱心に取り組み、一八八七年に七〇歳で世を去ったのである。

久光と西郷の関係は、最初の出会いから、久光が「謀反」の臭いを嗅ぎつけ幸福なものでなかった。せっかく、久光が西郷を島流しから解放したのに、京都で尊王攘夷派が旗揚げしようとしていると聞くや、久光の命令に反して勝手に上京して不審を買ったのである。しかし、とにもかくにも、新政府発足まではいちおう久光の掌の上でしか動けなかった西郷と大久保だが、その後は一気に自立してしまった。

欧化路線に対する抵抗は時代錯誤のように見えるが、実は、明治初期の欧化ぶりはやや極端で、伝統的な価値観への配慮はあまりにも小さかった。少し時代が落ち着いたあと、揺り戻しがあって、岡倉天心《おかくらてんしん》やフェノロサによって日本的な芸術への再評価が行われたり、教育勅語が制定されたりした。その意味で、久光の提言は無駄になったのではなく、むしろ、ある意味では「時代先取り」だったと見るべきである。

最後の藩主の忠義は華やかな地位には就かなかったが、その子の忠重は貴族院議員、海軍少将となり、久邇宮《くにのみや》妃となった娘の俔子が産んだ娘が、昭和天皇の皇后良子《ながこ》である。二度にわたって将軍の御台所を出した島津家だが、子供が産まれなかったので徳川家にはその血筋を残せなかった。だが、維新後、一〇〇年あまりを経た平成の時代には、久光の子孫である今上《きんじょう》陛下が登極《とうきょく》されることになり、久光にとっての明治維新は思いもかけない形で大成功に終わったのである。

鹿児島城は、国全体で防衛するという薩摩藩の哲学がゆえに、簡素な居館でしかなかった。堀や石垣がよく残るが、むしろ、藩政時代の思い出となるのは藩主別邸であり、久光が使った仙巌園《せんがんえん》（磯庭園）であろう。

※「教育勅語」は、明治二〇年代の特殊な時代背景における必要性から生まれたものだという認識が必要である。詳しくは拙著『逃げるな父親』(中公新書ラクレ)を参照。

日向《ひゅうが》　佐土原藩《さどはら》

宮崎市に近い島津家分家である佐土原藩(二万七千石)の久永夫人は、今上天皇の妹である貴子である。最後の藩主の**島津忠寛**《ただひろ》は、勤王のために積極的に諸藩と連絡を取ることにあたり、戊辰戦争での活躍もめざましかった。桑名城開城、撤兵隊の掃討、彰義隊攻撃、東北戦線と転戦し、三万石の賞典禄を得た。

城山の遺構もきっちり発掘がされ保存されているが、書院造りの二の丸御殿が見事に再建されて、庭園も美しい。

日向　高鍋藩《たかなべ》

高鍋[財部《たからべ》](二万七千石)藩主の秋月氏《あきづき》は、大宰府少弐《だざいふしょうに》などを出した家で、福岡県の秋月から移った。上杉鷹山《うえすぎようざん》は秋月家から養子に出ており、最後の藩主の**秋月種殷**《たねとみ》は、鷹山の兄の曾孫である。

種殿も名君といわれたが、弟の種樹《たねたつ》がよりよく知られている。その秀才ぶりは音に聞こえ、家茂《いえもち》の侍読《じどく》兼若年寄格に抜擢された。一八六七年に再び若年寄に就任させられたが、出仕することなく辞退した。翌年には新政府軍参与、内国事務権輔となった。維新後は、版籍奉還を提唱し、公議所議長などを歴任し、明治体制の確立に大きな功績を残し、のちに、元老院議官、貴族院議員になった。書や絵画もよくした才人である。

北越戦線では高鍋軍に配属された元新撰組の新井忠雄が、米沢藩家老・色部《いろべ》長門《ながと》を討ち取ったが、米沢藩では、縁戚に当たる高鍋藩兵に討たれたことを不幸中の幸いとして喜んだという。

平山城で城跡には建築物はないが、石垣などはよく残っている。

日向　飫肥《おび》藩

日南市にあった飫肥藩(五万一千石)の伊東《いとう》氏は、鎌倉時代に曾我兄弟に仇討ちされた工藤《くどう》祐経《すけつね》の子孫である。最後の藩主の**伊東祐相《すけとも》**(12)は、薩摩藩の勧めで誓書を提出し、越後などに出兵した。世子であった祐帰《すけより》が、烏帽子《えぼし》直垂《ひたたれ》姿で熊本藩から借用した馬に乗って大坂の行在所に向かう姿は、誠に可愛らしくて浪速っ子の喝采を浴びた。日露戦争を終わらせたポーツマス条約締結時の外務大臣・小村寿太郎《こむらじゅたろう》は、藩校振徳堂の出身である。

その振徳堂、明治初期の藩邸、復元された城門、武家屋敷などが豊富に残り、全国でも屈指の城下町らしい城下町である。

日向 延岡《のべおか》藩

旭化成の主力工場があり、スポーツでの活躍で知られる延岡(七万石)は、内藤家である。この地方では珍しい譜代であるだけでなく、幕末の二人の藩主、政義《まさよし》と最後の藩主**内藤政挙**《まさたか》(17)はそれぞれ井伊直弼の弟と老中・太田資始《おおたすけはる》の子であり、鳥羽伏見の戦いにもささやかながら参加した。

このために、幕府荷担七藩の一つとして藩主の入京を禁じられたので、あわてた延岡藩では、前線の独断で少々の人数を出してしまっただけと弁解し、藩主・政挙も急いで上京して謹慎し、官軍側で甲州、江戸などに兵を出した。政挙は慶応義塾などで学んだあと延岡で育英事業に熱心に取り組み、多くの学校を設立するなどした。

本丸の石垣がよく残るほか、城門が復元されている。

積もりに積もった三〇〇年来の恨み

長州藩《ちようしゆう》

戊辰の戦で負けた側にも、勝者に対する好き嫌いがある。会津では、薩摩はともかく、長州[周防山口《すおうやまぐち》・長門萩《はぎ》](三六万九千石)との和解などとんでもないといった風であり、庄内(鶴岡)でも「過酷な扱いを受けなかったのは西郷さんのおかげ」だと信じている。

ところが、総大将の徳川慶喜の方は、「長州はもともと反幕府を鮮明にしていたのだから恨みはないが、薩摩は味方だと思っていたら倒幕に荷担したから許せない」と言い切っている。それ以前に慶喜が京都にあったときにも、慶喜が実は長州と通じているのではないかとの疑いを江戸では強く持たれて、「二心殿」と呼ばれていたくらいである。一方、薩摩なかんずく島津久光とはどうにも波長が合わなかったようだ。

薩摩のところで書いたように、久光も大変なインテリである。ただ、理屈っぽさには乏しい。西郷でもそうである。薩摩の人は、流れとか志の美しさのようなもので歴史を理解しようとする。東北の人たちもそうである。それに対して、長州の人や、あるいは慶喜を育てた水戸の人々は、頭で理論を作り上げそれに従って行動することを好むようにみえる。そのへんが好き嫌いの淵源ではないだろうか。

それなら、水戸と長州は同じかというと、長州人はリアリストであることにおいて、スタイリストである水戸人とは違う世界の人間であるのだ。慶喜は維新後は淡泊に「茫々たる年月」を生きたが、長州人の政治家で枯れて長く生きた人などいない。山県有朋《やまがたありとも》、桂太郎《かつらたろう》、岸信介《きしのぶすけ》、野坂参三《のさかさんぞう》、宮本顕治《みやもとけんじ》など、みなそうである。このしつこさが、関ケ原以来、三〇〇年雌伏して徳川を倒した原動力になった。

福地源一郎の『幕末政治家』には、水野忠邦《みずのただくに》が、外様大名は力がないから服従しているのだが、「もし国勢に異状を生ぜば、必ずや敵するものがあるだろう。なかんずく薩州、長州の両家は、関ケ原の戦争において、徳川氏に深い怨みを懐く家柄なれば今日のように国際関係がようやく騒がしくなろうとしている時機に際しては、最も薩長に向けて幕府は注意するべきである」と言っていたと紹介されている。

薩摩の方は、必ずしも真っ直ぐに敵討ちに向かって走ったわけでないが、長州の方は藩を挙げて「いつかは」という気持ちがあった。その理由のひとつは、高杉晋作《たかすぎしんさく》の先祖が備後《びんご》の出身だとか、家老の益田《ますだ》氏が石見《いわみ》益田の名族だとか、長州藩士のほとんどが、中国地方のあちこちに父祖の地を持っているという特殊性もあった。

さて、幕末の殿さまである**毛利敬親**《たかちか》（**慶親**《よしちか》）（48）は、しばしば「そう（左様）せい侯」と呼ばれる。部下の提案にあまり「ノー」と言わなかったことから、よその藩士などからそのように呼ばれたりしたらしいが、どっしりと構え、思慮深い存在であったともいえる。

一八一九年に、藩主斉熙《なりひろ》の従兄弟にすぎなかった斉元の長男として江戸で生まれた。嫡流でなかったために萩で育てられたが、斉熙の嫡子斉広《なりとお》が若年だったことから斉元が中継として藩主になり、さらに、藩主になった斉広が急死したために、急遽、藩主の座が転がり込んできた。最初から藩主の跡継だと江戸育ちになるのだが、傍流だったおかげで萩で育ったことは、のちに藩内を把握するうえで有用だった。

治世の初期において、村《む》田《ら》清風《たせいふう》と周布政之介による藩政改革が行われた。財政再建、下級武士の登用、洋式兵制の採用などである。そして、吉田《よしだ》松陰《しょういん》が松下村塾《しょうかそんじゅく》を開き、尊王攘夷の志士たちが育った。

松陰の考え方は、攘夷といっても世界の状況から目を離さない開明的なものであり、教育の方法は弟子たちの長所を伸ばし身分にかかわらず大きく育てていこうというものであった。また、松陰自身がペリーの軍艦による密航を企てたように、実践的な思想の持ち主であった。今日においては当たり前のことのように思えるが、この時代にあってこうした前向きの姿勢はまことに希有のものであったことが、長州がこののちの政治状況のなかで大きな役割を果たしていくバックボーンとなったといえよう。

桜田門外の変の翌年には、長州藩直目付の長井雅楽《ながいうた》が、朝廷のイニシアチブで幕府に開国と公武合体を組み合わせた積極的な国力増強を図らせるという「航海遠略策」をもって、朝廷や久世・安藤政権の賛同も獲得し、中央政界に躍り出たのだが、朝廷の方が攘夷に傾いたために失敗した。

一八六二年の京都での御前会議で、攘夷ともっぱら朝廷を奉じることに決定し、敬親は国元に帰り、海防に向かない萩から周防山口に藩庁を移転することを決めた。こののち、藩庁は両都市を行ったり来たりすることになる。

長州攘夷派は京都で過激派の公卿たちと結び、一時は朝廷を実質支配し、また下関《しものせき》で外国船を砲撃したりしたが、八月一八日の政変で失脚、禁門の変で敗れて朝敵とされ、下関では四国艦隊の砲撃でさんざんに打ち破られた。

第一次の征長戦争は、対幕府融和派の俗論党のもとで恭順して、三家老が切腹することなどで切り抜けたが、ここで藩内のクーデターによって対幕府タカ派の正義党が勝って、一八六五年、藩の首脳部の会議で「武備恭順」の方針を確認、「四境戦争」では幕府による第二次の征長に受けて立ち、華々しい勝利を収めた。

とはいっても、ここから王政復古に至るまでは、建前としては長州が朝敵である状態が続いており、薩長同盟も密約であったので、京都の政界でも木戸《きど》孝允《たかよし》(桂小五郎)などの隠密行動に頼らざるを得なかった。

ようやく、長州が表に出られたのは、一八六七年一〇月に倒幕の密勅を受け、一一月に西宮《にしのみや》に藩兵を上陸させ、一二月に官位復旧してからである。そして、翌年になって上京して、敬親は左近衛権中将(のちに権大納言兼任)に、最後の殿さまの毛利元徳《もとのり》(28)は議定に任ぜられ、藩士たちもそれぞれ高官の地位を得た。

とくに、大久保利通暗殺後には伊藤博文《いとうひろぶみ》、山県有朋らが、大久保が推進してきた「日本のビスマルク」路線の担い手となったことで、むしろ、薩摩をしのぐ勢威を誇ることになるのである。

敬親は一八七一年に山口で死去、元徳は国立銀行頭取などを務めた。なお、高杉晋作は元徳幼少時の小姓であり、そのことが、彼が自由な行動を許された理由のひとつといわれている。

萩城は山口に藩庁が移されたこともあり早々に破壊されたが、見事な石垣が残り、武家屋敷には内職用に植えたという夏みかんの木が目立つ。そして、萩の最大の見所は、歴代藩主の見事な墓が並ぶ東光寺である。山口藩庁の正門は、県庁の敷地に残る。

なんだか馬鹿馬鹿しくなって逃げ出す浜田藩兵

長門　長府藩《ちょうふ》

乃木希典《のぎまれすけ》の出身藩である下関の長府藩(五万石)は、毛利輝元《てるもと》の養子で一時は後継者とされていたこともある秀元《ひでもと》の家である。**毛利元周**《もとかね》(40)は宗家をよく助け、藩士たちによる報国隊が北越戦争で大奮闘し、賞典禄二万石を得た。城下の功山寺は国宝の仏殿が見事だが、高杉晋作の挙兵の舞台としても知られる。最後の藩主・元敏《もととし》は英国に留学し、宮中御歌所《おうたどころ》寄人《よりうど》を務めた。

長門　清末藩《きよすえ》

同じ下関市には、もうひとつ、長府藩の分家に当たる清末藩(一万石)があった。最後の殿さま**毛利元純**《もとずみ》は豊後日出《ぶんごひじ》藩木下家からの養子だが、石州口の戦いの総督として大村益次郎《おおむらますじろう》の助力を得て大勝利した。この藩の御用商人の白石正一郎《しらいししょういちろう》は、高杉晋作らのパトロンともいうべき存在だったことで幕末維新史に名を残す。

周防《すおう》 徳山藩《とくやま》

合併して周南市となった徳山(四万石)には、毛利輝元の次男の子孫が陣屋を構えた。幕末の長州藩主・元徳、第一次長州戦争のあと自刃させられた長州藩家老・福原越後《ふくはらえちご》は、いずれも最後の藩主**毛利元蕃**《もとみつ》の兄弟である。賞典禄一万三千石。

周防 岩国藩《いわくに》

岩国(六万石)の吉川経幹《きっかわつねまさ》は、敬親の名代をよく務め、七卿落ちを警護したり、長州征伐の芸州口で奮戦するなどした功績が認められ、一八六八年になってようやく諸侯扱いとなった。しかし、そのとき、経幹はすでにこの世になかったが、子の**吉川経健**《つねたけ》(12)はこれを秘して、父のために官位を獲得したのである。賞典禄五千石を得た。

錦帯橋から復元された天守閣が見えるが、わざともとの位置とは違うところに建てて、美しいアングルを提供している。

石見《いわみ》　津和野《つわの》藩

津和野(四万三千石)の亀井《かめい》氏は、近江源氏の流れである尼子《あまこ》氏の残党である。最後の藩主の**亀井茲監《これみ》**は、筑後久留米《ちくごくるめ》藩有馬《ありま》家からの養子だった。大国隆正《おおくにたかまさ》、福羽美静など国学者を多く出し、禁門の変でも長州寄りの立場をとり、第二次長州征伐のときは長州軍に領内を通過させ、浜田城攻撃を成功に導いた。鳥羽伏見の戦いでも官軍に与した。

明治になり神祇官《じんぎかん》副知事となって神道の国教化を進め、森鷗外《もりおうがい》、西周《にしあまね》など錚々たる人材を近代日本に提供した。茲監の養子の茲明は、ヨーロッパで美術や写真を学び、日清戦争の時に日本最初の従軍カメラマンといわれる。

標高三六七メートルの山上に立派な石垣が続いている。麓の居館跡には櫓も残るが、なんといっても魅力は、美しい掘割に錦鯉が泳ぎ、多胡《たご》家屋敷や藩校養老館が残る殿町付近の街並であろう。

石見　浜田《はまだ》藩

石見国の浜田[美作鶴田《みまさかたずた》]藩(六万一千石)の松平氏は、六代将軍家宣《いえのぶ》の弟である清武《きよたけ》の家である。幼いころ事情があって越智《おち》家に預けられていたので、そちらの姓で呼ばれることもある。

歴代藩主で有名なのは、田沼時代の前半まで長く老中を務めた武元《たけもと》である。最後の殿さま**松平武聰《たけあきら》**(25)は水戸斉昭《なりあき》の子で、慶喜だけでなく鳥取の池田慶徳《いけだよしのり》や岡山の池田茂政《もちまさ》のいずれもが兄弟である。また、夫人は老中・堀田正睦《ほったまさよし》の娘だった。しかし、本人は重症の脚気であるうえに精神も病んでいたといわれ、ほとんど自分の判断というものも示していない。

第二次征長で長州兵を迎え撃ったのは、浜田藩と紀州、鳥取、松江などの援兵だが、天才参謀・大村益次郎が直々に指揮する長州軍にほとんどなす術もなかった。とくに、紀州藩兵は軍律も悪かったといわれ、ほとんど戦いもせず、撤退する最中に農民に竹槍で追われて逃げ回るという醜態を演じた。

こうしてたちまち城に籠もることになったが、ここで浜田藩と長州藩の内々の話し合いが行われ、城主夫妻や子供を小舟で逃がすことになった。藩主夫人が辛うじて徹底抗戦を主張したともいうが、ともかく日本海を漂流ののちに松江藩の軍艦に救われた。この脱出を見た浜田藩士も他藩兵も馬鹿馬鹿しくなって城に火をかけて撤兵し、浜田藩領や天領大森銀山は長州藩の占領するところになった。

武聴夫妻は、松江、鳥取に匿《かくま》われたのちに、美作の鶴田というところにあった飛び地に避難し、やがて、藩士たちもここに集まることになった。鳥羽伏見の戦いでは大坂にあって、幕府の指揮下にあった藩士たちが伏見で官軍と戦ったが、「藩主、久しく病にあって政事をとらず」と家老・尾関隼人《おぜきはやと》が切腹して責めを負い、急いで恭順の意向を示し、官軍に兵を提供した。

その後、隣接する龍野《たつの》藩が預かっていた幕府領で、岡山藩が煽動して農民一揆を起こさせ、藩主の親類でもある鶴田藩の預かりにさせたといわれる事件があったが、農民の統制にも苦しむなかで廃藩置県を迎えた。

城跡には石垣が残り、津和野から移築された城門もある。

熊本藩主の弟たちが導いた勤王への道

肥後《ひご》　熊本《くまもと》藩

江戸中期にあって熊本藩主・細川重賢《ほそかわしげかた》は、上杉鷹山らと並ぶ開明的な藩主といわれ、財政改革、殖産興業のほか、死刑、追放、拷問を減らして懲役刑を軸にした近代的な刑法制度である「御刑法草書」を交付、また、教育体制を整備するなどもした。

だが、幕末の熊本藩(五四万石)では、佐幕的な学校党のほか、水戸藩の藤田東湖《ふじたとうこ》とつながる横井小楠《よこいしょうなん》などが主導する実学党、やや神がかり的な勤王派などに複雑に分かれ、議論好きな風土もあって抗争が激化していた。

また、最後の藩主**細川韶邦**《よしくに》(**慶順**《よしゆき》)(32)は佐幕的であったが、弟の護久《もりひさ》や、同じく弟の長岡護美《もりよし》は実学党に近かった。とくに一八六二年に護美が、翌年には護久がともに上洛し中央の政情に触れたことで、その傾向は増大した。

八月一八日政変のあと、長州への寛大な措置を陳情したにもかかわらず、第二次征長では、小倉口でただ熊本藩だけが奮戦した。しかし、長州軍の強さを見せつけられるだけであった。鳥羽伏見の戦いのときには、ちょうど藩主名代護久が大坂経由で京都へ向かっていた。大坂では下坂していた慶喜に面会するか迷ったが、とりあえず上京を優先。一月三日には、京都に幕府軍と並行するような形で進み、松原通の藩邸に入った。そこでの議論では、幕府に付くという勢力がやや優勢だったが、護久は尾張藩などの意見を聞くことを主張。尾張藩から官軍に付くとの意向を伝えられ、旗幟を鮮明にした。その後、ただちに、征討軍に加わり各地へ兵を出した。

　明治になって、護久は新政府の議定となり、さらに家督を嗣ぎ、貴族院議員などを務めた。首相となった細川護熙《もりひろ》の曾祖父である。護美も新政府参与、元老院議官、高等法院陪席裁判官、貴族院議員などを務めた。明治になってからの藩政改革はめざましく、二院制の議会、役人公選なども試みられた。しかし、保守派もしぶとく、「神風連《じんぷうれん》」の蜂起あり、さらに、西南戦争ではかなりの旧士族が西郷軍に与した。

「武士は公僕」などという近代思想の持ち主だった横井小楠は当藩出身だが、むしろ越前の松平春嶽《しゅんがく》の側近として活躍した。徳富蘇峰《とくとみそほう》の父一敬《いっけい》は、小楠の弟子であり後援者でもあった。小楠はもともと庄屋の家柄だが、明治になってからの福井藩政改革において、その中心にあった。さらに、熊本藩の優れた人材育成システムは、北里柴三郎《きたさとしばさぶろう》、井上毅《いのうえこわし》、のちに首相になった清浦奎吾《きようらけいご》など優秀な人材を明治時代に輩出した。

　日本三名城のひとつといわれるだけあって、軟弱な地盤を緩やかな勾配で補完した見事な石垣が続き、宇土櫓などが残るほか、西南戦争で失われた大小天守も再建された。代表的な大名庭園のひとつである水前寺公園は、東海道五十三次の風景を再現したもの。

肥後　熊本新田藩《くまもとしんでん》

細川家分家の熊本新田［高瀬《たかせ》］藩（三万五千石）は、陣屋もない定府大名だった。最後の藩主**細川利永《としなが》**が江戸にあって上京が遅れたために、宗家では心配し新政府に取りなしたが、家族も連れて上京し、ついで初めて見る熊本へ向かい玉名市高瀬に陣屋を設けた。このため、高瀬藩ともいう。利永はのちに権中教正となる。

肥後　宇土藩《うと》

小西行長《こにしゆきなが》の城があった宇土（三万石）には、細川家分家の陣屋があった。最後の藩主**細川行真《ゆきざね》**は宗家と行動をともにして第二次征長に参加し、のちに恭順したあとは、京都大原口警護に兵を出した。宇土藩は一八七〇年に熊本藩へ編入された。

肥後　人吉藩《ひとよし》

川辺《かわべ》川ダム問題でも有名になった、日本三大急流のひとつ球磨《くま》川の上流にある人吉（二万二千石）は、川岸にある城の石垣がまことに美しい。力強い石垣が続いて、多聞櫓などが再建されている。

藩主は相良《さがら》氏だが、幕末には西洋式の兵制を採り入れるかで混乱し、一八六五年に丑歳騒動が起きている。薩摩藩の勧めによって勤王に踏み切った。最後の藩主の**相良頼基**《よりもと》は、態度が曖昧な熊本藩の領地を通過することを嫌って薩摩の船に便乗しようとしたものの、乗り遅れて上京が遅延したが、会津攻めなどに参加した。幕末の一八六二年には、鍛治屋町寅助方から出火した「寅助火事」で城も城下町も大半が焼失するという災難があった。

どうして「薩長土肥」に肥前が入るのか？

肥前《ひぜん》 佐賀《さが》藩

王政復古を実現するにあたっての薩長土の功績の大きさには誰も異議がない。だが、佐賀［肥前］藩（三五万七千石）については、どうして、「薩長土肥」なのかという違和感が拭いきれない。ほかにも功績のある藩は多いのである。

しかし、もし、理由を探すとしたら、上野の山に彰義隊が籠もったときに、鍋島《なべしま》のアームストロング砲が炸裂し、彰義隊を木っ端微塵にしたことだろう。それほどに、名藩主閑叟《かんそう》（斉正《なりまさ》、直正《なおまさ》）（53）によって育てられた鍋島藩の軍事産業は抜群のものだったのである。

リアリズムの権化のようなこの藩にとって、尊王攘夷だとか佐幕だとかいう理論闘争はあまり興味があるものでなかった。ほかの藩がそういう「空理空論」を弄んで血を流している間に、肥前では強大な軍事力を備え近代兵器産業が育っていたのである。幕末に佐賀藩が英国から輸入したアームストロング砲は、一八五五年に発明された最新式の後装施条砲である。グラバーらの仲介で輸入していたが、佐賀藩でも模造に成功したといわれている。

今日でいえば、米国が中東での戦争に使ってフセインやビンラディンを驚かせたような最新兵器が、どこかの国の部族同士の内戦に突然投入されたようなインパクトがあったはずである。

閑叟は一八三〇年に一七歳で藩主になった。長崎警備を担当していたから西洋についての知識も入ったし、軍備を増強するのにも海防のためと口実を持つことが出来た。伊豆韮山《いずにらやま》の代官で反射炉を作ったことで有名な江川英龍《えがわひでたつ》からも技術指導を得て、大砲の量産体制を作り上げた。もともと教育熱心な藩だったが、海外への派遣も盛んにし、幕府の使節などにも多人数を参加させている。パリ万博使節団には日本赤十字を創設した佐野常民《さのつねたみ》もいた。

だが、こと政局になると、閑叟は慎重な姿勢を崩さなかった。一八六〇年に嫡子の**鍋島直《なお》大《ひろ》**(21)に藩主の座を譲ってからも、外国事情にも明るい名君として意見を求められることが多かったが、健康上の理由もありそれほど積極的でもなかった。アーネスト・サトウが「日和見主義者で陰謀家だという評判」と日記に記したのもこのころである。

なかなか上洛すらしなかったが、閑叟は新政府で議定になり、最後の藩主・直大は横浜裁判所副総督に任命された。そして、五月には江戸城本丸に直大が入り、本郷台から上野黒門口にアームストロング砲が火を噴いたのである。会津でも、若松城から南東に一五〇〇メートルほどの小田山に据えられたアームストロング砲が、勇猛な会津武士の息の根を止めた。佐賀藩に与えられた賞典禄は二万石である。

そして、一八六九年には薩長土肥四藩による版籍奉還の建白がなされ、新政府のなかで肥前出身者は枢要のポストを占めていった。一八七一年一一月に出発した岩倉《いわくら》欧米視察団には直大も参加した。一八七四年には、国元で起きた佐賀の乱を収めるためにいったん帰国したが、再出発し、一八七八年まで海外にあって華やかな社交界で暮らした。帰国後二年目には、再びイタリア駐在公使として赴任。元老院議官、式部長官、貴族院議員、宮中顧問官、國學院大学長などを務め、一九二一年に七六歳で没した。

幕末・明治の鍋島家は閨閥《けいばつ》から見てもたいへんなものであった。閑叟の母は、鳥取藩池田家出身で島津斉彬の母と姉妹、姉は伊達宗城《だてむねなり》の夫人、最初の夫人は将軍家斉の娘、二度目は田安家の姫で松平春嶽の姉であった。こうしたつながりが閑叟の力になっていたことは間違いない。また、のちのことだが、閑叟の次女伊都子が梨本宮《なしもとのみや》妃殿下となり、その娘の方子は李王朝の皇太子だった李垠《イウン》と結婚し、社会事業に携わり、戦後の韓国でも高い尊敬を受けることとなった。

佐賀城跡には、鯱の門と呼ばれる城門が残り、御殿を本格復元して博物館にする工事が進んでいる。市内では、大隈重信《おおくましげのぶ》の生家が名所となっている。

肥前 蓮池《はすのいけ》藩・小城《おぎ》藩・鹿島《かしま》藩

佐賀藩の三つの支藩のうち、佐賀市の東にある蓮池藩(五万二千石)の最後の藩主**鍋島直紀《なおただ》**(41)は、一八六八年に甲府城代を命じられたものの病気を理由に辞退したが、秋田方面などに出兵した。

羊羹で知られる小城(七万三千石)は、石高でいうとかなり大きい。最後の藩主**鍋島直虎《なおとら》**(13)は閑叟の子で直大の弟であった。宗藩と行動をともにし、秋田方面に兵を出した。英国に留学して外務省に勤め貴族院議員となる。

鹿島藩(二万石)は二万石と最小である。最後の藩主の**鍋島直彬**《なおよし》は宗家の名代として活躍し、大政奉還後にあって宗家がやや迷いを見せていたときにも率先して上京し、北陸道先鋒を務めることになっていた。しかし、佐賀藩の意向もあって、長崎警護を担当することになった。米国に留学し、侍従、元老院議官、沖縄県初代県令などを歴任した。戦後の知事である鍋島直紹《なおつぐ》は、この藩出身である。

肥前　唐津《からつ》藩

唐津(六万石)の小笠原家は、関ケ原の戦いのあと豊後杵築《ぶんごきつき》に入ったが、吉田、岩槻、掛川、棚倉と全国を回って、水野忠邦が浜松に移ったあとの唐津に移ってきた。幕末の長行《ながみち》(45)は、父が死去したときに幼少だったので、障害者であると偽って廃嫡されていた。ところが、この長行が聡明であったので病気が治ったということにして世子とし、藩主でもないのに老中にまでなった。

老中としての活躍は第二章でも書いたとおりだが、長行は江戸開城のあとも五稜郭まで旧幕府軍と行動をともにし、一部の藩士が同行したが、そのなかには甥の三好胖之助もいて箱館で戦死している。

長行自身は降伏に先立ち、横浜まで船で脱出し、米国へ向かったと見せかけて東京に帰り、湯島で潜伏。一八七二年に外国より帰ったふりをして自首したが、赦免された。病と称して深川に閑居し、旧家臣との接触も断った。

最後の藩主である**小笠原長国《ながくに》**(43)の方は、一八六八年の三月に上京し、「長行と父子の縁を切り唐津で謹慎させる」としたものの、長行に逃亡され窮地に立ったが、恭順を続け官軍に兵も出した。明治になって高橋是清《たかはしこれきよ》を教師に招いて英語学校を設立し、そこから、建築家の辰野金吾《たつのきんご》、早稲田大学総長の天野為之《あまのためゆき》などが出ている。

戦後、桃山風の華麗な天守閣が出現し、海辺に竜宮城のような美しい姿を見せている。

対馬《つしま》　**対馬藩**

対馬には、平家《へいけ》の落人《おちうど》と称する宗《そう》氏が鎌倉時代からあって、江戸時代にも朝鮮との国交の窓口となった。幕末になると諸外国船の来航が盛んになり、海防費用が財政を圧迫した宗氏は、移封を工作して実現寸前まで行ったこともあった。一八六一年にはロシア艦船が居座って、英国の圧力でようやく退散するという事件もあった。

対馬［府《ふ》中《ちゅう》・厳原《いずはら》］藩（一〇万石）では尊王攘夷運動と佐幕派の対立も深刻で、尊王攘夷派が江戸詰家老の佐須伊織《さすいおり》を暗殺すれば、国元では保守派の勝井郎八郎が尊王攘夷派の大浦《おおうら》教之助《きょうのすけ》を獄死させ、その勝井は、京都詰家老の平田大江《ひらたおおえ》にそそのかされた藩主**宗重正**《しげまさ》（**義達**《よしあきら》）(20)に殺され、その平田も重正から暗殺されるというはてしないテロが繰り返された。

しかし、一八六八年二月に九州鎮撫使・沢宣嘉《さわのぶよし》に勤王を表明、四月には最後の藩主の重正自ら大坂で天皇に会っている。このときに、朝鮮王国に対して王政復古を伝達するようにという命令を受けた。ところが、この時の朝鮮側の礼を失した対応がのちの征韓論に結びついていく。

金石城跡にはユニークなデザインの大手虎口の櫓門が復元され、隣の万松院には歴代藩主の墓が並び、全国でも一、二を争う壮観である。

肥前　平戸《ひらど》藩

南蛮文化の臭いが残る平戸（六万二千石）には、かつて平戸口からフェリーに乗って行ったが、港の近くの丘の上に華麗な復興天守閣が輝く。

平安時代に嵯峨《さが》源氏《げんじ》の一族が下向《げこう》したのが松浦《まつら》氏の始まりで、南蛮船を寄港させ全盛期を迎えた。平戸藩は皇室と特別のつながりがあった。なにしろ、中山忠能《なかやまただやす》の妻、つまり明治天皇の祖母は松浦氏の出だったのである。そんなこともあり、大政奉還後にはすぐに兵を京都へ派遣し、最後の藩主**松浦詮**《あきら》(27)も跡を追ったが、大坂に着いたのは鳥羽伏見の開戦の日であった。きわどいタイミングであったが、なんとか七日には京都に入っている。一方、藩兵は京都市内の警備に就いていた。その後、平戸藩は秋田方面にも派兵し、賞典禄三千石を得た。

狸櫓が現存し、天守閣も新たに建てられているが、坂が多い城下町は異国情緒満点。

肥前 平戸新田藩《ひらどしんでんはん》

この平戸藩には、平戸新田藩(一万石)という支藩があり、陣屋は平戸市内にあった。独自の兵力といったほどのものもなく、宗家がその旨を新政府に陳述し、最後の藩主の**松浦脩**《ながし》も病気を理由に上洛せずに済んだ。

肥前 大村藩《おおむら》

大村藩(二万七千石)は、藩主も大村氏であり、最後の殿さまである**大村純熙**《すみひろ》(37)は長崎総奉行などを務めたが、勤王思想の持ち主で、鳥羽伏見の戦いに先立つ一二月に、藩士を集めて立場を明らかにするとともに京都へ向かった。大村藩には英国式の編成を持つ新精隊があったが、これらが関東・東北戦線で精鋭部隊として評価され、三万石という異例の賞典禄をもらった。

立派な枡形など石垣がよく残り、櫓なども復元されている。

肥前　五島《ごとう》藩

東シナ海に浮かぶ五島列島には、藤原純友《ふじわらすみとも》の流れといわれる宇久《うく》氏(のちに五島に改姓)が五島藩(一万二千石)を置き、一八四九年には海防の必要上から石田城を築いた。他藩と同じく、鳥羽伏見の戦いのあとに最後の藩主**五島盛徳**《もりのり》が上京したが、ここでは、藩内の自治領ともいうべき富江領の独立性を認めるかが問題になり、民衆の蜂起まで起きた。井上馨《かおる》が調停に乗りだし、藩の直轄地にする一方、富江側には蝦夷《えぞ》地後志《しりべし》の一部を与えるなどしたが、当然に富江側には不満が残った。京都や江戸の警備に兵を出したが戦闘には参加していない。

城跡は高校になっているが、砲台などを備え、門なども残っている。藩主の隠居所だった五島邸庭園も見所である。

肥前　島原藩《しまばら》

破風《はふ》のない五層の天守閣がユニークな島原城（七万石）の主である松平（深溝《ふこうず》）氏の先祖は、『松平家忠日記《いえただ》』で知られる家忠で、関ケ原前夜の伏見城で戦死した。

最後の殿さまの**松平忠和**《ただかず》（16）は、水戸斉昭の子で慶喜の弟である。第二次征長で奇兵隊と戦ったが、大坂へ上り、慶喜の弟であることを理由に自主的な謹慎に入ったが咎めはなく、秋田戦線などに派兵した。このとき、忠和が大坂から帰国した際に乗船した新型船は、「温泉丸」というほほえましい名前である。忠和は東照宮や内務省に勤めた。

破風が一切無い五層の層塔《そうとう》式天守閣などが復元され、武家屋敷も美しく、九州でも屈指の美しい城下町である。

金に困ってニセ金づくりの福岡藩

筑前《ちくぜん》　福岡藩《ふくおか》

福岡市は、城下町福岡と商業都市博多《はかた》の複合都市である。明治の初年に福岡派が主流を占めて都市名としたが、JRの駅も、県庁も市役所も博多にあるのだから不思議なことだ。福岡(四七万三千石)城址には櫓などが少しあるだけだが、古代には鴻臚館があった由緒ある場所である。

藩祖は戦国時代の奸雄《かんゆう》・黒田官兵衛《くろだかんべえ》だが、幕末の殿さまは島津重豪の子である**黒田長溥**《ながひろ》(42)と、その養子で津の藤堂高猷《たかゆき》の子の長知《ながとも》(最後の藩主)だった。長溥は父親譲りの蘭学好きで、政治的には開港を早くから主張し、公武合体派でもあった。とくに、第一次征長のあと、長知に毛利藩を訪ねさせ、講和の仲立ちをし、長州にあった七卿のうち三条実美《さんじょうさねとみ》などを大宰府に受け入れた。

しかし、勤王派の勢力が強いとみて警戒した幕府目付の糾弾を受けて、一八六五年の「乙丑の獄」で勤王派の藩士を粛清し、勤王の志士たちを助けた野村望東尼《のむらもとに》を流刑にしてしまった。鳥羽伏見の戦いの結果を見て恭順することにし、勤王派処分の責任は三人の家老を切腹させることでとらせた。関東や東北に二千二六一名の兵を送り、死者も五七名に達し、賞典禄一万石を得た。

しかし、維新後に福岡藩は偽金づくり事件を起こす。あまりもの財政難に、藩では太政官札の偽物を作ったのである。この責任を負わされて責任者六名は死罪、長知は閉門・免職となり、有栖川宮熾仁《たるひと》親王が藩知事に任命された。

筑前　秋月藩《あきづき》

甘木《あまぎ》市の中心から少し離れたところにある秋月藩(五万石)は、少数の尊王派は出たものの、保守的な対応に終始した。最後の藩主**黒田長徳**《ながのり》(19)は、天領日田騒動の鎮圧、京都の警備などをしていたが、鳥羽伏見の戦いのあとは福岡藩の指導もあり兵を出そうとした。しかし、船が満員で乗せてもらえず、出陣が遅れているうちに戦争が終わってしまった。のちに、不平武士が「秋月の乱」を起こす。

藩主の居館は陣屋だが、なかなか立派で城門などが残り、町は落ち着いた風情で九州でも屈指の城下町気分が味わえる観光地でもある。

筑後《ちくご》　久留米藩《くるめ》

昭和になってからの久留米(二一万石)有馬家の当主・頼寧《よりやす》は、農林大臣などを務めた政治家で、日本中央競馬会の理事長であったこともあることから「有馬記念」という形で名を残している。

幕末の藩主・有馬頼永《よりとう》は、水戸斉昭に私淑し、そのために尊王攘夷思想が大変盛んだった。真木和泉《まきいずみ》もここの水天宮神職の出であるが、長州と気脈を通じ禁門の変で死んだ。最後の藩主である**有馬頼咸**《よりしげ》(44)は大政奉還以降は新政府に協力することにして、関東、仙台方面、さらには箱館にも派兵し、賞典禄一万石を得るほどの奮戦ぶりだった。

建物はないが、石垣はよく残る。

筑後　柳河藩《やながわ》

水郷巡りで知られる柳川は、藩主であった立花《たちばな》家自らが経営する明治時代の洋館・御花邸が観光の目玉のひとつになっている。もとは柳河(一一万九千石)と書く方が一般的だったようである。ペリー来航以来の時代にあって、民間に融資して長崎で貿易をする「鼎足《ていそく》運転の法」と呼ばれた仕組がうまくいき、近代的な武器を買うことが出来た。

夫人が田安家から来ているなど、佐幕的な色彩が強かった最後の藩主**立花鑑寛**《あきとも》(38)だが、一八六八年二月に京都に強力な部隊を送り、磐城平《いわきたいら》城攻防戦などに参加し、賞典禄五千石を得た。

筑後 三池《みいけ》藩

柳河藩の分家に三池［陸奥下手渡《しもてど》］藩（一万石）がある。幕末にあって、藩庁は三池でなく陸奥下手度にあった。最後の藩主**立花種恭《たねゆき》**（31）は若年寄として外国事務を担当し、一八六八年には老中格・会計総裁に抜擢されたが、すぐに辞職した。種恭はいったん下手度に戻ったが、船で兵庫に脱出し新政府につき、藩庁も三池に戻された。一方、下手渡では、仙台藩の攻撃を受けて残された藩士などは三春に脱出した。

明治になって種恭は初代学習院長、宮内庁御用掛、華族局主事補、貴族院議員などの要職を歴任した。

豊前《ぶぜん》 小倉《こくら》藩

小倉［香春《かわら》・豊津《とよつ》］藩（一五万石）は唐津と同じく小笠原氏である。対岸の長州藩には攘夷に立ち上がるように圧力をかけられたものの応じなかったが、海防のための砲台建設などが藩の財政を厳しく圧迫した。

第二次征長が具体化する一八六六年に藩主忠幹《ただよし》が死去し、その死を秘して戦いに臨んだので、同族である老中・小笠原長行が指揮を執った。応援の九州各藩は厭戦気分で盛り上がらず、高杉晋作や山県有朋の指揮のもと門司《もじ》に上陸した奇兵隊になす術もなかった。

こうしたなかで、長行は幕府軍艦富士山に乗って脱出する。そして、大坂に逃げ帰り、各藩の足並みが乱れて勝てそうもないので出征するなどしないようにと慶喜に進言した。

指揮官に逃げられた小倉では、各藩兵は思い思いに家路につき、藩士たちは城に火をかけて南の内陸部に退出して、田川郡香春に藩庁を移した。一八六七年になって和睦が成立し、小倉や門司を含む企救《きく》郡を長州に譲り渡した。この間、幼い**小笠原忠忱**《ただのぶ》(5)など藩主一家は熊本に亡命したが、東北方面で官軍の一員として奮戦し、賞典禄五千石を得た。一八六九年に藩庁を豊津に移し豊津藩と称した。版籍奉還時の藩主は忠忱。

新幹線小倉駅の近くに、復元された天守閣が華麗な姿を見せる。「小倉城庭園」では、小笠原派礼法についての展示がある。

豊前　小倉新田藩《こくらしんでん》

支藩の小倉新田[千束《ちづか》]藩(一万石)は定府大名で、藩庁も小倉市内にあったが、明治になって領地のあった豊前市千束に移った。最後の藩主の**小笠原貞正**《つねまさ》は宗家の藩政を後見した。

豊後《ぶんご》 府内《ふない》藩

大分は府内(二万一千石)と呼ばれ、郡の名前をとって大分と改称したのは明治になってからである。大給《おぎゅう》松平家が藩主だが、最後の藩主の**大給(松平)近説《ちかよし》**は桑名藩からの養子で、松平定信《さだのぶ》の孫である。一八六七年に若年寄となり江戸にあったが、本国では鳥羽伏見の戦いのあと恭順を明らかにし、近説も若年寄を辞して京都に向かった。だが、他の幕府幹部とども叱責され、姓を松平から大給に変更させられた。

全くの平地に築かれた小さな平城で、隅櫓が残るとともに復元工事も進んでいる。

豊後 臼杵《うすき》藩

キリシタン大名であった大友宗麟《おおともそうりん》晩年の城下町だった臼杵(五万石)には、稲葉《いなば》家があった。信長のもとで活躍した美濃の稲葉一鉄《いってつ》の系統で、もとをただせば伊予河野一族である。鳥羽伏見の戦いの際には大坂に兵があったが、戦闘には参加せず、戦後に官軍の要望で京都市内警備のために派兵した。国元では薩摩や岡藩が恭順を勧め、最後の藩主**稲葉久通《ひさみち》**(24)も上京した。

城跡は、かつては海に浮かぶ島になっていたが今は陸地化している。畳櫓などが残るとともに城門が復元されている。

豊後　日出《ひじ》藩

「城下カレイ」が有名な日出(一万五千石)には、木下氏《きのした》があった。豊臣秀吉の正室・北政所《きたのまんどころ》の実家である。長州清末藩主が木下家から養子に出ていたこともあり、最後の藩主の**木下利恖**《としよし》は、大政奉還後は年内に京都へ向かった。同族の足守藩ともども、豊国神社の再建を提案し許されている。明治になって反徳川のシンボルとして豊臣秀吉が復権したのである。

城よりも城跡の下の水に集まる城下カレイというブランド魚が有名。石垣、移築された櫓などがある。

豊後　佐伯《さいき》藩

佐伯(二万石)の毛利氏は近江源氏の一族である。仙洞御所《せんとうごしょ》の造営に当たるなど朝廷とも縁が深く、海防のために砲台建設などにも努めた。大政奉還のときの上洛命令には病気を理由に引き延ばしをしたが、鳥羽伏見の戦いののちには最後の藩主**毛利高謙**《たかあき》が入京し、豊国神社に瓦を献じたりした。

大手前から城山の麓にそって養賢寺まで続く通りは「歴史と文学の道」と呼ばれ、旧建設省の「日本の道百選」にも選ばれた。石畳の道を歩くと三の丸の櫓門が現れる。また、この地は、明治時代に国木田独歩が数学教師として赴任した場所であり、記念館がある。

豊後 杵築《きつき》藩

「勘定場の坂」の武家屋敷群から谷を挟んだ丘の上に天守閣が望まれる杵築(三万二千石)は、松平(能見)家の城下町である。藩主**松平親良**《ちかよし》は一八六四年から二年間、寺社奉行であり、江戸にあって帰国できなかったが、薩摩藩などの勧告があり、子の親貴《ちかたか》が上洛、甲州などに兵を出した。最後の藩主の親貴は明治になって少教正となった。

豊後 森《もり》藩

九重《ここのえ》山系の玖珠《くす》町に森藩(一万二千石)があった。藩主は伊予来島《いよくるしま》出身の久留島《くるしま》氏で、最後の藩主**久留島通靖**《みちやす》は早くから尊王の意思を明確にして、天領日田陣屋を接収して薩摩藩に渡した。

豊前　中津藩《なかつ》

福沢諭吉《ふくざわゆきち》を生んだ豊前中津藩（一〇万石）の奥平《おくだいら》家は、長篠合戦のときの城主信昌《のぶまさ》と、家康と築山殿の間に生まれた亀姫の子孫である。江戸時代後期には島津重豪の子である昌高《まさたか》を養子に迎え、さらに、最後の藩主の昌邁《まさゆき》は宇和島の伊達宗城の子である。

こうした刺激による先進性が、前野《まえの》良沢《りようたく》や福沢諭吉を生んだのであろう。**奥平昌服《まさもと》**（12）は、世子である昌邁が江戸にあったので、外国船に便乗させて大坂に脱出させ、大坂の警備や東北戦線へも兵を出した。昌邁はのちに米国に留学し、東京府会議員や芝区長を務めた。

かつての姿とは関係ないが、立派な天守閣を殿さまの子孫が建てた。

豊後　岡藩《おか》

大分県南西部の山間にある竹田市の岡藩（七万石）は、賤ケ岳の戦いで戦死した中川清秀《なかがわきよひで》を祖とする。御所の警備につくなど勤王の立場は明確であった。いったん上京した最後の藩主**中川久昭《ひさあき》**（47）が帰国した後に、兵の人数が少なく東征に十分な対応ができずに叱責されたが、ともかくも、関東・東北方面に兵を派遣した。日露戦争の軍神・広瀬中佐は当藩の出身。険しい山の上の荒涼とした風景のなかに、九州でも屈指の石垣が残って、当地で育った滝廉太郎の「荒城の月」のイメージにふさわしい。

「廃藩置県」のあとに生まれたただひとつの藩

琉《りゅう》球《きゅう》藩

沖縄の廃藩置県は本土から八年遅れの一八七九年のことである。それどころか、琉球藩は、なんと、廃藩置県の翌年になって創設された藩なのである。沖縄は琉球王国という中国の冊封体制下での独立国だったが、江戸時代の初めに薩摩の実質支配下におかれ、将軍交代に際しても慶賀使を出していた。しかし、清《しん》への朝貢関係も続けていた。

英仏米など各国の艦船が来訪し国際情勢が緊迫するなかで、最後の国王である**尚泰**《しょうたい》(24)が一八四八年に即位した。明治新政府は沖縄の日清両属体制を清算する必要に迫られた。おりしも、沖縄の人が台湾で殺された事件があったのを機に清国政府に賠償を要求し、西郷従《さいごうつぐ》道《みち》に率いられた部隊を台湾に派兵することによって沖縄が日本の領土であることを認めさせた。このときの総督であった北白川宮能久《よしひさ》親王は、かつての輪王寺宮で、戊辰戦争で奥羽列藩同盟に太上天皇として担がれた人物であるが、熱病で戦没し、戦前は台湾神宮の祭神とされていた。

明治政府は琉球藩に清国への朝貢をやめるように勧告したが聞き入れなかったので、一八七九年には尚泰を東京に連れ去って沖縄県を置いた。ただし、尚家は本来の経済力からいえば伯爵が妥当なところだが、「国王」に対する敬意を示すための特別の計らいで侯爵とされ、それにふさわしい破格の経済待遇も与えられた。また、旧支配層の不満を避けるために「旧慣温存」を旨としたために、沖縄社会の近代化は著しく遅れることになった。

琉球王国の首都であった首里《しゅり》は、いまでこそ那覇《なは》市に吸収されているが、もともとは、東シナ海をはるか遠くに望む丘の上に築かれた独立した都市である。九州・沖縄サミットの晩餐会が開かれた首里城は、戦争によって破壊されたものを国の事業で華麗に復元したものである。

の5パーセントにも達したといわれている。加賀藩では最大4000人の行列だったこともある。本来はしぶしぶだったのだが、天下泰平で財政状態も良いときは、むしろ、華美にすることを競い、それを許されるために幕閣に賄賂攻勢までかけた。

参勤交代の緩和は、松平春嶽が黒船来航時に各大名に海防に力を入れさせるべきだとして提案し、1862年に政事総裁職に任ぜられるとこれを断行した。一橋慶喜もどうせ大名がサボタージュするくらいなら幕府が先手を打って認めた方がよいと賛成した。

島崎藤村はその様子を、「『国元へ国元へ』その声は――解放された諸大名たちの家族が掲げるその歓呼は過去三紀間の威力を誇る東照宮の覇業も、内部から崩れ」と書いた。たしかに、各藩から歓迎されたが、江戸生まれ江戸育ちの大名の家族が喜んだとは思えないのである。

遠路はるばる参勤交代の道

参勤交代は、遠隔地については、毎年４月に行われた。しかし、関東の大名は半年ごとで対馬の宗氏は３年ごととか、あるいは、水戸藩のように江戸に常駐する定府大名があるなど、いろいろな例外があった。

1803年（文化元年）の「武鑑《ぶかん》」によると、半年交代（関八州の大名）27家、定府（常に江戸詰め）が水戸家など26家、さらに幕府の要職にあることなどから、参勤交代をしない大名が21家あったということである。

たとえば、熊本藩の場合だと、交替でふたつのルートを通ったが、ひとつは、玉名郡南関《なんかん》、飯塚、田川から旧領である小倉に４日で出て御座船に乗り、５日間ののち室津で下船し、東海道を22日かけて江戸に着くというものである。もうひとつは、下図の豊後ルート（往復）である。舟で江戸まで行かないのは、幕府が大船の建造や航路での参勤交代を禁じたからである。

だいたい300人から400人の行列だったから費用は莫大で、藩の支出

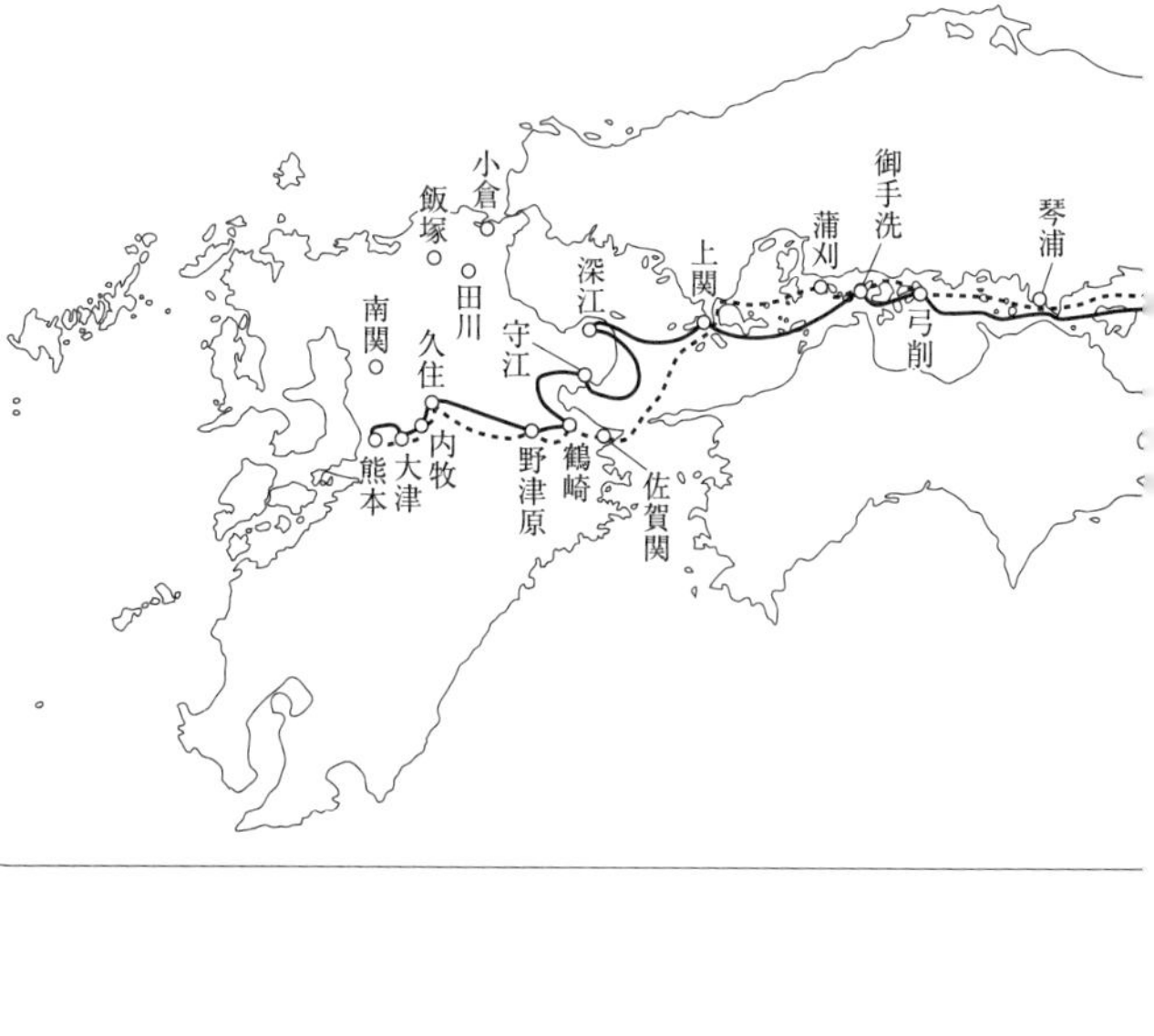

第六章

「錦の御旗」が宿す魔力の秘密

徳島藩主・蜂須賀茂韶と徳島城

※1868年、兵庫県美方郡村岡町に「但馬村岡藩（1万石）」、兵庫県神崎郡神埼町に「播磨福本藩（1万石）」、岡山県川上郡成羽町に「備中成羽藩（1万石）」、奈良県磯城郡田原本町に「大和田原本藩（1万石）がそれぞれ創立された

・○は城　●は陣屋
・数字は石高（万石）
・境界は現在の都道府県
松江⑲
広瀬③
母里①
広島新田③
広島㊸
鴨方③
福山⑪
今治④
松山⑮
小松①
西条③
大洲⑥
新谷①
土佐新田①
土佐㉔
吉田③
宇和島⑩

土佐だからこそ可能だった世界最先端のアイデア

土佐《とさ》　土佐藩

幕末維新の時代にあって土佐が重きをなしえた最大の理由は、土佐の人たちが一九世紀後半という西欧文明の黄金時代にあって、この極東の島国にありながらも、近代人としてのセンスをどこの藩の人たちよりも備えていたことにある。

それが何であるかといえば、「国民主義」であり、「議会主義」であり、「資本主義」である。国というものが法秩序の基本であるなどという考え方は、それほど古いものではない。国があって、そこに憲法が定められ、そのもとで個人の義務と権利が決められる、そして、地方自治は憲法の範囲において限定的に認められ、外国との交渉は国が独占的に行うなどというのが近代国家の原則である。

しかし、そんなものは、ウェストファリア条約、フランス革命などを経て、ようやく一九世紀になって確立したものにすぎない。

大事なことは、国民全体で議論してから多数決で決めるという議会主義も、産業を興し交易を盛んにすることが国と国民を富ますという資本主義的発想にしても、ようやくこの時代になって普遍的に認められるようになってきたということである。そんななかで、坂本龍馬たちが「船中八策」で示したような考え方は、まさに世界の最先端であり、それは、険しい四国山地や、黒潮洗う太平洋の荒海によって日本の他の部分から隔絶された、土佐という土地であればこそ出てきた発想なのである。

この幕末維新の時代にあって、土佐［高知《こうち》］（二四万二千石）の人たちは、彼らの持つ人間的な魅力で日本人を魅了したが、なかでも、老公・山内容堂《やまのうちようどう》（40）のそれは格別であった。容堂の父は藩主の子であったが、一千五〇〇石の蔵米知行《くらまいちぎよう》を受け、城下で花鳥風月を友としながら平穏な日々を過ごしていた。その父と大工の娘であった母の間に生まれたのが容堂で、一八二七年のことである。

本来ならば藩主になるはずのない運命だったが、父の兄である豊資《とよすけ》の隠居ののち、その息子二人が藩主になったものの若死にし、残った**山内豊範《とよのり》**（21）は三歳という突発事故の結果、一八四八年にいわば中継の形で大名になった。つまり、お世継ぎであった時期を持たない殿さまなのである。といっても、三百俵であった井伊直弼《いいなおすけ》と違ってかなりの金持ちであるから、一言でいえば、不良少年のような無軌道ぶりだったらしい。だが、こうした頃の遊びが人間的魅力を増し、また後日、世間知らずの殿さまのなかにあって、下々の事情や人情の機微を理解できる存在として重きをなす財産になっていった。

容堂が中央政界で注目されたのは、黒船来訪時に阿部正弘《あべまさひろ》の諮問に応じて出した意見書によってであり、その起草に当たった吉田東洋《よしだとうよう》を藩政の要に付けて改革を担わせた。容堂は慶喜《よしのぶ》擁立にかかわって松平春嶽《まつだいらしゅんがく》らとともに謹慎隠居させられたが、東洋による改革は続けられ、この人脈のなかで、後藤象二郎《ごとうしょうじろう》、福岡孝弟《ふくおかたかちか》、岩崎弥太郎《いわさきやたろう》、板垣退助、谷干城《たにたてき》といった人材が育つ。しかし、吉田東洋は、保守派と武市半平太《たけちはんぺいた》ら勤王党の双方から睨まれ、一八六一年に暗殺された。

ここで最後の藩主になっていた甥の山内豊範は、いったん、保守派と勤王党の微妙なバランスに立った連合政権のようなものをつくる。あり得にくいことだが、吉田東洋のもとで冷や飯をくっていたという共通点があったので、とりあえず、そんなことも可能だったのである。現代でいえば、自社さの村山富市《むらやまとみいち》政権のようなものである。

この時代、武市半平太は、一八六二年に三条実美《さんじょうさねとみ》・姉小路公知《あねこうじきんとも》が勅使として東下したときの護衛となり、また、京都藩邸の渉外係としての立場を利用して、「天誅」の陰の仕掛け人として猛威を振るった。だが、八月一八日政変ののちは、彼らの行動を快く思っていなかった容堂の反撃で勤王党は壊滅し、脱藩者も多く出した。

容堂は島津《しまづ》久光《ひさみつ》の上京によって引き起こされた文久二年のクーデターののちには、松平春嶽らとともに公武合体派政権の中枢にあり、久光・春嶽・宗城《むねなり》・慶喜・容保《かたもり》というメンバーによる参与会議を開いたが、幕閣の支持を得られぬとみた慶喜が毀してしまったことは、たびたび記したとおりである。

容堂は、公武合体派の立場から、第二次征長には反対し、一方で、討幕派の伸長に対して有効な手が打てずに悩んでいたが、一八六七年の一月、側近の後藤象二郎が長崎で土佐藩から脱藩していた郷士出身の坂本龍馬と会い意気投合し、六月には「船中八策」の提案を受ける。政治的に行き詰まっていた容堂にとっては、大政を奉還したうえで慶喜を中心にした政府が可能だということで愁眉《しゆうび》を開き、後藤象二郎から慶喜に勧めさせ、大政奉還を実現した。

だが、これを逆手に取った薩長主導での小御所会議では、容堂は敗北し、事態は一気に倒幕に進んだ。鳥羽伏見の戦いで容堂は中立の立場をとろうとするが、伏見にあった土佐藩部隊は官軍側で参戦した。

新政府にあって容堂は議定・内国事務総裁に就任するが、二月に堺で土佐藩士がフランス人を殺傷した事件の責任をとって内国事務総裁だけは辞任した。戊辰戦争にあって土佐兵は各地で奮戦し、とくに、高松・松山両城を開城させ、甲州では板垣退助らが近藤勇らの甲陽鎮撫隊を撃破、会津などでも主力として活躍し、賞典禄四万石を得た。

だが、容堂はあまり楽しまず、一八六九年にはすべてを依願退職し、麝香間伺候となり、一八七二年に死んだ。

土佐が幕末の最終局面で主役になりきれなかった原因は、「雄藩連合」的な発想からの決別が不徹底だったためである。坂本龍馬暗殺の黒幕は大久保《おおくぼ》利通《としみち》だという憶測をいう人も多いが、すでに殿さま抜きの近代国家建設への海図を手に入れつつあった大久保にとって、龍馬の理念はきれい事にすぎず、大政奉還を慶喜にさせたところで利用価値はなくなったとみたのかもしれない。

ただ、大久保路線による強引な幕藩体制の清算が終わったあと、再び、土佐藩的な路線に脚光があてられる。自由民権運動が土佐から生まれ、それが伊藤博文《いとうひろぶみ》らによって進められた立憲主義と妥協一体化することによって、現在の自民党の前身ともいえる政友会という形になったことを思えば、土佐藩は現代に至る日本政治に深く影響を与えているともいえるのであるまいか。

高知城は天守閣や大手門、本丸御殿など多くの建築が残り、保存状態のよい城として全国でも屈指である。

土佐　土佐新田藩《とさしんでん》

土佐藩の支藩として、土佐新田藩(一万三千石)がある。定府大名で藩庁は高知城にあった。藩主**山内豊福《とよよし》**は江戸にあって佐幕的な大勢に抵抗できないでいたが、京都からは直ちに上京せよという容堂の書状が届き、進退窮まって一月一三日に出羽上山藩松平氏出身の夫人とともに自害した。その後、藩士たちは、宗家の意向に従って官軍として戦った。豊誠《とよしげ》があとを嗣いで、最後の藩主となった。

名門気取りで痛い目に遭った松山藩

伊予《いよ》　宇和島藩《うわじま》

幕末の四賢侯の一人といわれた宇和島(一〇万石)藩主・伊達宗城(49)は、三千石の旗本・山口直勝の子である。宇和島藩では島津重豪《しまづしげひで》の子を養子に迎える計画もあったが、伊達家の血筋を絶やしたくないという反対があり、何世代も前ではあるが辛うじて元藩主の血を引く彼にお鉢が回ったのである。

そんなわけで、宗城は「下情にも通じ、文学の筋も心得給い、特に弁才ある御方にて」(越前藩士・中根雪江《なかねせっこう》)と賞された。実父の山口直勝は渡辺崋山に師事した人物だが、宗城も脱獄して逃亡中の高野長英《たかのちょうえい》を宇和島に招いたり、村田蔵六《むらたぞうろく》(大村益次郎《おおむらますじろう》)に兵書を翻訳させたりするなど、進取の気性に富んでいた。

慶喜擁立運動にかかわって隠居謹慎させられたが、井伊直弼の暗殺後には復活し、公武合体派の巨頭として参与会議のメンバーともなった。英国公使パークスが鹿児島から横浜に帰還する際に軍艦を寄港させるように誘致し、家族ぐるみの接待をしたことが通訳官アーネスト・サトウの有名な日記によって紹介されている(萩原延寿《はぎわらのぶとし》によって『遠い崖』という題名で編集されているものは名著として知られる)。

しかし、薩長の武力倒幕には賛成できず、やや中途半端な対応となった。鳥羽伏見の戦いでは御所を守り、戦闘に参加しなかった。宗家の仙台藩に恭順を説得しようとしたが、果たせずに東北での開戦となり、のちに和睦へ向かわしめるためにささやかな貢献をしただけだった。東北戦線へ兵を送るはずが、雇船交渉が難航して間に合わず、養子で最後の藩主の伊達宗徳《むねえ》(37)は謹慎といったこともあった。

しかし、宗城はそれでも、新政府議定、外国官判事、大蔵卿、修史館副総裁などを歴任、とくに清国との修好通商条約交渉の欽差全権大臣として李鴻章《りこうしょう》と対峙し、対等な条約を結び、アジア外交にひとつの時代を切り開いた。長く高貴な顔立ちや品位ある物腰で、若いころは水戸《みと》の姫君に一目惚れされたり、晩年にあっては外国賓客の接遇に活躍した。当初、伯爵だったがのちに功績を認められて侯爵に格上げになり、仙台藩より上位とされた。

宇和島には、海辺の平山城があり、江戸中期に建てられたミニチュアのような可愛い天守閣が残っている。

伊予 吉田《よしだ》藩

宇和島の北側に続くリアス式海岸にある吉田(三万石)には、宇和島藩支藩があった。

幕末の藩主**伊達宗孝**《むねみち》は伊達宗城の弟だが、佐幕色が強く上京も躊躇した。そのために一時は宇和島藩で管理しようという決定まで出たが、六月に上京し、宗城に二心なきことを誓ったので事なきを得た。のちは、宇和島藩と行動をともにした。一八六八年に宗敬《むねよし》が嗣いで版籍奉還を迎えた。

伊予　松山《まつやま》藩

幕末維新の松山藩（一五万石）は、なまじ気楽に名門気取りをしたばかりに痛い目に遭った。「長州とろとて我が国取られ、猫に紙袋であとにはう」と、城下で庶民が自嘲気味に歌ったといわれるように、それほど確信を持っての佐幕的なポジションでもなかったし、名門といってもそれほどムキになって頑張る立場でなかったはずなのだが、どこかでポイントがずれてしまったのである。

第二次征長のときには、勇んで周防《すおう》大島を占領して初戦の勝利を幕府軍にもたらしたが、高杉晋作《たかすぎしんさく》の奇襲にあって無惨に負けて退却するはめになった。大政奉還のほんの三週間前に、若い藩主の**久松定昭**《ひさまつさだあき》(22)は老中に就任したが、馬鹿なことをという声を受けて、大政奉還の四日後には辞職して江戸から出て大坂に移った。

上京を要求されたが病気と称し、鳥羽伏見の戦いでは幕府側に立ち、梅田方面の警備をしただけだったが、「高松、松山、大垣、姫路の四藩は天朝を軽蔑し、慶喜の反逆に与《くみ》して官軍に敵対し大逆無道であるので征討の軍を差し向ける」とすさまじい宣告を受けた。

あわてた前藩主の勝成《かつしげ》は、上京して恭順を願い出たが、定昭の方は勝手に松山に帰ってしまった。一月一〇日に松山に着いて藩士を集めて抗戦を宣言したが、説得されて徐々に軟化、二〇日には恭順を受け入れ、城を出て謹慎した。城には二六日になって土佐藩などが入り、五月下旬になって定昭の蟄居と勝成の復帰(最後の藩主)、一五万両という巨額の献金、官軍としての出兵などを条件として許されることになった。

大正時代の当主・定謨《さだこと》は、フランスのサンシール陸軍士官学校に留学、陸軍中将にまで昇進した。その次の定武は、戦後に愛媛県知事を務めた。幕末の殿さまは少々お粗末だったが、子孫たちが名誉を挽回したわけである。

標高一三〇メートルというかなり高い城山に築かれた天守閣が街中から見えるほか、櫓や門も残っている。

伊予　今治《いまばり》藩

「しまなみ海道」とタオル工業で知られる今治(三万五千石)には、松山藩の分家があった。第二次征長に参加したが途中で引き返し、中止を幕府に提案した。鳥羽伏見の戦いののちには、京都警備、甲府への出兵などを行った。最後の藩主は**久松定法《さだのり》**である。

藤堂高虎が建設した天守閣は、江戸初期に丹波亀山《たんばかめやま》城に移築されたが、現在は、この明治初期に撮られた丹波亀山城の古写真をもとに天守閣が復元されている。

伊予 西条藩《さいじょう》

石鎚山《いしづち》を望む西条(三万石)には、紀伊藩の分家があり、紀伊頼宣《よりのぶ》の子の頼純《よりずみ》が立藩したが、吉宗《よしむね》が将軍になったあと、その子の宗直《むねなお》が紀伊藩を嗣いだ。幕末の藩主の**松平頼英**《よりひで》は、紀伊藩主茂承《もちつぐ》の兄である。国元では鳥羽伏見の戦いの前に勤王でまとまったが、土佐藩や小松藩から疑われて出兵させられたりもした。頼英も三月に江戸から上京した。

伊予 小松藩《こまつ》

今治と西条の中間にあった小松藩(一万石)は、一柳《ひとつやなぎ》氏である。最後の藩主の**一柳頼紹**《よりつぐ》は一八六八年二月に世子を入京させ、北越や庄内方面に派兵した。

伊予 大洲藩《おおず》

大洲藩(六万石)の加藤《かとう》氏は、豊臣秀吉の時代に甲府城主だった光泰《みつやす》の子孫である。陽明学を広めた中江藤樹《なかえとうじゅ》がここにあったことでも知られている。最後の藩主**加藤泰秋**《やすあき》(21)は勤王の姿勢を明確にし、大政奉還後に長州藩兵が西宮打出浜《うちでのはま》に密かに上陸するための偽装工作を助けた。鳥羽伏見の戦いでは大津方面を守り、大坂行幸や東幸の先陣を行く名誉を与えられた。肱川《ひじ》そばの城山の上に櫓が残り、桜の名所でもある。天守は失われたが、復元する計画もある。

伊予　新谷《にいや》藩

大洲市の郊外新谷(一万石)には、大洲藩の支藩があった。最後の藩主**加藤泰令**《やすのり》は、勤王の立場から鳥羽伏見の戦いでも官軍につき、松山藩攻撃にも兵を送った。

自由民権派のパトロンになった蜂須賀の殿さま

阿波《あわ》　徳島《とくしま》藩

徳島藩(二五万八千石)では、「太閤記」でおなじみの蜂須賀小六《はちすかころく》の血筋は早々に断絶してしまい、徳川親藩などから養子をもらうことが続いていた。天保年間に藩主になった**蜂須賀**

斉裕《なりひろ》（46）も一一代将軍家斉《いえなり》の実子である。したがって、最後の藩主の茂韶《もちあき》（21）は将軍の孫ということになり、このことが、幕末維新においてある種の重みになっていた。

将軍家との関係から、藩是《はんぜ》としては公武合体論であったが、鳥羽伏見の戦いでは官軍について大津方面の警備を受け持ち、茂韶は新政府の議定に名を連ねた。一八七二年からオックスフォード大学などに学び、駐フランス公使、元老院議官、東京府知事、貴族院議長、文部大臣、枢密院顧問など華やかなポストを歴任した。

また、北海道雨竜《うりゅう》での農場経営に成功するなど、日本を代表する大富豪となり、歴史学、相撲、能楽などさまざまな分野のパトロンとして頼りになる存在だったが、特筆すべきは、板垣退助らの自由民権運動にも多額の援助をしたことである。息子の正韶《まさあき》も貴族院副議長を務めた。

幕末維新の汚点は稲田《いなだ》騒動である。稲田氏は家老であるが、淡路島や脇《わき》町などを領《し》る独立大名に近い存在だった。しかも、幕末には海防や勤王派の立場から大きな功績があった。ところが、稲田藩士たちは明治政府のもとで陪臣扱いされ、士族として扱われなかった。これに抵抗した稲田家の動きに反発を強めた本藩では、分藩を阻止するために洲本の稲田家中を攻撃し一七名の死者を出した。この事件に対する中央政府からの処分は厳しく、徳島藩側主謀者一〇人が死罪、八丈島への終身流刑二七人などを数えた。

一方、稲田家も、稲田邦植《くにたね》以下家臣全員に北海道日高《ひだか》の静内《しずない》郡と色丹《しやこたん》島への移住開拓が申し渡され、日高国静内へと移っていった。名馬の産地として知られる静内の丘の上には、開拓一〇〇年を記念した記念碑が建てられ、稲田家中の苦難をしのばせる。船山馨《ふなやまかおる》の原作で、NHKでドラマ化されて名作といわれている「お登勢」は、この騒動を描いたものである。また、幕末の騒乱のなか、当藩内では「ええじゃないか」騒動が激しく荒れ狂った。

廃城令の破壊から免れた鷲門は、戦災で焼失したが復元された。御殿を模した「徳島城博物館」も設けられている。阿波踊りは徳島城築城祝いに始まる。

讃岐《さぬき》　高松《たかまつ》藩

高松藩（一二万石）は水戸藩の分家だが、もともと、水戸藩初代頼房《よりふさ》のあとを次男の光圀《みつくに》が嗣いだために、長男の頼重《よりしげ》によって立てられた家なので、格式も高かった。

幕末の頼胤《よりたね》（57）は斉昭とは立場を異にし、むしろ井伊直弼と組んで斉昭を圧迫した。自ら水戸藩主となることを狙っていたのかもしれない。このために、直弼失脚後は引退し、**松平頼聰《よりとし》**（33）が襲封、最後の藩主となった。蛤御門の変、長州征伐などに参加し、鳥羽伏見の戦いでも伏見へ出兵したが、形勢不利を見て兵を引き高松へ引き揚げた。土佐などによって追討されることになったので恭順することとし、二家老が切腹、城も明け渡した。この徹底した姿勢が評価され、二月末には頼聰が入京、八万両を献金するなどして許され、官軍に加わった。

頼聰の子が頼寿《よりなが》で、昭和になって近衛文麿《このえふみまろ》のあとを受けて第六代の貴族院議長を務めた。

海に浮かぶ水城で、三層の着見櫓などと石垣が残る。宇高連絡船当時は、四国の玄関口のランドマークになっていた。郊外に、大名庭園として三大名園と並ぶ名声を誇る栗林《りつりん》公園がある。

讃岐　丸亀《まるがめ》藩・多度津《たどつ》藩

石垣の高さは日本一を誇り、小さいながら天守閣も残る丸亀城(五万一千石)の主は、近江源氏の嫡流・京極《きょうごく》氏である。鎌倉時代の守護家で完全な大名として江戸時代が終わるまで生き残ったのは、島津氏とこの京極氏だけである。

藩内には、高杉晋作らを助けた丸亀越後屋の女主人・村岡箏女、池田屋騒動の生き残りで七卿を長州まで送り届けた土肥七助《どひしちすけ》と大作《だいさく》の兄弟など勤王派も多く、最後の藩主の**京極朗徹**《あきゆき》

(39)はかれらを上手に使いつつ、朝敵とされた高松藩の征討に参加することで旗幟《きし》を鮮明にした。

多度津(一万石)には、丸亀藩の分家があり、宗藩とともに鳥羽伏見の戦いでも官軍に加わった。最後の藩主**京極高典**《たかまさ》の夫人は、老中・安藤信正《あんどうのぶまさ》の娘。

「薩長土肥」ならぬ「薩長芸」になるはずだった広島藩

安芸《あき》　広島《ひろしま》藩

広島藩(四二万六千石)の祖である浅野長政《あさのながまさ》の妻は、秀吉正室寧々《ねね》の姉である。安政年間の藩主慶熾《よしてる》は、専売制の強化などで藩政改革に努めたが、近親に後継者がなく、父の従兄弟で広島新田藩を嗣いでいた**浅野長訓**《ながみち》(**茂長**)(55)を後継者とし、さらに長訓の甥でやはり広島新田藩主になっていた長勲《ながこと》(茂勲)(25)が嗣いだ。

藩主に長勲が就いたのは一八六九年だが、広島にあって二度の征長戦の渦中にあった長訓にかわって、長勲が京都政界での折衝に当たったので、幕末維新史には長勲の名の方がよく登場する。

広島藩は、第一次征長でも融和的であったが、第二次征長にあっては、小笠原長行に征長取りやめを訴え、先鋒を命じられたにもかかわらず兵を出さないこととし、征長総督で紀州藩主の茂承に停戦を進言した。

こうして、広島藩は薩長と並び討幕派の中枢を形成していくのだが、最後になって行き違いが起きる。京都で土佐藩が討幕派の機先を制する形で大政奉還の建白書を出すとなったときに、これに乗ってしまったのである。そこで、薩長からは一種の裏切りと見られることになり、倒幕の密勅からはずされてしまう。

小御所会議では強硬派の薩長と融和派の土佐などの中間にあって、議論を収束させるのに貢献した。鳥羽伏見の戦いでは、藤堂藩とともに敗走する幕府軍を砲撃し、中国地方の各藩を官軍に協力することでまとめ、江戸や東北方面に出兵して、賞典禄一万五千石も得た。だが、薩長土肥のような形で新政府で重きをなすことはできなかった。

最後の藩主になった長勲は、イタリア公使、華族局長官、元老院議官、貴族院議員などを歴任し、日華事変が始まった一九三七年に、九六歳で隠居することなく当主のまま死んだ。実質的な「最後の殿さま」として象徴的な存在だった。また、長勲の回想録は、小御所会議出席者の証言としてしばしば引用されるし、大名の生活についてのもっとも信頼性の高い資料として使われる。

櫓が九九もあったというがすべて原爆で失われ、戦後になり天守閣が復元され、その後も整備が進められて景観を少し取り戻した。

安芸　広島新田《ひろしましんでん》藩

広島新田［吉田《よしだ》］藩（三万石）は、広島藩から三万石を分与されて設立された定府大名だったが、一八六六年に毛利元就《もとなり》の城があった安芸吉田に陣屋をおいた。長勲のあとを嗣いだ**浅野長厚《ながあつ》**が最後の藩主。一八六九年の版籍奉還で広島藩に吸収された。

備後《びんご》　福山《ふくやま》藩

福山城（一一万石）は、大坂の陣終了後の一六一九年になってから水野氏によって築かれた。藩祖の阿部正勝《あべまさかつ》は家康が駿府で人質になったときに同行し寝食を共にしたが、寛永年間に幕府が編纂した「諸家系図」のために阿部家が提出した資料には、正勝以前のことは書かれていなかった。のちに寛政の改訂版の際に、曾祖父の代から松平家に仕えたと加えたが、それほどの地位ではなかったのだろう。

阿部家の運が開けるのは、その子の正次《まさつぐ》のときである。将軍秀忠《ひでただ》の側近として老中となり、岩槻八万五千石を得た。それ以来、阿部家は家光《いえみつ》に殉死した重次《しげつぐ》、一〇代将軍家治《いえはる》時代の正右《まさすけ》、田沼意次《たぬまおきつぐ》のもとでの正倫《まさとも》、家斉のときの正精《まさきよ》と五人もの老中を出していた。江戸城での要職を占めたことから参勤交代もほとんど免除され、七代藩主・正弘自身も領国の福山に足を踏み入れたのは、藩主就任直後に半年だけである。

第二次征長に際しては、石州口で戦い敗れた。鳥羽伏見の戦いの直後には、長州藩から砲撃を受けて、ただちに恭順し、箱館方面などへ兵を送って奮戦したので、賞典禄六千石を得た。ただ、藩主**阿部正方**《まさかた》(19)は一八六七年の一一月に死亡しており、それを秘しての行動であった。後継には官軍方の広島藩・浅野長勲の弟・正桓《まさつね》(最後の藩主)を入れて安泰を図った。なお、榎本武揚《えのもとたけあき》の父は福山出身で、幕臣の養子になったものである。

新幹線ホーム横に見える素晴らしく華麗で立派な伏見櫓は、全国の隅櫓のなかでも最高傑作である。戦災で焼けた天守閣も再建されている。

殿さまと藩を救った家老中の家老・山田方谷《やまだほうこく》

備中《びっちゅう》 松山《まつやま》藩

備中国を南北に流れる高梁《たかはし》川の中流に、二層の天守閣を持つ備中松山[高梁]城(五万石)があった。明治になって伊予松山などと紛らわしいので高梁藩に改称された。

幕末の藩主**板倉勝静**《いたくらかつきよ》(44)は桑名藩からの養子で、松平定信の孫である。祖父によく似た硬骨漢で、幕府最後の日々にあって事実上の首相ともいうべき存在だったことは第二章で紹介したとおりである。

井伊大老のもとで寺社奉行となるが、安政の大獄の厳罰主義に反発して辞職、一八六二年に老中となるが、攘夷実行を不可能として辞職、そして一八六四年に再び老中となる。鳥羽伏見の戦いのあと、慶喜とともに江戸に帰り、いったんは日光で謹慎し、官軍によって宇都宮城に移されるが、大鳥圭介《おおとりけいすけ》によって解放されて、奥羽列藩同盟の参謀役となり、さらには、箱館に逃亡する。

そのころ、国元では勝静のブレーンとして藩政を任されていた山田方谷が、藩を救うために恭順劇を演出していた。必死に岡山藩に哀願し、城を明け渡すことにしたのである。殿さまが慶喜と江戸に行ってしまったあと大坂に残されていた部隊は、玉島に帰還したが、国元からの示唆で指揮官の熊田恰《くまだあだか》が自刃して兵の助命を請うた。岡山藩主・池田茂政《いけだもちまさ》は熊田の犠牲的な献身を賞し、遺族に慰労金などを与えたという美談がある。

さらに、藩では箱館の勝静を連れ戻すためにプロシャ商船を一万ドルで雇って派遣し、不満たらたらの殿さまを東京へ向かわせ、駒込《こまごめ》吉祥寺で謹慎させた。こうした努力が実って、勝静は安中《あんなか》藩預かり、藩も前々藩主の甥である勝弼《かつすけ》(最後の藩主)に嗣がせてなんとか再興された。のちに勝静は東照宮の祀官となった。また、山田方谷は新政府から出仕を請われたが断り、岡山藩の願いで閑谷《しずたに》学校の再興などに当たった。

一八七五年、勝静は禁固を解かれて帰郷し、方谷と再会している。晩年を過ごした大佐町には、勝海舟《かつかいしゅう》の筆になる方谷の記念碑があるが、幕末の傑出した家老の一人である。

この山田方谷の名声を聞いて教えを請うためにやって来た青年のなかに、長岡藩の河井継之助《かわいつぐのすけ》がいた。その河井が無用な戦いに領民・藩士を巻き込んだことと、方谷の必死のリスクマネージメントとを比較して、なおも継之助の自己陶酔を誉めるべきなのか考えてみたいものだ。

登るのには難儀な山の上にあるが、天守以外の櫓なども復元が進み、体力を使うだけの価値ある景観を現実化している。

備中　新見《にいみ》藩

岡山県西北部の新見(一万八千石)の藩主は、赤穂《あこう》藩森氏の一族である関《せき》氏で、最後の藩主は**関長克**《ながかつ》である。岡山藩に従って官軍に加わり、備中松山藩を攻めたが、松山藩と攻守同盟があったのを苦にして、隊長の丸川義三《まるかわよしぞう》は城を接収後切腹した。江戸では小田原藩邸の接収管理を命じられた。

備前《びぜん》　岡山《おかやま》藩

岡山(三一万五千石)の城は宇喜多《うきた》家が現在の姿にしたものだが、小早川秀秋《こばやかわひであき》を経て、池田家が入った。幕末の岡山藩では、尊王攘夷思想が強かったこともあり、水戸斉昭の子で慶喜の弟に当たる**池田茂政**《もちまさ》(28)を養子とした。このように、藩主が尊王攘夷を期待された人選で、しかも、最後の将軍の弟という事情のもとで、岡山藩は複雑な立場に立つことになった。

岡山藩の立場は公武合体論だが、軸足は朝廷に置いた。八月一八日政変や禁門の変ののちにも、茂政は常に長州への寛大な措置を求め、幕府には攘夷という朝廷の意向を実行せよと迫った。二回の征長の際には、いずれも形ばかり兵を出すが戦いには加わらなかった。鳥羽伏見の戦いのあとには積極的に官軍に加わり、備中松山藩や姫路《ひめじ》藩への圧迫、関東や東北への出兵、さらには箱館戦争への参加など後半に活躍し、賞典禄二万石を得た。

この間、茂政は立場に困ったこともあって引退し、支藩鴨方《かもがた》藩主で、もともとは人吉藩相良氏からの養子だった章政《あきまさ》(政詮《まさのり》)を後継に迎え、版籍奉還となる。現在の当主である隆政夫人は、昭和天皇の皇女・厚子である。

安土《あづち》城を模したといわれる古風な天守閣が復元されており、日本三名園のひとつ、後楽園からのながめは格別。月見櫓などはそのまま残る。

備中 岡山新田《おかやましんでん》藩・鴨方《かもがた》藩

岡山藩にも二つの分家があるが、倉敷《くらしき》市内の岡山新田[生坂《いくさか》]藩(一万五千石)は、鳥羽伏見の戦いのときにも京都で官軍の一員として大津方面の警備などを担当した。最後の藩主の**池田政礼《まさのり》**は歌詠みとしても知られる風流人だった。

倉敷と笠岡《かさおか》の間にあった鴨方[岡山新田]藩(二万五千石)は、藩主の**池田政詮《まさのり》**が、藩主・茂政が慶喜の弟ということで態度が煮え切らない岡山藩を勤王の方向に持っていき、ついには、宗家を嗣ぐことになり、章政に改名した。一八六八年に岡山新田藩(同名のものがもう一つある)から改称した。最後の藩主は政保《まさやす》である。

備中　足守《あしもり》藩

水攻めで有名な高松城の跡にも近い足守(二万五千石)には木下《きのした》氏があり、鳥羽伏見の戦いのあと速やかに岡山藩に恭順を申し出て、一月末には最後の藩主**木下利恭**《としもと》が上京し、豊国神社の造営や北越戦争などに従事した。嗣子の利玄《りげん》は白樺派の歌人として知られる。幕末の蘭学者で適塾を興した緒方洪庵《おがたこうあん》は、足守藩士の子である。

備中　庭瀬《にわせ》藩

岡山市内の西部にあった庭瀬藩(二万石)は、備中松山藩板倉《いたくら》家の分家である。最後の藩主**板倉勝弘**《かつひろ》は福島藩からの養子だが、備中松山藩と違い、早期に岡山藩の勧告に従い恭順し、官軍に加わった。しかし、江戸では彰義隊に武器を奪われ、しかも一八名の藩士が加わることになり大混乱した。

備中　浅尾《あさお》藩・岡田《おかだ》藩・成羽《なりわ》藩

総社市《そうじゃ》にあった浅尾藩（一万石）は、一八六三年になって旗本蒔田広孝《まいたひろたか》が江戸市中警備の功績で諸侯となったもので、京都の警備に当たり見廻組を率いた。長州第二奇兵隊の攻撃を受けた事件もあったが、岡山藩に従って備中松山藩攻撃に参加した。広孝の代で版籍奉還を迎えている。

倉敷市の北東の真備《まび》町にあった岡田藩（一万石）の伊東氏は、飫肥《おび》藩の伊東氏と同系だが、尾張で秀吉に取り立てられた。最後の藩主**伊東長䛒《ながとし》**は、岡山藩の動きに早くから従い、姫路に出兵した。

高梁の近くにある成羽藩（一万三千石）は交代寄合・山崎《やまざき》義厚（治正）が一八六八年に諸侯に列したもので、版籍奉還時の殿さまは**山崎治祇《はるよし》**。

美作《みまさか》　津山《つやま》藩

津山藩（一〇万石）は、石高の割には誇りが高かった。というのは、大坂の陣後に越前藩主の地位から追われた忠直《ただなお》卿の系統であり、結城秀康《ゆうきひでやす》系の宗家であると自負していたからである。

一時は五万石まで減らされたが、一一代将軍家斉の子・斉民《なりたみ》を養子として一〇万石に復帰した。斉民のあとは、前藩主の実子である**松平慶倫**《よしとも》（最後の藩主）（40）で、尊王攘夷の立場から朝幕の斡旋をし、八月一八日政変ののちも長州への寛典を求めた。このために、長州征伐や鳥羽伏見の戦いに参戦したにもかかわらず、岡山藩などの斡旋で許された。一方、江戸にあった斉民は、江戸を退去する慶喜から田安慶頼《たやすよしより》とともに家達の後見を依頼された。

箕作阮甫《みつくりげんぽ》は津山藩医だったが洋学を修め、ペリーの親書を翻訳するなど近代法律用語の確立に貢献した。

五層の天守は取り壊されたが、石垣はほぼ完全な形で残り、衆楽園は森長継《もりながつぐ》が仙洞御所を模した大名庭園として知られる。

美作　勝山藩《かつやまはん》

津山の西には勝山［真島《ましま》］藩（二万三千石）があった。最後の藩主の三浦顕次《みうらたかつぐ》は、一八六七年末に岡山藩から意向を問われ、恭順と決して佐幕的な津山藩へ向けて出兵した。ところが、前藩主の**三浦弘次**《ひろつぐ》が江戸谷中《やなか》の下屋敷にあり、そこへ彰義隊がやってきて派兵を強要した。籤引《くじび》きで渋々二四名が参加させられることとなり、禍根を残した。なお、政界の名門・鳩山家は勝山藩士の出身である。

一七六四年に戦国時代の城を復活させ、城山の麓の現在の町役場付近に居館を築いた。遺構はあまり残っていないが、武家屋敷など街並は情緒満点である。

世界遺産姫路城に打ち込まれた大砲

播磨《はりま》　姫路《ひめじ》藩

世界文化遺産になっている姫路城(一五万石)には、吉宗の時代に下馬将軍酒井忠清《ただきよ》の子孫が前橋から移ってきた。幕末の藩主の酒井忠績《ただしげ》(40)は、一八六五年に大老に就任した。このころ、藩内では尊王派もいたのだが、一八六三年に一斉に検挙され壊滅した。

忠績隠居後に藩主となった**酒井忠惇《ただとし》**(28)も慶喜下坂後の幕府たそがれのときに老中首座に就任した。鳥羽伏見の戦いでは官軍の背後を突くべく大津へ向かったが、敗戦の報に忠惇は慶喜とともに軍艦で江戸に向かい、藩兵も九日には急ぎ姫路に撤退した。

山陽道鎮撫使の到着に先立ち、官軍は岡山藩などに姫路藩の追討を命じた。姫路藩では藩主不在のまま大慌てで恭順を示したが、長州藩杉孫七郎《すぎまごしちろう》は、あくまでも岡山藩などに攻撃を要求したので、形式的な砲撃を行い、城門の一部を毀したのちに降伏ということになった。桑名《くわな》城のように、城を焼いて敗戦の儀式にするなどということにならなくて本当によかったものだ。

こうした儀式と一五万両という巨額の献金でようやく許され、一族の伊勢崎藩から養子に忠邦《ただくに》を受け入れることで落着した。

最後の藩主・忠邦はのちに版籍奉還や郡県制を提案し、慶應大学で学んだのちに米国に留学したが、若死にした。忠績と忠惇は、徳川家への忠節を尽くし静岡に住んだ。

昭和の当主の忠正は、福山藩阿部家からの養子だが、農相、貴族院副議長などを務め、戦後は横綱審議委員会委員長だった。その息子の夫人である美意子は、加賀前田家出身だが、『ある華族の昭和史』など、マナーや上流階級ものの著作で知られる。

華麗な連立式天守のほか、櫓や城門がほぼ完璧に保存されている。屋根の瓦まで白っぽい色で、白鷺城という異名が誠にふさわしい。

摂津《せっつ》　尼崎《あまがさき》藩

尼崎藩（四万石）の松平氏は、桜井《さくらい》松平という家系で、戦国時代の一時期には、本家と主導権争いをしたほどの名門であった。藩主**桜井忠興**《ただおき》は一八六七年に上洛したが、いったん帰国したところで鳥羽伏見の戦いが起こった。やや消極的ながら官軍寄りの姿勢を取り、松平の姓も桜井に変え、藩内から葵の御紋を撤去するなど精一杯恭順に徹した。

最後の藩主である忠興は大和大神神社の宮司となったが、西南戦争にあっては日本赤十字の前身である博愛社の設立に加わり、長崎に病院を創り、負傷兵の治療に努めた。のちに貴族院議員になった。

城跡はほとんど何も痕跡をとどめないが、城内小学校校庭に四層天守閣などの屋外模型があったり、市立図書館に石垣が復元されたりしている。

摂津 三田《さんだ》藩

三田藩（三万六千石）は、かつて志摩半島に跋扈《ばっこ》した水軍の子孫である九鬼《くき》氏が藩主だった。最後の藩主の**九鬼隆義**《たかよし》（30）は綾部《あやべ》藩からの養子である。幕末の殿さまのなかでもユニークさにおいてこの上ない一人で、藩内からは近代日本に多くの人材を提供した。

重臣・白洲《しらす》退蔵《たいぞう》は、スナイドル銃を購入し古式の武具を売り払うことを命じるほどの徹底ぶりだった。大政奉還ののち、江戸に留まっていた隆義に時勢を説き、艦船で連れ帰り恭順させたのも彼である。吉田茂《よしだしげる》の側近として知られ、随筆家として高名な正子《まさこ》を妻とした白洲次郎《じろう》の祖父である。

隆義自身は、神戸の発展を見越して小寺泰次郎とともに三宮《さんのみや》付近で土地を買いあさり、巨万の富を得た。三田藩では、いつか海に戻ることを念じて、池や川で水軍の訓練をしていたという。神戸という土地に隆義が着目したのには、そんな先祖の血が騒いだということもあるのかもしれない。キリスト教に入信し、神戸女学院の基礎をつくることにも貢献し、のちには貴族院議員になった。

このほか、日本で最初にビールをつくった蘭学者川本幸民《かわもとこうみん》、そして岡倉天心《おかくらてんしん》やフェノロサを使って美術行政の基礎を作り、東京芸術大学の創立者になった文部官僚九鬼隆一《りゅういち》も、彼が育てた逸材である。

丹波《たんば》　篠山藩《ささやま》

丹波篠山藩(六万石)は青山《あおやま》氏で、藩主忠良《ただなが》が阿部政権のもとで老中を務めた。鳥羽伏見の戦いでは伏見を守っていたが、戦闘には参加せず、急報を聞いて篠山から救援にかけつけた部隊も官軍の勝利を聞いて引き返した。恭順を決めたのちに江戸にあった最後の藩主**青山忠敏**《ただゆき》(33)も上京し、官軍に兵を出した。

城は藤堂高虎の差配で築かれた見事な石垣を持ち、珍しい馬出しや弱い地盤を考慮した犬走りなど工夫を凝らした構造が見所。古写真が残っていた堂々たる大書院が復元されている。

丹波 柏原藩《かいばら》

やはり丹波の柏原藩(二万石)には、天童藩《てんどう》の分家に当たる織田氏《おだ》があった。最後の藩主**織田信親**《のぶちか》は江戸にいたが、一八六七年のうちに急ぎ京都へ向かい、丹波口の守備を担当し、鳥羽伏見の戦いのときは御所を守った。山陰鎮撫使にも兵を徴募するなど積極的に協力して、官軍から高く評価された。のちに信親は宮内省に勤めた。

播磨 明石藩《あかし》

明石藩(八万石)は越前家の分家で、天保年間に養子となった斉宜《なりのぶ》は、一一代将軍家斉の二五男であった。幕末の藩主は**松平慶憲**《よしのり》(41)だが、斉宜の系統ではなく越前系である。黒船来航に伴い、勝海舟の指導で舞子に砲台を築くなど出費が重なり悩むことになった。第二次征長に出陣し、芸州口で戦った。

また、鳥羽伏見の戦いにあっては、幕府救援のために出兵したが、敗戦を聞いて急ぎ帰国した。山陽道鎮撫使四条隆謌《しじょうたかうた》を明石城に迎えて弁明し、親戚の松平春嶽の取りなしで許され、北越方面で官軍に加わり戦った。一八六九年に直致《なおむね》が最後の藩主となった。

長く真っ直ぐ伸びた立派な石垣の両端に二基の三層櫓があり、阪神淡路大震災で被害を受けたが、美しく修復された。ＪＲ明石駅の山陽本線ホームからよく見えて印象的である。

播磨　小野《おの》藩

小野藩(一万石)の一柳氏は伊予国の越智《おち》一族だが、最後の藩主一**柳末徳《すえのり》**は綾部九鬼家からの養子。他藩と同じく恭順し、姫路や北越に兵を送った。

播磨　三草《みくさ》藩

社町《やしろ》三草(一万石)の丹羽《にわ》家は尾張出身だが、長秀《ながひで》の家とは関係がない。最後の藩主**丹羽氏中《うじのり》**は大番頭であったこともあり、江戸にあって佐幕的だったが、国元は早々に恭順して、藩主が官軍に反対しても受け入れないとまで約束したが、やがて殿さまもこれを追認した。

播磨　**林田藩《はやしだ》・山崎藩《やまさき》・安志藩《あんし》**

姫路市内の林田藩(一万石)は近江出身で、信長に仕え守山を領していた建部《たけべ》氏である。一八六七年の内に、最後の藩主**建部政世**《まさよし》が上京して恭順した。

県西部の山崎(一万石)には、本多忠勝《ほんだただかつ》の子孫の一家があった。佐幕的だったが、鳥羽伏見の戦いのあと恭順し、藩主**本多忠鄰**《ただちか》が上京した。一八六八年に忠明《ただあきら》が最後の藩主となった。

山崎の東隣の安富《やすとみ》町にあった安志(一万石)の小笠原家は、嫡流であるが不行跡などで小藩になっていた。恭順の意は一八六七年の内に示したが、最後の藩主**小笠原貞孚**《さだちか》の上洛は遅れた。

播磨　**龍野藩《たつの》**

龍野藩(五万一千石)は、近江出身で賤ケ岳七本槍の一人だった脇坂安治《わきさかやすはる》を藩祖とする。佐倉藩堀田正盛《ほったまさもり》の次男を養子に入れてから準譜代になった。幕末の藩主の安宅《やすおり》(58)は、ペリー来航前夜から井伊大老の登場直前までの期間に京都所司代を務めた。火災にあった御所の再建に尽力し、現在の京都御所は彼の指導のもとで建設された。井伊大老のもとで老中となり、一度辞任ののち、一八六二年に再度老中となったが、すぐに病気のため辞任し、桜田門外の変の後始末などにつき不都合があったとして罰せられた。

王政復古後の一八六七年末に藩主**脇坂安斐**《やすあや》(28)が上洛し、鳥羽伏見の戦いののちには姫路藩追討に出兵している。東北戦線には新造船「神龍丸」で長州兵らと東北に向かったが、故障して、到着したときには戦争が終わっていた。最後の藩主の安斐は、津藩藤堂高猷《たかゆき》の実子である。

本丸御殿が立派に復元されていて一見の価値がある。

播磨　赤穂《あこう》藩

「忠臣蔵」で知られる赤穂(二万石)は、森蘭丸《もりらんまる》の弟の子孫が藩主だった。塩の値が下がり財政難となるなかで、内紛を繰り返しながら幕末を迎えた。藩主**森忠典**《もりただつね》は勤王派寄りで、鳥羽伏見の戦いの時には大坂にあった兵を勝負の帰趨《きすう》がつく以前に引き揚げた。岡山藩などによる姫路討伐にも協力した。一八六八年に忠儀《ただよし》が嗣ぎ、最後の藩主となる。

櫓や門が復元され、「忠臣蔵」目当ての観光客を迎える。

播磨 三日月藩《みかづき》

山中鹿之助《やまなかしかのすけ》で有名な三日月(一万五千石)は、赤穂と同系の森《もり》氏が藩主だった。勤王に早くからまとまり、北越や庄内で最後の藩主の**森俊滋《とししげ》**自ら兵を率いて戦った。家臣が江戸藩邸から引き揚げるときに乗船賃がなく、すでに什器などは混乱で売りさばける状態でなく、前藩主夫人形見の金貨を売却したが、藩主はその機転をよしとしたという。

播磨 福本藩《ふくもと》

鳥取藩の支藩であえる福本藩(一万石)は、一八六八年になって池田喜通《よしみち》が旗本から大名に昇格した。その一カ月後に**池田徳潤《のります》**が嗣いで、版籍奉還となる。

関東の覇者だった北条氏の血筋は河内に続く

和泉《いずみ》 岸和田藩《きしわだ》

だんじり祭にプロ野球の清原選手で有名な岸和田藩(五万三千石)の岡部《おかべ》氏は、駿河《するが》の土豪である。鳥羽伏見の戦いの時に藩主**岡部長寛**《ながひろ》(58)は江戸にあったが、国元では家老・岡部結城《ゆうき》のもとで官軍寄りの姿勢を見せ、戦いのあと京都に入って警備に当たっている。兵をあまり出すことなく、そのかわりに七千両を拠出した。ただ、岡部結城と反対勢力の間で内紛が起こり信用を失墜した。

最後の藩主の長職《ながもと》は、英米に留学し、駐ドイツ公使、桂太郎内閣の司法大臣などを務め、枢密院の一員にもなった。村山家の養子となり長く朝日新聞社長を務めた長挙は、岡部家の出身である。

戦後に建てられた華麗な天守閣は、関西空港へ向かうJR特急「はるか」からよく見える。

和泉　伯太《はかた》藩

和泉市の伯太藩(一万三千石)は、譜代の渡辺《わたなべ》氏が藩主だった。最後の藩主**渡辺章綱**《あきつな》は模様眺めだったが、鳥羽伏見の戦いのあと上京し、新政府に恭順した。

河内《かわち》　狭山《さやま》藩

奈良時代の僧・行基《ぎょうき》が築いた狭山池で有名な大阪狭山(一万石)には、北条氏の陣屋があった。北条氏は、小田原攻めのあとも、ここでひっそりと続いていたのである。
最後の藩主**北条氏恭**《うじゆき》は一八六七年の一一月二九日には上洛し、早々に新政府に恭順し、鳥羽伏見の戦いに当たっては京都四ツ塚門の警備を行った。ただ、財政難から廃藩置県を待たずに堺県に吸収された。子孫から北条儁八《しゅんぱち》、浩《ひろし》という創価学会幹部を出している。

河内　丹南《たんなん》藩

三笠宮妃殿下の実家である丹南藩（一万石）の陣屋は、松原《まつばら》市にあった。高木《たかぎ》家はもとは水野家に仕えていた。最後の殿さまの**高木正坦**《まさひら》は幕府の大番頭を務めていたこともあって江戸にあり、上洛が遅れ不興をかったが、大事に至らなかった。

摂津　高槻《たかつき》藩

キリシタン大名であった高山右近《たかやまうこん》の居城だった高槻（三万六千石）は、櫛羅《くしら》藩永井氏の分家が入部した。鳥羽伏見の戦いの際には、天王山の合戦のおりに筒井順慶《つついじゅんけい》が日和見を決め込んだことで知られる洞ケ峠《ほらがとうげ》にいて、やはり帰趨がはっきりしてから官軍寄りに動いた。最後の藩主**永井直諒**《なおまさ》は江戸にあったが、戦いが終わった直後の一月八日に京都に入って新政府に忠誠を誓った。城跡には何も残っていないが、石垣らしきものが少し再現されている。

摂津　麻田《あさだ》藩

豊中市には麻田藩（一万石）の陣屋があり、藩主は青木《あおき》氏である。最後の藩主の**青木重義《しげよし》**は江戸にあって上京が遅れたが、なんとか官軍に忠誠を誓い、京都市内の警備などに兵を出した。養子の信光（常陸松岡《ひたちまつおか》藩中山家出身）が貴族院の実力者として活躍した。

尊攘急進派集団・天誅組の決起に大慌て

大和《やまと》　郡山《こおりやま》藩

大和国で最大の城下町は郡山（一五万一千石）である。豊臣秀長が築いた城だが、八代将軍吉宗の時代に柳沢吉保《やなぎさわよしやす》の子である吉里《よしさと》が甲府から移ってきた。

最後の藩主**柳沢保申《やすのぶ》**(21)の時代になっての大事件は、天誅組《てんちゅうぐみ》の決起である。孝明《こうめい》天皇が攘夷のために神武《じんむ》天皇陵に「親征」するという話があったところ、その先駆として、明治天皇の叔父に当たる中山忠光《なかやまただみつ》を総帥に土佐藩浪士吉村寅太郎《よしむらとらたろう》らが五条の代官所を襲撃したが、郡山藩はこれを先頭に立ち鎮圧した。

鳥羽伏見の戦いのあと速やかに五条にあって、公卿のなかでも独自の動きをしていた鷲尾《わしお》隆聚《たかつむ》に恭順を申し入れ、一月二九日には上京した。その後、畿内の警備のほか、磐城《いわき》地方などにあって輜重《しちょう》を担当した。明治になって第六十八銀行の設立など地元の発展に尽くした。本丸付近の石垣が残り、御弓櫓などが復元されて、少し城下町らしくなった。

大和　高取藩《たかとり》

大和盆地の最南部にある高取藩（二万五千石）は、植村《うえむら》氏が藩主だった。十津川《とつがわ》郷士らによる天誅組の挙兵に最初は協力したが、討伐命令が出たのち、逆に城を攻撃されたので撃退している。鳥羽伏見の戦いの際に藩主**植村家保《いえやす》**は江戸にあったが、藩士は京都御所の警護にあたった。一八六九年に家壺《いえひろ》が最後の藩主となった。標高五八四メートルの山上に立派な石垣が残る。

大和　小泉藩《こいずみ》

大和郡山にある小泉(一万一千石)には、片桐《かたぎり》家の陣屋があった。片桐且元《かつもと》と行動を共にした弟貞隆《さだたか》の子孫で、二代目の藩主が茶道石州流と慈光院を創始した。最後の藩主**片桐貞篤**《さだあつ》は、鳥羽伏見の戦いのあと泉州海岸警備の兵を引き揚げ恭順した。

大和 櫛羅《くしら》藩

葛城《かつらぎ》山の麓の櫛羅[新庄《しんじょう》]藩(一万石)は、一八六三年に定府大名だった永井《ながい》家が新たに陣屋をもうけたもので、それ以前は新庄藩と呼ばれていた。鳥羽伏見の戦いのあと恭順した。最後の藩主の**永井直哉**《なおちか》は高岡藩井上家からの養子。

大和 芝村《しばむら》藩・柳本《やなぎもと》藩

奈良盆地の東側の山沿いに芝村藩(一万石)と柳本藩(一万石)の陣屋があるが、藩主はいずれも信長の末弟で茶人として知られる織田有楽斉《おだうらくさい》の子孫である。いずれも大勢に沿って恭順したが、上京したのは芝村藩のほうが早かった。芝村藩最後の藩主**織田長易**《ながやす》は苗木《なえぎ》藩遠山《とおやま》家からの養子である。柳本藩の**織田信成**《のぶしげ》は崇神《すじん》天皇陵などの修築に力を注いだ。一八六八年に信及《のぶつぐ》が嗣いで、版籍奉還を迎えている。

大和　**柳生藩**《やぎゅう》

奈良春日山の裏にある柳生（一万石）の里は、徳川三代に仕えた剣豪柳生宗矩《むねのり》の故郷だが、ここにその子孫が領地を持っていた。定府大名だったが、一八六七年一二月に船で鳥羽まで帰ったところ、佐幕派の江戸詰と勤王派の国元の藩士が争い、最後の藩主で若年の**柳生俊益**《としはす》では捌《さば》ききれず、死者まで出た。やがて佐幕派が粛清された。

大和　**田原本藩**《たわらもと》

交代寄合**平野長裕**《ひらのながひろ》が一八六八年に大名として認められ、従来あった陣屋を藩庁とした（一万石）。たった一代の殿さまである。

官軍とわざとすれ違い大目玉を喰らった松江藩

出雲《いずも》　**松江藩**《まつえ》

松江藩（一八万六千石）は越前松平の分家で、一八世紀後半の不昧《ふまい》公治郷《はるさと》が美しい文化の華を開かせた。最後の藩主は、同じ越前系の津山藩松平氏から養子に入った**松平定安《さだやす》**（32）である。

征長戦では石州口で戦ったが敗れた。その後の松江藩の対応は、情報伝達のずれに振り回されたものだった。鳥羽伏見の戦いのときには、御所守衛のために派遣された松江藩の部隊がたまたま大坂を通ったところ、幕府から出動依頼を受けた。最初は事情がよく呑み込めずに承知したが、在坂、在京の重役が必死の思いでこれを止めた。戦闘終結直後に、ようやく京都に入ったが、すでに持ち場には他の藩の兵がいて、山崎へ回るように命令された。

松江ではあわてて会議が開かれ、藩主定安が急ぎ上洛することとなり、一月一九日に出発、二九日には京都に入った。ところが、山陰道を進むとき、鎮撫使と別ルートを通って会わないようにしたと疑われることになる。そして、家老が責任をとって切腹する覚悟を決めたが、京都では必要がないという言質《げんち》を取り付け、それが本国に届いたので許された。

藩主はしばらく在京を要求され、その間、鎮撫使は松江城に二月二八日に入り、ここで恭順の儀式などを仰々しく行い、出雲大社に参拝ののち去っていった。

その後、松江藩兵は東北での戦いに参加したが、帰りには軍艦一番八雲丸が能登沖で沈没するなど、とことんついていない松江の幕末維新であった。

堀尾氏がつくった三層五階の天守閣が健在で、宍道湖《しんじ》に面し、小泉八雲《こいずみやくも》が愛した美しい城下町には観光船が走り名物になっている。また、江戸中期の名君不昧公によって茶道が盛んとなり、数多くの銘菓がある。

出雲　広瀬《ひろせ》藩・母里《もり》藩

尼子《あまこ》氏の本拠だった広瀬(三万石)と、鳥取県との県境に近く、やはり安来《やすぎ》市から少し中国山地へ向かった能義《のぎ》郡伯太《はくた》町の母里(一万石)には、それぞれ松江藩支藩があった。

一八六八年一月に松江藩が勤王を決めた際に、「広瀬、母里、江戸藩邸は京坂の事情に疎いので幕府に荷担する怖れもある」として使者を立てて帰国を促した。広瀬最後の藩主**松平直巳《なおおき》**もあわてて江戸を離れ、途中、四日市で東征軍に挨拶し、上京し官軍に参加した。母里藩は定府大名で、最後の藩主**松平直哉《なおとし》**も第一次征長の際に初めてお国入りしたが、藩邸すらなかったという。藩士全員が江戸を引き払い領地へ向かった。

広瀬藩の国元では総督府に家老の切腹などを申し出たが必要がないといわれて止め、花見に浮かれていると思われては困るというので、陣屋の桜の木一〇〇本を切って謹慎の意を示したが、惜しいことをした。

慶喜の実兄なのに長州寄りだった鳥取藩主

因幡《いなば》 鳥取《とっとり》藩

岡山と鳥取(三二万五千石)はいずれも池田家であり、石高もほぼ同じである。しかも、幕末の藩主はどちらも水戸斉昭の子だという双子藩なのである。こうなったのは、岡山の池田家が宗家ではあるが、鳥取藩祖の忠雄《ただかつ》が、長男ではないが家康の娘督姫の息子だったからである。当初は忠雄家が岡山に、本家が姫路にあったが、藩主幼少により本家が鳥取に移され、さらにのちに鳥取と岡山を交換ということになった。そういうことで、鳥取藩は準家門扱いで松平を名乗り、格はむしろ岡山藩より高かった。

ペリー来航に際して幕府に出した意見書で、最後の藩主**池田慶徳《よしのり》**(30)は、「漂流民の救済や薪水《しんすい》などの供給は仕方ないが通商は絶対に断るべき」とした。一八六二年には将軍家茂《いえもち》とともに賀茂《かも》行幸に供奉したが、大和行幸について延期を直奏したことから藩内の尊王攘夷派が激昂し、京都本圀寺《ほんこくじ》で重臣を誅すという事件が起きた。

鳥取藩では、地理的に近いこともあり、長州藩への親近感が高かった。また、水戸斉昭の影響で尊王攘夷に共鳴するところもあった。八月一八日政変や禁門の変ののちも長州に好意的で、弟の慶喜を「兄といえども」と嘆かせた。第二次征長では石州口に兵を出したが藩内の反発も強かった。

鳥羽伏見の戦いでは在京の家老・荒尾成章《あらおしげあきら》が独断で官軍側に兵を出したが、大砲の性能が悪く、発射と同時に砲身が崩れるという失態を演じもした。ここに至っても慶徳は慶喜と兄弟であることを気に病み、「(慶喜などが)反逆の所業、骨肉の臣慶徳に於いては、朝廷に謝罪の道御座無く」ということで、官軍につくのでなく謹慎し藩主を辞めたいと言い出した。

しかし、鳥取城に入った山陰鎮撫使・西園寺公望《さいおんじきんもち》はこれを慰留し、鳥取藩は各地に兵を出した。藩士・河田佐久馬は東山道総督参謀となり、また、伯耆《ほうき》の農民兵を集めた松波隊や丹波の山国隊も鳥取藩の指揮下で戦った。とくに甲斐《かい》では近藤勇の率いる甲陽鎮撫隊を敗走させ、東北戦線でも活躍した。死者七八名を数えたが、賞典禄三万石を得た。ただし、農民兵などへの戦後の処置は冷たいものだったと伝えられる。

久松山頂と麓に石垣が残るほか、城門がわずかに現存する。

因幡　若桜《わかさ》藩・鹿野《しかの》藩

鳥取藩には支藩が二つあったが、氷ノ山の麓に若桜［鳥取新田《とっとりしんでん》］藩（一万五千石）があった。最後の藩主の**池田徳定《のりさだ》**は鳥取藩と行動をともにし、京都知恩院《ちおんいん》にあった英国公使館の警備をしたり、鳥羽伏見の戦いにも参加した。

白兎《はくと》海岸に近い鹿野には、一八六八年一二月に鹿野［鳥取新田・鹿奴《しかの》］藩（三万石）が陣屋を置いた。最後の藩主**池田徳澄《のりずみ》**は、明治天皇東幸の際に本藩藩主の代理として後詰めを務めた。

但馬《たじま》　出石《いずし》藩

名物の皿蕎麦《さらそば》で知られる出石（三万石）は、秀吉に仕えた仙石《せんごく》氏の城下町である。天保年間に、財政難を産業振興策か緊縮財政かのどちらで乗り切るかということに端を発した仙石騒動で揺れたこの藩では、藩論は佐幕的だったが、最後の藩主**仙石久利《ひさとし》**は比較的に勤王的心情だった。上洛途上に鳥羽伏見の戦いが起こり、山陰鎮撫使に官軍への協力を申し出た。

時計台になっている辰振櫓のほか、復元隅櫓、城同様の構えの寺院、武家屋敷など、城下町としての風情が豊かで、名物の皿蕎麦の魅力もあって観光地として賑わう。

但馬　**豊岡藩**《とよおか》

現代の但馬地方の中心都市である豊岡(一万五千石)は、京極家が藩主だった。宗家である京極高次《たかつぐ》に始まる丸亀藩の系統でなく、弟である高知《たかとも》の子孫である。藩主**京極高厚**《たかあつ》は江戸にあって佐幕的だったが、国元は京都の警護につき態勢に従い恭順し、最後の藩主の高厚も京都へ向かって一月一九日に発った。のちに貴族院議員になる。

但馬　**村岡藩**《むらおか》

室町時代の名族・山名《やまな》氏の末裔である旗本**山名義済**《よしなり》は、一八六八年に村岡藩として大名になった(一万一千石)。そのまま版籍奉還を迎えている。

藩を挙げて謹慎した宮津藩

丹波　**亀山藩**《かめやま》

明智光秀《あけちみつひで》の丹波における本拠地だった亀山［亀岡《かめおか》］（五万石）には、一四松平のひとつである形原松平家があった。井伊直弼の正室がこの藩出身であったこともあって幕政に関与し、安政の大獄などにも協力した。また、信義《のぶよし》は桜田門外の変ののちの一八六〇年から三年間老中を務め、外国御用取扱だった。最後の藩主は、**松平信正《のぶまさ》**（15）。

鳥羽伏見の戦いの最中、官軍は敗戦の場合に天皇を連れて山陰道方面に逃げることを計画し、西園寺公望を総督として山陰道鎮撫使を出発させ、百人一首で有名な小倉山の裏から亀山城を威嚇した。藩の重役が藩論をまとめきれないまま応対したが、官軍は強硬に出て城に砲撃を加えたので藩はただちに降参し、官軍に加わった。一八六九年、伊勢亀山との混同を避けるために亀岡と改称させられた。

藤堂高虎が今治《いまばり》から移した四層の天守閣があったが、古写真が残るのみで、城跡は大本教団の施設となっている。

丹波　園部《そのべ》藩

野中広務の地元として有名になった園部（二万六千石）は、大政所の妹と結婚した秀政を祖とする小出《こいで》氏があった。

最後の藩主**小出英尚**《ふさなお》は素早く勤王で動き、鳥羽伏見の戦いの際には京都市中の警備を率先して行った。また、山陰鎮撫使を城内に泊め、この時、京北町《けいほく》から山国隊士隊が合流している。時代祭の先頭を進む鼓笛隊は彼らである。さらに、緊急時に天皇を迎えられるように、園部城の大修理を行った。天下の形勢が官軍に傾くなかで無用のものとなったが、おかげで城跡はなかなかの偉容を示している。

丹波 **綾部**《あやべ》**藩**

グンゼ発祥の地・綾部(一万九千石)は、三田藩と同じ九鬼《くき》氏である。天保期を中心に四〇年以上も藩主だった九鬼隆都《たかひろ》は、名君として知られ、佐藤信淵《さとうのぶひろ》を招いて農政改革を担当させた。幕府でも大坂城番や海岸防御御用取扱を担当した。

最後の藩主**九鬼隆備**《たかとも》は、禁門の変では幕府方で活躍したが、いち早く官軍につき、鳥羽伏見の戦いにあって丹波口の警備を担当し、山陰鎮撫使にも協力した。

丹波 **山家**《やまが》**藩**

綾部市内の山家藩(一万石)は、近江の犬上《いぬかみ》郡出身の谷《たに》氏の陣屋があった。最後の藩主**谷衛**《もり》

滋《しげ》は鳥羽伏見の戦いのとき江戸にあったが、ちょうど、戦中の一月四日に江戸を発ち上京し、タイミング良く官軍に恭順を誓った。国元でもすばやく行動し、山陰鎮撫使に下っている。

丹波　福知山《ふくちやま》藩

福知山（三万二千石）には、近江高島郡の朽木谷《くつき》出身の朽木氏があった。最後の藩主の**朽木為綱**《もりつな》は、鳥羽伏見の戦いのあと恭順し官軍に加わったが、戦いの最中に大坂で藩士が薩摩兵を逮捕負傷させていたことで薩摩の怒りを買った。責任者が切腹しその首級を差し出すことで許しを請い、北越方面に出兵した。

城門続櫓が残るほか、近年になってこの城を最初に築いた光秀の時代の様式を想像して天守閣が復元された。

丹後《たんご》　田辺《たなべ》藩

東郷《とうごう》元帥が鎮守府長官として赴任したこともあり、「肉じゃが」発祥の地を名乗る田辺［舞鶴《まいづる》］（三万五千石）は、もともと田辺と呼ばれていた。長岡藩分家の牧野《まきの》氏が殿さまで、黒船来航時には積極的に開国すべきという意見を出した。征長戦の時にも、日本海に長州軍が上陸することから守る方が大事ということで派兵を回避した。大政奉還後も藩主**牧野誠成**《たかしげ》が江戸にあるまま恭順を決め、京都を海からの襲撃から守る必要があるとして出兵はしなかった。紀伊藩家老の安藤氏が田辺藩を立藩したために、混同を避けるために城の別名を取って舞鶴と改称した。一八六九年に弼成《すけしげ》が嗣いで、版籍奉還となった。

堂々とした城門が復元されている。

丹後　峯山《みねやま》藩

丹後縮緬《ちりめん》の産地である峯山(一万一千石)には、豊岡と同じ京極家があった。藩主**京極高富**《たかとみ》は若年寄として江戸にあったが、国元では官軍に恭順した。藩主の上京が四月まで遅れ、謹慎隠居させられ、最後の藩主となる高陳《たかのぶ》が嗣いだ。

丹後　宮津《みやづ》藩

天橋立《あまのはしだて》がある宮津藩(七万石)の本庄《ほんじょう》(本荘)氏の藩祖の姉は、五代将軍綱吉の母である桂《けい》昌院《しょういん》(本名「お玉」)である。「玉の輿」という言葉はこの桂昌院に由来するといわれる。

宗秀《むねひで》(58)は桜田門外の変のあと大坂城代、京都所司代、溜間詰を務め、一八六四年に老中となった。兵庫開港延期交渉などを担当し、第二次征長では広島で総督紀伊茂承を補佐した。このとき、捕虜となっていた長州藩家老・宍戸備後介、小田村素太郎を釈放して和平工作を試みたが、独断専行ということで大坂に召還され、老中免職、隠居謹慎となった。

鳥羽伏見の戦いにあっては、八幡を守り、幕府軍を追って淀川を下る長州軍に発砲した。このため入京禁止となり、西園寺公望が率いる山陰道鎮撫使の主要な標的とされた。藩内は大慌てとなり、「勢いの良かった者が皆いじけて隊伍を解いて宮津に引き取り」、外出禁止などで藩内総謹慎体制に入った。鎮撫使側は藩内の寺社などの葵の紋をすべて取り去ることを命じ、六〇〇名が抵抗もなく市内に入った。そして、征長戦での長州藩家老釈放が評価されて帰順が許され、北越などへ藩士が派遣された。一八六七年に、**本庄宗武**《むねたけ》(21)が最後の藩主となった。

宗秀は維新後、中教正、神宮大宮司などを務めた。

この宮津は私の大好きな町のひとつである。城跡は市街地化して何も残っていないが、この教会は長崎に次いで日本で二番目に古い教会建築で、内部は畳敷きである。鎮撫使総督西園寺公望は宮津に入ったときに呑気に天橋立観光を楽しんでいるが、天橋立は杭州《こうしゅう》の西湖をダイナミックにしたような風景が中国人にも人気で、日本で有数の国際的な観光地になるだけの資格がある。

ひっそりと忘れられたように生きてきたこの町だが、交通も便利になりつつあり、案外と一周遅れのランナーと見えたのが、かえって二一世紀には一周先行だったということになればよいと思っている。


こうして、西国の諸大名たちの動きを見ていると、政治のメインステージだった京都に近いこともあり、また、西日本人的な現実主義でもって、各藩では新しい情勢に敏感に反応し、朝敵とされたようなところも冷静な対処で大事にならないように立ち回るのに成功したといえるだろう。

また、「錦の御旗」の威力の絶大さも印象的である。歴史を見る場合には、現代人のそれではなく、当時の人々の歴史などについての知識を基準にしなくてはならないのは当然である。

このころ、後醍醐天皇の故事などというものは、現代人にとってとは比べものにならないほどの重さと絶対性があった。そうであればこそ、後醍醐帝が鎌倉幕府打倒の際に使った伝説の「錦の御旗」が登場したからには、それに刃向かうことはよほどの勇気が必要だったのである。

やがて、逢坂《おうさか》の関の跡があり、そこから右に「かねよ」という鰻屋や上蟬丸《かみせみまる》神社横の旧街道に出て、すぐに国道に戻り、いったん左に曲がりついで右に歩道橋を渡って山科の旧三条通に出る。しばらく進んで三条通に出て、ガードをくぐったあと左の細い道に入って、山沿いに九条山付近まで行って三条通に合流。やがて京の都が眼下に見下ろせる。旅人はここで花の都に着いたことを感激しつつ、ウェスティン都ホテル付近にあった茶店で身繕いをして京都に入ったということらしい。

旧東海道（日本橋から川崎宿）

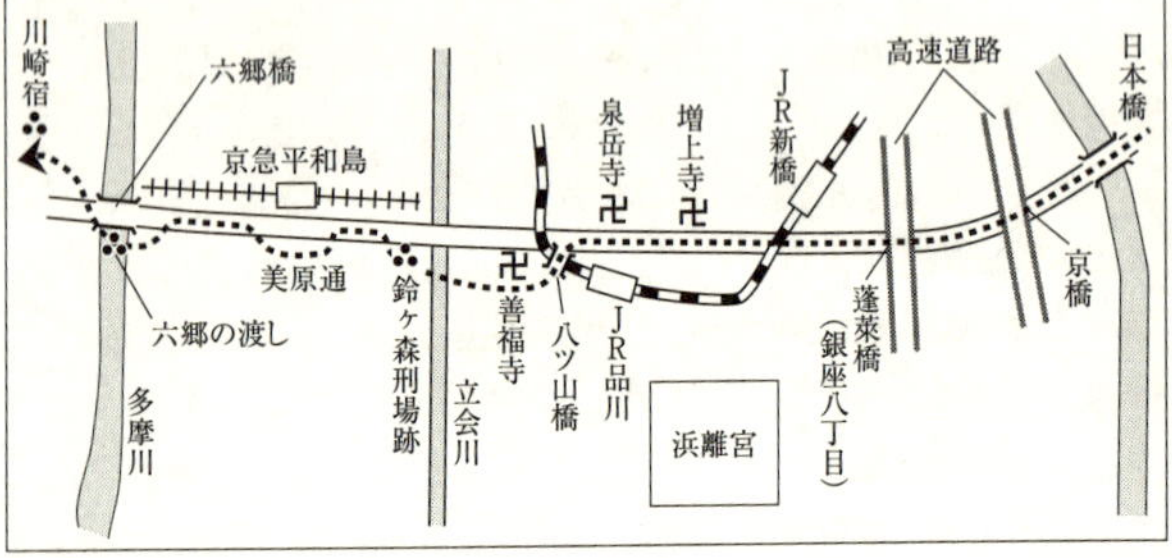

旧東海道（草津宿から三条大橋）

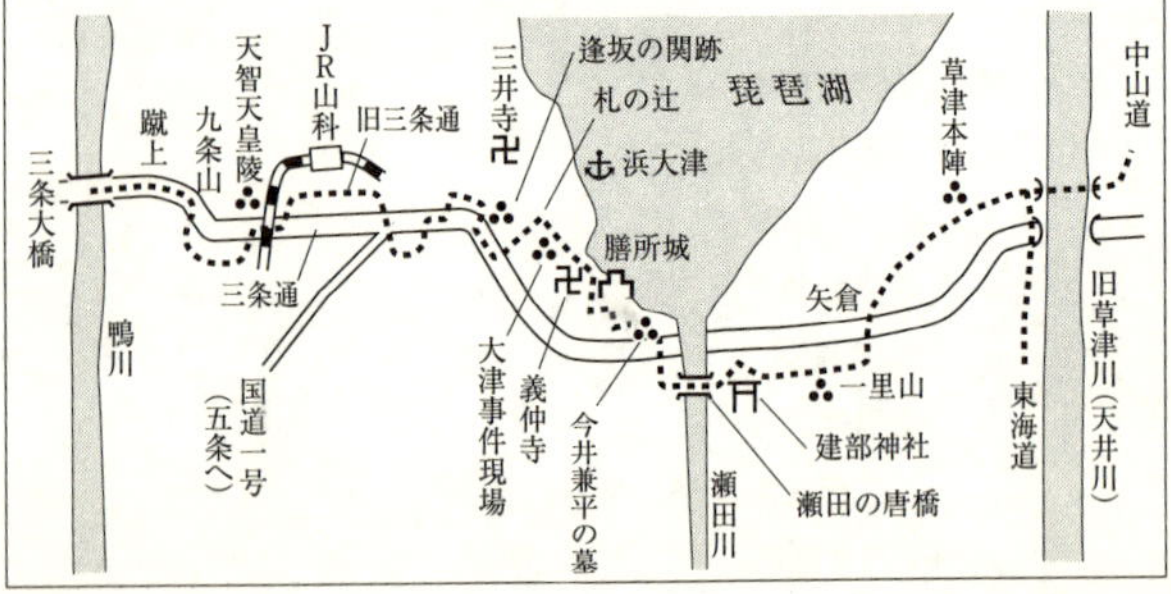

京都の入口、江戸の出口

東海道や中山道の開闢《かいびゃく》400年ということで、旧街道を歩いてみようというのがちょっとブームになっている。ここでは、東海道の江戸の出口と京都の入口を歩いてみてはということで、案内する。

東海道の出発点はいうまでもなくお江戸日本橋である。ここから銀座(中央)通を行くと京橋、ついで、銀座八丁目でそれぞれ高速道路の下をくぐるが、ここにはいずれも堀があり橋がかかっていた。そして、新橋駅から第一京浜をそのまま行くが、浜離宮を過ぎたあたりからは東側が海辺に面した道だった。西側は泉岳寺などが高台にあり、まさに絶景だったはずである。そして、品川駅の先の八ツ山橋を渡って旧東海道に入ると品川宿で、地元の商店街が宿場町の観光にも取り組んでいる。

さらに先へ行くと鈴ケ森の刑場跡を通る。このあと第一京浜に戻るがすぐに美原《みはら》通に入り、やがて多摩川に出ると、昔は橋がなく六郷《ろくごう》の渡しがあった。橋が架けられていた時期もあるのだが、流されたのと防衛上の観点からそういうことにしたのだろう。そして、多摩川を渡ると川崎宿である。

京都の玄関には草津から出発しよう。よく保存されている草津の本陣を見学して、大津方面へ旧道を向かい、矢倉《やぐら》で国道を横切って曲がりくねった道を進み、一里塚《いちりづか》があった一里山というところを抜けて、武田信玄が旗指物《はたさしもの》を掛けることを夢見た瀬田《せた》の唐橋《からはし》に至る。鳥居川の商店街を抜け、石山駅横の今井兼平《いまいかねひら》の墓の近くを通ると、膳所《ぜぜ》城の南門跡がある。城下町のなかを曲がりくねりながら抜けると大津に入る。松尾芭蕉と源義仲《よしなか》の墓がある義仲寺の前を通るが、このあたりは、昭和30年頃までは琵琶湖に面していた。京町通りを行くとロシア皇太子が遭難した大津事件の現場を通り、札《ふだ》の辻《つじ》というところで左に曲がり京阪電車に沿って坂道を上ると国道一号線に合流する。このあたりから琵琶湖を見下ろす風景は東海道でも屈指のものだったらしい。

第七章

殿さまたちの明治・大正・昭和・平成

土佐藩主・山内豊範と高知城

戊辰戦争の拍子抜けするほど寛大な処分

「南部藩は朝敵だったので青森、岩手両県に分けられた」「薩長が会津を恨んでいたので県庁は福島になった」「官軍側にあっては鹿児島など藩の名前がそのまま県名になったが、朝敵だったところは仙台が宮城県などと違う名前にされた」「彦根の井伊の殿さまは安政の大獄の恨みで侯爵でなく伯爵にしかなれなかった」などという俗説が広く信じられている。しかし、本当のところはすべて嘘である。

「大政奉還」と「王政復古」が、「殿さま」とか「藩」といったものも葬り去ってしまうであろうと誰しもが予想していたわけでない。しかし、西洋の歴史を知らなくても東洋のそれには精通している当時の知識人たちが、秦《しん》の始皇帝《しこうてい》が打ち立てた「郡県制」（全国をほぼ同サイズの地域に分け、中央政府がその統治者を任期制で任命する制度）が、周《しゅう》の時代の「封建制」（功績に応じた規模で国土を世襲の支配者に分け与える制度）にかわるべき有力な選択であることに気付かないはずがなかった。

さらに、当時もっとも参考とすべきだと考えられたフランスの地方制度も、ナポレオンの時代にイエズス会の宣教師たちが紹介した古代中国のシステムを模したものだった。

幕府が崩壊したのちに、まずやらなくてはならないことは、幕府領などから新政府の直轄地となった地域に統治機構を置くことであった。それは、最初は「鎮台」、ついで「裁判所」と呼ばれ、やがて、重要地域では「府」、それ以外では「県」とされ、一八六八年のうちに次々と創立された。知事には、諸藩の武士などが当てられ、よく知られるところでは伊藤博文が兵庫県知事に就任した。

各藩はそのままだったが、この年の一二月七日には皇居大広間に藩主などが集められ、戊辰戦争の処分が伝達された。処分は拍子抜けするほど寛大なもので、取り潰しになったのは、会津、請西のみだった。天下泰平の江戸時代ですら、除封はそれほど珍しいものでなかったのだから、驚くべき寛容さである。しかも、会津藩は翌年には斗南三万石で復活している。

減封となったのは二三藩で、長岡、仙台、桑名、備中松山を除くと、半減にもされなかった。関ケ原の戦いのあととは大違いである。盛岡藩が白石へいったん移ったりしたが、駿河、遠江の各藩が徳川家による静岡藩設立のために房総半島に移されているとか、陣屋が焼けたなどの理由で自ら移転している藩もあるのだから、過酷な措置ともいえないし、米沢藩の会津転封なども結局は新政府に献金することで取り消された。

天皇の「御親断」による慈悲が強調され、外患も厳しいなかで国内融和を図っていこうという意図が示されたのだが、これは木戸孝允の意見がものをいった結果である。つまり、戊辰戦争の敗者への寛大な処分は、彼らの大嫌いな長州のおかげなのである。

一方、戊辰戦争の報奨は、少し遅れるが翌年の六月に発表された。賞典禄として薩摩と長州の一〇万石、土佐の四万石などと続き、現金での交付もあった。幕末維新全体への貢献というよりは、戊辰戦争における功績への報奨とか損失に対する補償の意味合いが強かった。鳥羽伏見の戦いでは幕府軍につきながら東北などで奮迅《ふんじん》の働きをした大垣藩への高い評価が、そうした事情を如実に示している。

藩のトップから外された殿さまたち

ついで、一八六九年一月には「版籍奉還」が行われる。そもそも各藩の領地は将軍から与えられたのだから、新政府のもとでは統治の正統性はあやふやなものであり、朝敵とされた姫路藩のようなところでは藩主の権威すら崩壊し、いったん版籍を奉還して新たに頂きたいと自主的に申し出てきたほどである。

そこで、大久保利通(薩摩)、広沢真臣《ひろさわさねおみ》(長州)、板垣退助(土佐)が京都の円山で三者会談を行って大筋を固め、ここに肥前を加えた薩長土肥の四藩主による建白書を提出したのを皮切りに、すべての藩主がいったん版籍を奉還した。このときに、封土の再交付はしなかったが、各藩の藩主は知藩事に任命され、世襲の原則はとられなかったものの、とりあえずは何もかわらないように見えた。

このとき、公卿と諸侯という区別が否定され、「華族」という身分が創設された。知藩事の家禄は収入の一割ということになるなど、藩主一家への優遇は続いたが、とりあえず、藩主の家計と藩財政の境界が明確化された。同時に藩士たちは「士族」とされ、藩主との主従関係が断ち切られ、藩の内政も中央政府の強い指導のもとに置かれるようになった。

しかし、これが過渡期的な措置であることは明らかであった。また、藩によっては財政難で立ち行かなくなるところも出てきて、自主的に廃藩してしまったところが一三もあった。支藩などで宗藩に吸収されたのが、敦賀(鞠山)、福本、高須、徳山の四藩、直轄地である県に吸収されたり新たに県に模様替えされたのが、吉井、狭山、盛岡、長岡、多度津、丸亀、竜岡、大溝、津和野の九藩であった。

そしてまた、いずれは郡県制に向かうのであろうということは、この時点で多くの人が予想した。そして、一八七一年七月になって、ついに、山県有朋と井上馨が提出した「書生論」を基礎に、木戸、西郷が決断して、「廃藩置県」が断行される。島津久光が、かつての家臣たちにだまされたと花火などをあげて憂さを晴らしたのはこのときのことである。そして、旧藩主たちは新しい知事には任命されず、東京での生活を強制された。

殿さま家族は喜んで東京にお引越

この廃藩置県という大変革に、外国人たちは驚き称賛した。

「日本政府は藩並びに大名の身分の撤廃の法令を発布した。この法令により、三〇〇年以上にわたって統治者だった人々は平民の身分に引きずりおろされた」（ニューヨーク・タイムズ）、「大名の封建権力の突然の崩壊はこの上なく完全な変革であった」（ノースチャイナ・ヘラルド）、「まさに青天《せいてん》の霹靂《へきれき》、政治の大変動が地震のように日本を中心から揺り動かした」（『明治日本体験記』より。福井にあった英語教師グリフィス著、山下英一訳）。

外国人たちはあまりにも早い改革を危惧したが、現実には藩主たちからの反対はさほどのものではなかった。理由は色々あるが、藩主にしてみればメリットも大きかったのである。

第一に、藩札、藩債の償還の面倒は国がみてくれることになったことである。いってみれば、赤字中小企業の社長が社長の座を降りるかわりに、個人保証をしている借入金の保証を外してもらうようなものだから悪い話ではない。

第二は、東京での生活の魅力である。第一章でも書いたように、江戸時代の大名一家は江戸を生活の本拠にして、一年ごとに藩主だけが領国に単身赴任していたのである。江戸には楽しい社交生活があった。ところが、文久年間に参勤交代が緩和されて領国に住めるようになったことは、財政を預かる家臣たちからは歓迎されたのだが、それが殿さま一家から喜ばれたとは思えない。とくに奥方たちは、ほとんどが別の大名家の娘なのだから、親元から遠く離されることを意味していたのである。それが、もとの楽しい生活に復帰できるのだから反対する理由などあろうはずがない。

こうして、広島における「武一騒動」など、旧藩主引き留め運動もないわけでもなかったが、さほどの混乱もなく、徳川幕府三〇〇年の古い制度は、ここに終焉を迎えたわけである。再びグリフィスの回顧録を引用すれば、一八七一年一〇月一日、福井城の大広間に藩士たち三千人が集められ、「遥か永遠に思いを馳せながら(封建制度の)厳粛なる埋葬」に立ち会った。翌日、最後の藩主となった松平茂昭が東京へ旅立つときには、幾千もの民衆が押し寄せ殿さまの行列を見送ったが、「人々のすすり泣きはやがて号泣となった」のである。

廃藩置県のルールブック

廃藩置県によって殿さまたちは彼らの領地から永遠に引き離されたから、その後の都道府県のあり方がどうであったか、直接には彼らに係わる問題ではない。しかし、現在の都道府県について、その領域、都道府県庁所在地の選定、名称などが、幕末維新のときに官軍に好意的であったか敵対的であったかに影響されているとすれば、本書のテーマを考えるうえでも避けて通れない問題である。

この問題を考える場合に、まず、頭に置いておく必要があるのは、廃藩置県から現在の四七都道府県制に至るまでには、いくつかのステップがあるということである。まず、廃藩置県の段階では、それまでの藩をそのまま県に変えただけであったので、版籍奉還時の二七四藩から自主的に廃藩した一三藩を差し引いた二六一藩がそのまま県になって、それ以前からの県とあわせて「三府三〇二県」体制となった。

しかし、効率的に中央集権体制を運用するためには、ある程度、サイズをそろえる必要があることから、再編成は不可避であった。そこで大久保利通主導のもとで「三府七三県」の大蔵省案が提案されたが、それに微修正を加えて一一月には「三府七二県」となった。

その後も手直しが続くが、一八七六年には、現在の姿に近い「三府三九県＋北海道開拓使＋琉球藩」となり、その後、徳島、福井、鳥取、富山、佐賀、宮崎、奈良が地元の強い要請で分離独立し、開拓使が三県体制を経て北海道となり、沖縄が内地と同じ県となることで現在の「四七道府県」が出来上がった(東京府が東京都になるのは昭和になってから)。

したがって、基本的な分析の対象となるのは、なぜ「三府七三県」が形成され、それが大幅修正されて「三府三九県」になり、さらに、その後の微修正の意味は何かということだ。

まず、領域については、旧国を基準にしつつサイズをそろえるために分割、あるいは併合をするという哲学が、「三府七三県」から「四七道府県」まで一貫したものである。現在の四七都道府県でその原則の例外になるのは、まず、神戸、横浜、長崎という三重要港湾都市に県庁を置きたいということが先にありきで、それにふさわしい県域を無理を承知で決定したことである。この三つの都市は、その県それぞれの中央部から遠く離れており適地とは思えないのである。あとは、紀伊の東部を三重県に編入した、利根川の流路の変更で下総北部が千葉より水戸に便利になっていたので一体化させた、豊前を二分割して福岡県と大分県に分けた、といったケースだけである(東北地方は一八六七年に陸奥・出羽二国から七国に分けられたが、この境界から県に移行する際には、かなりの変更がされている)。

藩の領域については、「官軍・賊軍」とは関係なく、考慮の外になっていると断言できる。しいていえば、「三府七三県」において、超大藩の領地は二から三割するという方針があり、薩摩、仙台、加賀藩に適用されているとか、広島県が広島藩にほぼ一致することが感じられる程度であろう。「三府三九県」では、その痕跡も消えている。

会津に県庁が置かれなかったホントの理由

つぎに県庁所在地だが、基本哲学として、県の地理的中心に位置すること、県庁の施設として使えるような建築物があることが重視されている。とくに、後者は財政難にあった新政府にとって格別に重要な配慮要素であり、おのずから、候補は旧城下町や天領の重要都市が中心となった。適当な建物がないので県庁を置けなかった例として、岩槻がある。あるいは、首里も琉球王家関連の建築を使うことへの地元の反発が懸念され、高崎は城を陸軍施設として使われたので断念した。

また、「三府七三県」から「三府三九県」に移行する際には、合併を伴うことが多かったので、二つの県の合併ならより大きな県の県庁所在地、三つの場合には地理的に中間にある県庁が引き継がれるなど、戊辰戦争の結果で恣意的な運用がされた形跡はまったくない。

もう少し具体的に見ると、伊達領の北部と南部領の南部が岩手県を形成し、南部領北部と津軽領で青森県を形成したのは、これら非官軍側への懲罰だという伝説がある。だがこれは、津軽藩だけでは人口が少なすぎて一県を形成し得なかったことから現在のような青森県にせざるを得なかったのであり、その結果、岩手県と宮城県が現在のような形となったのであって戊辰戦争とは関係ない。

伊達藩とよく似た扱いになったのが薩摩藩で、領地だった日向南部を延岡藩などとひとつの宮崎県にされているのだから、戊辰戦争云々は邪推としかいいようがない。

福島県も若松、福島、磐城の三県を合併して全国平均に近い中くらいの県を形成した結果、中間にある福島が県庁になっただけのことである。もし、磐城地方を除外して県を作れば会津に県庁が置かれただろうが、それでは全国平均よりかなり小さな県になる。

「三府七三県」時代に佐賀藩は伊万里《いまり》県にされ、「三府三九県」時代には、佐幕派だった松江を県庁とする島根県に長州寄りだった鳥取が支配され、勤王派の福井が佐幕派の金沢を県庁とする石川県のもとにあったといった例も指摘できる。これらをみれば、戊辰戦争の敗者に厳しい領域や県庁所在地の決定だとかいう説には何の根拠もないことが分かるだろう。

では、どうして仙台県が宮城県に？

県の名称については少し違うニュアンスがある。まず、「三府三〇二県」のもとでは藩庁所在地名がそのまま県の名前になり、「三府七三県」でも最初は同様だった。

和歌山・岡山・鳥取・広島・山口・徳島・高知・福岡・長崎・熊本

県庁所在地所在郡名（10）

岩手・宮城・茨城・群馬・山梨・石川・愛知・滋賀・島根・香川

都市名と郡名が同じ（4）

佐賀（佐嘉）・大分・宮崎・鹿児島

その他（9）

北海道（造語）・愛媛（造語）・埼玉（県庁予定都市郡名）・栃木（旧県庁都市名）・三重（旧県庁所在地所在郡名）・秋田・神奈川・兵庫・沖縄（いずれも付近の古名）

都道府県の成立と県庁所在地・県名の由来

県庁所在地の性格

最大藩の城下町（25）

秋田・盛岡・仙台・水戸・宇都宮・前橋・富山・金沢・福井・名古屋・津・和歌山・鳥取・島根・岡山・広島・山口・高松・高知・徳島・松山・福岡・佐賀・熊本・鹿児島

その他の城下町（4）

山形・福島・岐阜・大分

天領重要都市（11）

東京・横浜・新潟・静岡・甲府・大津・京都・奈良・大阪・神戸・長崎

宿場町・門前町・港町(5)

浦和（本来の予定地岩槻に適当施設なし）・千葉（二県併合で中間地）・長野（中野一揆から避難）・青森（北海道への交通便利）・那覇（首里に適当な施設なし）

新建設都市(2)

札幌・宮崎（いずれも地理的中心）

都道府県名の由来

県庁所在地都市名（24）

青森・福島・山形・千葉・東京・静岡・新潟・富山・福井・岐阜・長野・京都・大阪・奈良・

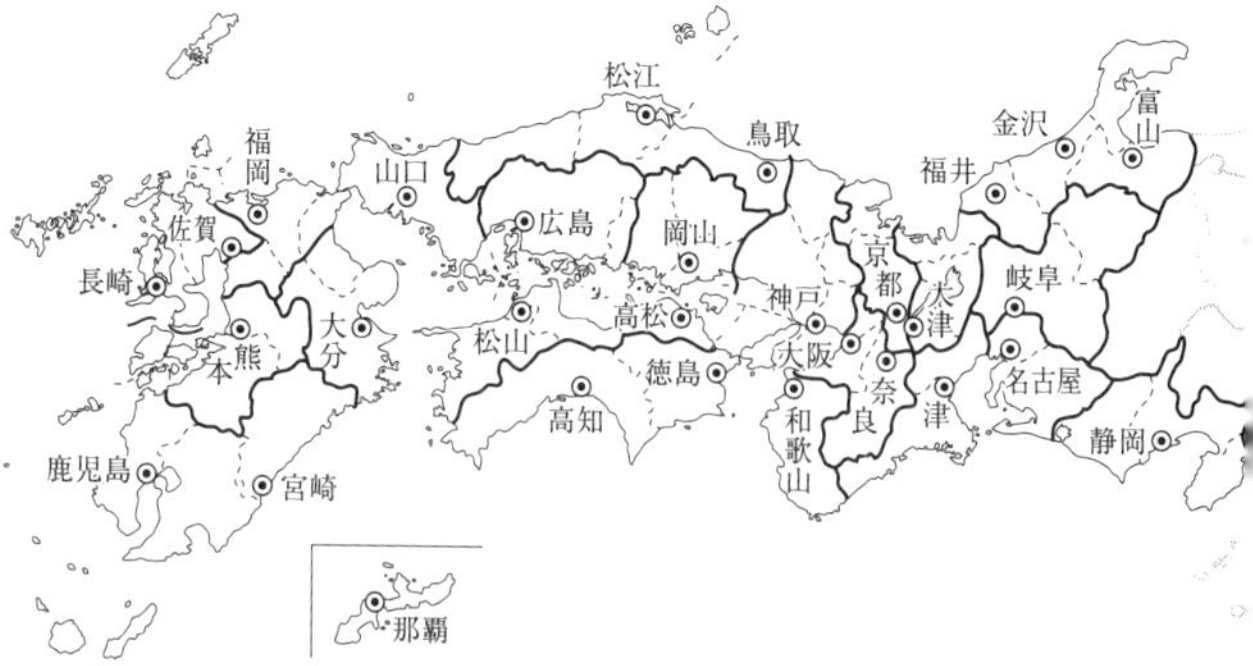

しかし、旧藩と同じ名前では新時代が来た気分にならないというので、順次、県庁所在地の郡名などに変更していったが、貫徹はしなかったのである。たしかに、佐幕的な地域ほど名前を変更したいという動機が強かったという傾向は皆無ではなかろうが、程度の差以上のものではない。

仙台県を宮城県に変えるに当たって、「旧称を用いることは、とかく人心が因習から離れられない情実の原因になっているので宮城県に変更したい」と県令が希望したことがしばしば引用されるが、倒幕に協力した宇和島についても、「宇和島は僻遠の地であり、旧号によって悪い習慣に染まったままであるので神山《かみやま》県としたい」としており、戊辰戦争時の立場だけで説明するのは無理である。

鹿児島を始めとする九州各県は、県庁所在地名と県名がいずれも同じで、新政府側に立ったからだといわれることが多いが、鹿児島、宮崎、大分、佐賀は郡名が都市名になったものであるので一致が当然なのだ。

以上のように、県の成り立ちについて、いわば「幕末自虐史観」(なんでも都合悪いことは戊辰戦争で官軍につかなかったので明治政府から不当に扱われたと決めつける歴史観を私はこう呼びたい)から論じられる説明には甚だ疑問が多いのである。

「公・侯・伯・子・男」のボーダーライン

戦後の日本では、華族制度の廃止とともに爵位のことなど忘れてしまった。だが、ヨーロッパでは、フランスやドイツのように公式には貴族制度など捨て去った国でも、社交の世界では爵位がしっかり生きている。

フランス大統領官邸であるエリゼ宮からの招待状の宛先には、一九七四年までは爵位がすべてついていていたし、その後も、パリ伯爵(ブルボン家)とナポレオン大公(ボナパルト家)だけは例外にしていると聞く。私がパリ駐在時代の名残で会員になっている社交クラブの名簿には、しっかり、当時の会長のボーモン伯爵以下、爵位を持つ会員にはすべてその表示がされていたし、いまもそうである。そういう意味では、仮に徳川家の当主が欧州旅行をして、「デューク・ド・トクガワ」と名乗っても不自然ではない。

この爵位は、廃藩置県からだいぶ経って一八八四年になって与えられたものである。こうした爵位とか勲章の勲位というのは、体制への服従を誓わせるたいへんな力になるものだが、その一方で、おそろしい不満の種にもなる。このあたりの話は、『華族誕生―名誉と体面の明治』(浅見雅男著／中公文庫)という本に実に緻密な解説があり、ここでの前提となる事実関係も多くはそれに負っているのだが、これを読むと、ここでも、勤王か佐幕かで大きな差別がされたという伝説がいかに眉唾《まゆつば》かが分かるのである。

殿さまたちの爵位はどうして決まったかというと、「現高(物成《ものなり》、租税収入)」が基準になっており、一五万石以上が侯爵となった。そして、五万石以上が伯爵、それ以下が子爵である。

ただ、ここで、気を付けなければならないのが、「現高」というのが、いわゆる石高とはかなりずれるということなのだ。そしてさらに、当初は例外的に、その後やや広く、功績による格上げが認められたことも忘れてはならない。

大名については原則に従えば侯爵が最高位だが、例外的に最初から公爵とされたのは、徳川家、島津家(忠義の家と久光の家のふたつ)、それに毛利である。

それに次ぐ侯爵には、杓子定規で現高一五万石以上かどうかで決定された。大きい方からいうと、前田、細川、紀伊徳川、尾張徳川、浅野、黒田、鍋島、蜂須賀、山内、池田(鳥取)、池田(岡山)、佐竹、それに石高ではこの水準に達しないのだが水戸徳川である。

そして、伯爵には、松平(松江)、津軽、藤堂、有馬(久留米)、松平(福井)、久松(松山)、松平(高松)、井伊などが基準である現高五万石以上に該当した。そこに、明治天皇の母である中山慶子の母を出した平戸の松浦家、それに朝鮮外交を担った対馬の宗家、さらに一橋、田安、清水という領地がなく現高が計算できない三家を加えて三〇家が伯爵となった。

子爵には、維新以前から大名だったすべての諸家があてられた。

明治になってからどさくさで諸侯扱いとなった御三家付家老などは男爵である（いずれも詳しくは三五七ページ参照）。

このほか、維新の功労者を別にして、有力大名家の次男などで別家を立てることを許された者、御三家付家老や寄合旗本などで明治維新時に諸侯扱いされた者、一万石以上の諸藩家老のうち資産が十分にある者などが、子爵、あるいは男爵を授爵していた。

さて、こうした爵位のランクが妥当なものかどうかだが、すでに書いたとおり、基準に使われたのは実際の税収高であって、いわゆる石高ではないことを忘れてはならない。もちろん、この現高は石高（表高《おもてだか》）にほぼ比例するのだが、新田開発が進んだところとか特産品があるところは表高の半分を超えるが、そうでないところでは、それ以下になるのが普通である。

たとえば、津軽藩は表高一〇万石に対して、現高は一四万石以上であるし、佐竹氏も、表高二〇万五千八〇〇石に対して現高も一七万石以上になっている。

佐竹氏より表高の多い、伊達、藤堂、有馬（久留米）、松平（福井）が、税収が少ないばかりに伯爵に留め置かれたのはこういう事情である。しかし、江戸時代には現高より表高で格式

【伯爵→侯爵】
水戸
【子爵→伯爵】
平戸・対馬

大名に準じるとして男爵となったもの

【御三家付家老他】
松岡・犬山・今尾・田辺・新宮・岩国（のちに子爵）
【交代寄合旗本】
村岡（山名）・福本（池田）・成羽（山崎）・志筑（本堂）・田原本（平野）・矢島（生駒）

特例として大名扱いしたもの

島津久光（公爵）・田安・一橋・清水（いずれも伯爵）

のちに爵位をもらったもの、あるいは進級したもの

徳川慶喜家（公爵）・水戸（侯爵→公爵）・福井・宇和島（伯爵→侯爵）大村・津和野・松代・砂土原・田野口（子爵→伯爵）・犬山（男爵→子爵）・請西（男爵）

家老クラスで男爵となったもの（藩主と同姓除く）

本多・長・横山・奥村・村井・今枝・斯波（加賀）・種子島（薩摩）・渡辺（尾張）・三浦（紀州）・上田（広島）・宍戸・益田・福原（長州）・賀島（徳島）・木俣（彦根）・有吉・沢村（熊本）・荒尾（鳥取）・伊木・日置・土倉（岡山）・深尾（高知）

※大名家の分家で別家を立てたものは原則省略した

爵位の法則とその例外

大藩(原高15万石以上・原則は侯爵)

加賀・薩摩・熊本・紀伊・尾張・広島・福岡・長州・徳島・静岡・佐賀・徳島・高知・鳥取・岡山・秋田

中藩(原高5万石以上・原則は伯爵)

松江・弘前・津・久留米・福井・松山・高松・彦根・香春(小倉)・新発田・大泉・盛岡・仙台・柳河・富山・米沢・郡山・小浜・福山・前橋・中津・宇和島・岡・大垣・佐倉

小藩(その他のすべての大名・原則は子爵)

【4万石以上】

淀・福知山・高田・津山・明石・忍・島原

【3万石以上】

篠山・館林・臼杵・高崎・岸和田・大須・津和野・丸亀・松代・中村・松本・長府

【2万石以上】

亀山・飫肥・舞鶴・小田原・豊橋・大村・唐津・村松・秋月・尼崎・人吉・土浦・古河・久居・新庄・延岡・村上・小城・蓮池・今治・宮津・岡崎・膳所・大聖寺・笠間・川越・鶴田(浜田)・桑名・上田・西尾・亀岡・杵築・館(松前)・徳山・滝野

【1万石以上】

郡山・三春・高鍋・棚倉・丸岡・鹿奴・庭瀬・亀田・高取・松尾・豊後府内・水口・日出・三田・関宿・久留里・園部・松嶺・岩崎・佐土原・高島・出石・吉田・一関・大野・沼田・宇都宮・壬生・高遠・加納・高槻・花房・二本松・高瀬・宇土・飯田・飯山・長尾・小諸・舞鶴・広瀬・西条・上田・岩村・鯖江・真島・菊間(沼津)・朝日山(山形)・佐伯・赤穂・本庄

【1万石未満】

麻田・喜連川・佐貫・吹上・平・半原・与板・鴨方・生板・若桜・下館・高梁・重原・西大路・岡田・館山・下妻・高岡・米沢新田・小見川・西大平・岩槻・荻野山中・烏山・大多喜・黒羽・大田原・千束・安志・勝山・滝岡・須坂・椎谷・天童・柏原・柴村・柳本・小泉・新谷・一宮・多度津・豊岡・峯山・綾部・森・福江・伊勢佐木・鞠山・加知山・麻生・新見・丹南・桜井・林田・三池・山家・小久保・刈谷・吉見・苗木・野村・曾我野・足利・湯長谷・挙母・岩村田・櫛羅・鹿島・七戸・八戸・三草・多古・菰野・小野・小松・狭山・飯野・茂木・宮川・佐野・高富・山崎・泉・神戸・西端・七日市・浅尾・長島・斗南・清崎・母里・松川・石岡・宍戸・小幡・結城・鶴牧・田原・清末・三日月・生実・柳生・黒川・三日市・高知新田・牛久・吉井・竜ヶ崎・六浦・大溝・伯太

当初より原則より優遇されたもの

【侯爵→公爵】

薩摩・長州・静岡(徳川宗家)

が決まっていたから、やや唐突な基準であったともいえる。

なぜ井伊家は侯爵ではなく伯爵にしかなれなかったか

さて、戊辰戦争で官軍であったかどうかなどは考慮されたかどうかだが、桜田門外の変とか老中としての不始末などについては幕府の手で石高が減らされ、戊辰戦争についても一八六九年の処分で控え目な減封がすでにされており、この新しい領地を前提に計算がなされただけのことである。先にも書いたような寛大な処分を前提にして爵位も決められている。

伊達の場合には、戊辰戦争以前には表高が六二万五千八〇〇石だったが、二八万石に減封されており、しかも、仙台藩は表高の割には実収入が低かったので伯爵に留められた。会津の松平家の場合、斗南三万石として扱われるから子爵ということになった。

もし、戊辰戦争の処分がなければこの二家はそれぞれ侯爵、伯爵になっていた可能性が高いが、あれだけの戦乱のあとにあっては過酷な処分とはいえまい。

やはり、安政の大獄などのために冷遇されたと受け取られている井伊の場合は、こういうことである。しばしば三五万石といわれたが、実は五万石は天領からの預かり米であって計算には入らない。さらに、桜田門外の変などの責任を取らされて文久年間に二〇万石とされている。これに相応する実収入だと九万石余りにしかならず、箸にも棒にもかからなかったのである。三〇万石を前提に計算しても、侯爵にはなれなかったかもしれないくらいである。

これらのケースはいずれも、爵位を決める際に恣意的な手心が加えられたのでなく、計算の前提になる領地が減らされていたことの反映にすぎない。

むしろ、目立つのは、薩長はともかく、幕末に勤王派だったり、戊辰戦争で功績があったことがほとんど考慮されていないことである。この時期、薩長は新政府寄りの勢力を拡大するよりは、自分たちだけを別にして、ほかは、できるだけ平等にする方が得であると考えていた節がある。そこで、維新の勲功は薩長以外にはほとんど考慮されないという爵位の授与になったとみるべきである。

したがって、強い不満は、むしろ勤王諸藩からこそ出ている。たとえば、伯爵に留められた越前である。あるいは、鳥羽伏見の戦いで勝敗を決定づける寝返りをした藤堂や、やはりその向背が決定的な意味を持った井伊が侯爵になれなかった大名として最大級であり、北越方面において官軍側に拠点を与えた榊原が子爵で一番石高が多いのだから、これらの藩は「戊辰戦争での官軍についた決断は何だったのだろう」とさぞ口惜しかったと思われる。

その後、この序列はおかしいという声に応えて、若干の家について陞爵《しょうしゃく》、つまり爵位を上げることが行われた。一八九一年に一段落するのだが、伯爵から侯爵になったのが、維新の功労者である松平春嶽と伊達宗城の功を斟酌《しんしやく》した越前松平と宇和島伊達である。

そして、子爵から伯爵に陞爵したのが、大村、亀井、真田、島津（佐土原）。男爵から子爵に昇格したのが、吉川、成瀬、山内（容堂の子が立てた別家）、長岡（細川家分家の長岡護美の家）である。

また、時期が少し遅れるが、賞勲局の総裁などを歴任した元田野口藩主大給恒が子爵から伯爵に、『大日本史』編纂に功ありということで水戸の徳川家が公爵に陞爵している。

このほか、徳川慶喜が家達とは別家を立てて公爵に、跡継ぎが決まらずに女当主ということで遅れていた姫路の酒井家が伯爵に新たに任ぜられている。

だが、このくらいでは不満は収まらず、その結果、たとえば、戦後の井伊家の当主であった彦根市長・直愛の双子の弟である井伊正弘（元彦根城博物館館長）は、「私の父は、要するに直弼が暗殺され、井伊家は国賊だという扱いを受けていたわけで、だから本来なら侯爵になるところを伯爵という格下げみたいな形になったわけでしょう。だから父は世間に出ていくことを嫌って、能に打ち込んでいたのではないかと思うんです」と語っている。しかし、ここまでに書いてきたように、この説明は事実に反する。

ただ、平家の落人伝説と同じで、自分たちが満ち足りないのは戦いで負けた、あるいは、政治的な敗北ゆえであるのだという繰《く》り言《ごと》がもっともらしく聞こえるので、そういう説明が後を絶たないのである。先に書いた廃藩置県をめぐる問題でもそうであるが、代々語り継がれることによって本当らしくも聞こえてくるのだから余計に困るのである。

しかし、全般的な印象としては、明治維新は反抗しかねない敗者たちにはむしろ十分すぎるくらいに寛容だったが、新時代の実現に貢献した幅広い人たちのうち、薩長土肥や公卿たち以外については報いることが薄かったことを痛感するのである。

華族でなく官僚の牙城になってしまった貴族院

廃藩置県に先立ち、蜂須賀茂韶は政府に建白書を提出した（一八七一年一月）。いわく、地方の行政は政府が任命した「知県事」に任せ、元大名たちは「知州事」として国政に参加させろというものである。これは考えようによっては、幕末の雄藩連合や諸侯会議の構想の復活である。こうした考えはさしあたって無視されたようにみえたのだが、実は、貴族院の設立ということで再び陽の目を見たのである。

伊藤博文らは憲法を制定し国会を開設するとしても、英国をモデルとした上院を設けてブレーキ役にしようとした。一八九〇年の第一回帝国議会における構成は、総議員数二四九で、皇族が九、華族が一三六、爵位のない勅撰議員や多額納税者が一〇四であった。華族議員のうち、自動的に議席を得る公爵と侯爵で三一名、伯爵一四名、子爵六九、男爵二〇である。この伯爵以下の華族議員については、爵位ごとのグループに分かれて互選をして選んだ。

貴族院は、衆議院が反政府的になることを見越して、超然主義を貫くために置かれたものである。そして、予想どおり、衆議院では何度解散しても自由民権派が優位に立ち政府の思いどおりには動かないことがはっきりした。

ところが、伊藤博文が考案した奇策が日本の政治と貴族院の機能を想像もできない方向へ持っていく。伊藤は自ら党首独裁という世にも珍しい政党である立憲政友会を創設し、旧自由党系の政治家たちを取り込んだのである。単純にいえば、自由民権派の人々をポストと利権で釣って体制内化しようとしたのである。この政友会こそ自由民主党のルーツといってもよいなんとも日本的な党なのである。そして、これが成功する。

その結果、衆議院は伊藤派の牙城となる。これを快く思わない山県有朋の一派が、貴族院を舞台に官僚OBの勅撰議員を中心に抵抗するという図式になった。そうすると今度は、政友会、とくに原敬は、大臣などのポストを餌にして貴族院に政友会シンパを形成し始める。

そのようにして一本釣りで大臣に就任したなかに、旧近江宮川藩主・堀田正養もいた。

このようにして、貴族院は当初の構想とはえらく違った形で日本の政治に関与していくのだが、政党内閣制が確立してくるとやはり存在感は薄いものになっていった。

余談だが、政友会を率いて平民宰相といわれるようになった原敬は、南部藩家老の子である。そのライバルに、貴族院の巨頭といわれた平田《ひらた》東助《とうすけ》がいる。シーボルトの弟子だった米沢藩医の子で、会津の蘆名《あしな》旧臣で上杉家臣になった平田家に養子に入った。米沢藩の留学生として東京に学び、やがて、内務省入りし山県有朋の腹心となり、その姪を夫人として農商務大臣、内大臣を歴任した。これが松下幸之助の娘婿として松下グループに君臨する松下正治の祖父である。明治という時代は、戊辰戦争の負け組の藩士にもいろいろな形で活躍の可能性を与えたのである。

貴族院の歴代議長、副議長は天皇の指名であった。議長は、伊藤博文、蜂須賀茂韶、近衛篤麿、徳川家達、近衛文麿、松平頼寿（高松藩）、徳川圀順（水戸藩）、徳川家正（徳川宗家）と続いた。副議長としては、議長になった者以外に旧大名では黒田長成（福岡藩）、酒井忠正（姫路藩）、徳川宗敬（一橋家）が就任している。

大名出身の有名人が少ないのには理由があった

明治から昭和初期にかけての殿さまは、旧公卿や、維新やその後の功労者の子孫とともに、華族という枠組みのなかで統制されつつではあるが、居心地の良い生活を続けた。それに同じ華族といっても公卿出身者に比べて財産の額が違い、しばしば、日本を代表する金持ちであるとされた。たとえば、一八八五年の所得額では、毛利元徳が三位、前田利嗣が四位、島津忠義が六位、細川護久が七位、紀伊徳川家の茂承が一〇位といった具合であった。

廃藩置県の際に、殿さまの個人財産と藩としての公の資産との間に、統一した基準で線引きが行われなかったのが主たる理由であった。そこで、この巨大な資産をどうするかは、皇室の藩屏《はんぺい》としての華族が経済的に困窮しないようにするためにも、また、資本主義の発展を目標に善用させていくためにも、国家的な関心事となった。

東北本線を建設した日本鉄道会社や第十五国立銀行は、そのような関心のもとで、国家も関与しながら、華族社会全体に投資を呼びかけて設立されたものである。ただし、鉄道はやがて国有化され、第十五国立銀行は昭和の金融恐慌で破綻する。

これらのような国策会社とは違うが、蜂須賀茂韶らは大規模農法を採り入れた北海道雨竜農場経営を手がけて成功を収め、北海道有数の地主となる。このほか、旧領地で銀行設立、鉱山経営、農場経営などを盛んに行った大名も数多い。しかし、しょせんは武士の商法であり、失敗が多かったのも間違いのないところである。

このほか、自ら留学して西欧文明の伝道者となり、奨学金を設けて郷土の俊才を援助したりした。ただ、財産がありあまるほどあるからなのか、公卿出身者や新華族の子孫たちに比べて破天荒な人物は少ないようにみえるのは気のせいだろうか。

実はこの章で、明治から現代に至る殿さまの面白い子孫たちの列伝を書き出そうと思ったのだが、ほとんど書くに値するほどの人物はいないのである。歴史に残るような政治家、軍人、実業家、学者、芸術家、芸能人などほとんど皆無である。

政治家でいえば、首相になったのは細川護熙ただ一人である。しかし、彼の場合には、近衛文麿の孫としての性格がはるかに強いように思える。ほかには、「貴族院の実力者」くらいはいてもそれだけのことである。実業家としても、先に書いた資産運用事業のようなものを除けば、神戸の不動産王だった九鬼隆一とか、理研の創立者の大河内正敏が目立つくらいである。芸術家では白樺派の木下利玄(豊後日出藩)とか、直木賞を取った有馬頼義《よりちか》あたりだけ。軍人も名誉の戦死をして旧家臣たちを悲しませた人はいるが、戦功を立てた人はいない。日本人初の動力飛行に成功した徳川好敏が特殊な意味で目立つだけだし、大学者といえるほどの人もいない。

どうしてそうなのかを考えると、殿さまというのは、自分一人で何かやるということのないように育てられてきたからなのではないか。そこが公卿と違う。逆に、有馬頼寧が「近衛が他人を信用するところの少なかったのは、公卿、ことに関白の伝統的な気質による。自分のような大名の家の場合には良い家来を信頼するという気風があったのに対して、公卿にはそれがなかった」と批判しているのだが、なにはとまれ、公卿の方は、自分の能力で何かをやるということに古来、慣れているのである。公卿というのはかなり知的な職業であるが、殿さまはそうでもない。そのあたりから、遺伝子的にも殿さまというのはそれほど優秀ではなかったようだといえば言い過ぎだろうか。

明治以降、公卿や皇族からは、西園寺公望、近衛文麿、東久邇宮稔彦と三人の首相が出ている。武者小路実篤、九条武子、柳原白蓮など著名な文学者もいるし、近衛秀麿という日本のオーケストラ運動の生みの親ともいえる指揮者もいた。芸能界には、久我美子、加山雄三といったあたりがいる。現代でも、ＪＯＣ会長を竹田恒和《つねかず》が務めている。

幕末の殿さまについて書いていて、それにしても、何もできない人たちだという感想を持ったし、読者もそうであろう。例外は、井伊直弼に代表される大名になることを予定されなかった人か、徳川慶喜のように朝廷につながる人たちだというのが皮肉なところである。その傾向は、明治になっても容易にかわらなかったということであろうし、いまだもって、江戸時代の殿さまのように、恰好ばかりで何もしないリーダーがもてはやされること自体が江戸時代の負の遺産だと私は思うのだがどうだろうか。

地元と殿さまの意外にも希薄なつながり

明治維新によって新時代の上流階級である華族に転身した殿さまたちだが、八〇年ののちには、新憲法の施行により華族の制度そのものがなくなってしまった。

皇族のなかで、昭和天皇とその兄弟の妃については、皇后が、皇族であり母方を通じて島津家の血を引く久邇宮家であったし、秩父宮妃が会津の松平家、高松宮妃が徳川慶喜家、三笠宮家が河内国の小大名高木家の出身という形で残った。昭和天皇の皇女の結婚相手としても、岡山の池田家や佐土原の島津家があったし、常陸宮妃は津軽家の出身である。

しかし、皇族の結婚相手は華族に限るという制約も昭和三四年の皇太子ご成婚で破られ、そういう意味でも殿さまたちの出番は少なくなっている。

華族のうちでも旧公卿出身者は独特の名前ですぐにそれと分かるので得をしていることも

多そうである。しかし、大名の多くの姓は平凡であってそれもない。それに東京暮らしの場合には、地元の有力者というわけにもいかず、地元出身者の会合やお城の築城四〇〇年祭とかに来賓で挨拶するといった程度であることが多い。

例外としては、たとえば、城跡などを現在でも所有して、ある種の観光業者として重きをなしている殿さまもいる。代表的なものとしては、柳川の立花氏、中津の奥平氏、犬山の成瀬氏などがそうであるし、岡山の池田の殿さまは動物園を経営していたこともある。

政治家としてたくさんいてもよさそうなものであるが、意外に少ない。戦後の知事でいえば、愛媛の久松、福島の松平、熊本の細川、佐賀の鍋島（支藩鹿島の出身）くらいである。最近では、佐竹藩分家（角館）の敬久が、秋田市長になって話題となった。

その背景を考えると、さすがに廃藩置県から一世紀以上も経つと、意外に家臣たちの子孫が地元に残っていないということもある。戦後しばらくの時期くらいであると、旧家臣のかなりが地元に在住し、その町で最高の進学校は旧藩校の名を引き継ぎ、そこの先生のかなりは旧藩士ということも多かったが、さすがにいまでは、そういうこともなくなりつつある。

彦根では井伊直弼の曾孫である直愛が、九期三六年も市長であった。最後の選挙で藩政時代には地元にいなかった家系の候補に敗れたが、次の選挙では自らが支持する候補を当選させた。その彦根では、井伊市長が在任中から、彦根城の維持管理などにどの程度の予算をつぎ込むべきかが常に政治課題だった。

さらに、市長という職にあると市への寄付が出来ないということで、家宝を彦根城博物館へ寄付できないでいた。元市長の死後、あらかたの家宝は寄付されたが、相続税の問題もあり、国宝の「彦根屏風」のみは市で購入して欲しいということとなり、これが長く厳しい政治論争の種になった。

この彦根に限らず、城跡の整備、天守閣の復元、伝来の家宝の寄付などをめぐる論争は全国に数多いし、殿さまの子孫との紛争も珍しくない。その根源を探れば、廃藩置県の際に殿さまの私有財産と公的財産とすべきものの区別が明確な原則なしに行われてしまったことのツケである。

そうはいっても、城下町にあっては、古き良き時代としての江戸時代への郷愁は強く、長岡や尼崎のように城跡が完全に破壊されたような場合でなければ、城跡は旧市街の中心にあり、都市景観に彩りを添えている。やはり、殿さまの子孫たちには、たとえ不愉快な問題に巻き込まれることがあるとしても、かつての領地や領民に関心を持ち続けることがノーブレス・オブリージュでなくてなんであろうか。

戦争における功績への報奨とか損失に対する補償の意味合いが強かったことである。それは、鳥羽伏見の戦いでは幕府軍につきながら東北などで奮迅の働きをした大垣藩への高い評価が如実に示している。ほかにも、老中経験者の藩などが結構賞典禄を得ているのにも注目したい。

一方、減封されたのは23藩で、小田原が11.3→7.5万石、川越が8→6万石、11→6万石が桑名、5→2万石が備中松山、5千石減の関宿、1千石減の結城である。請西藩は唯一、除封である。ここに松山、姫路、高松などが入っていないのが奇異にも感じられるが、これは、多額の献金をしているので免除されたのだろう。

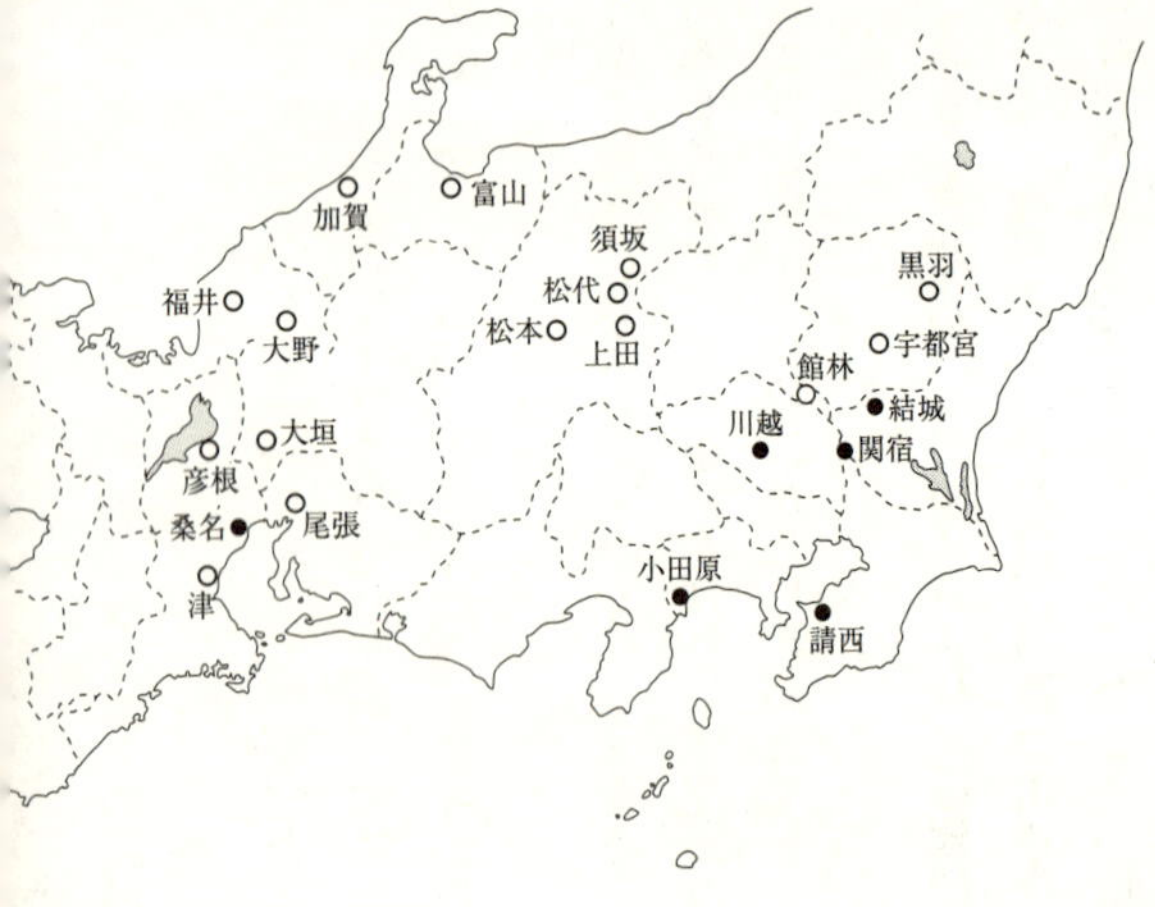

※東北地方についてはコラム「戊辰戦争の白旗カレンダー」を参照

幕末維新の査定とボーナス

賞典禄最高は、10万石の長州と薩摩である。次いでは、4万石の土佐、3万石の松代、大垣、鳥取、岡山、佐土原、大村、2.3万石の津、2万石の彦根、長府、佐賀、1.5万石の黒羽、尾張、加賀、広島、久留米、1.3万石の徳山、1万石の宇都宮、館林、福井、福岡と続く。1万石未満では、8千石の高鍋、6千石の福山、5千石の須坂、富山、岩国、柳河、小倉、3千石の松本、上田、大野、平戸がある。

賞典禄はもらえなかったが賞典金をもらったのは、額を問わず列挙すると、吹上、壬生、大田原、吉井、忍、飯田、高島、飯山、田野口、大垣新田、小浜、西大路、郡山、福知山、篠山、三日月、鹿野、若桜、足守、徳島、小松、今治、大洲、中津、小城、島原、熊本、人吉となる。

これをみていえるのは、幕末維新全体への貢献というよりは、戊辰

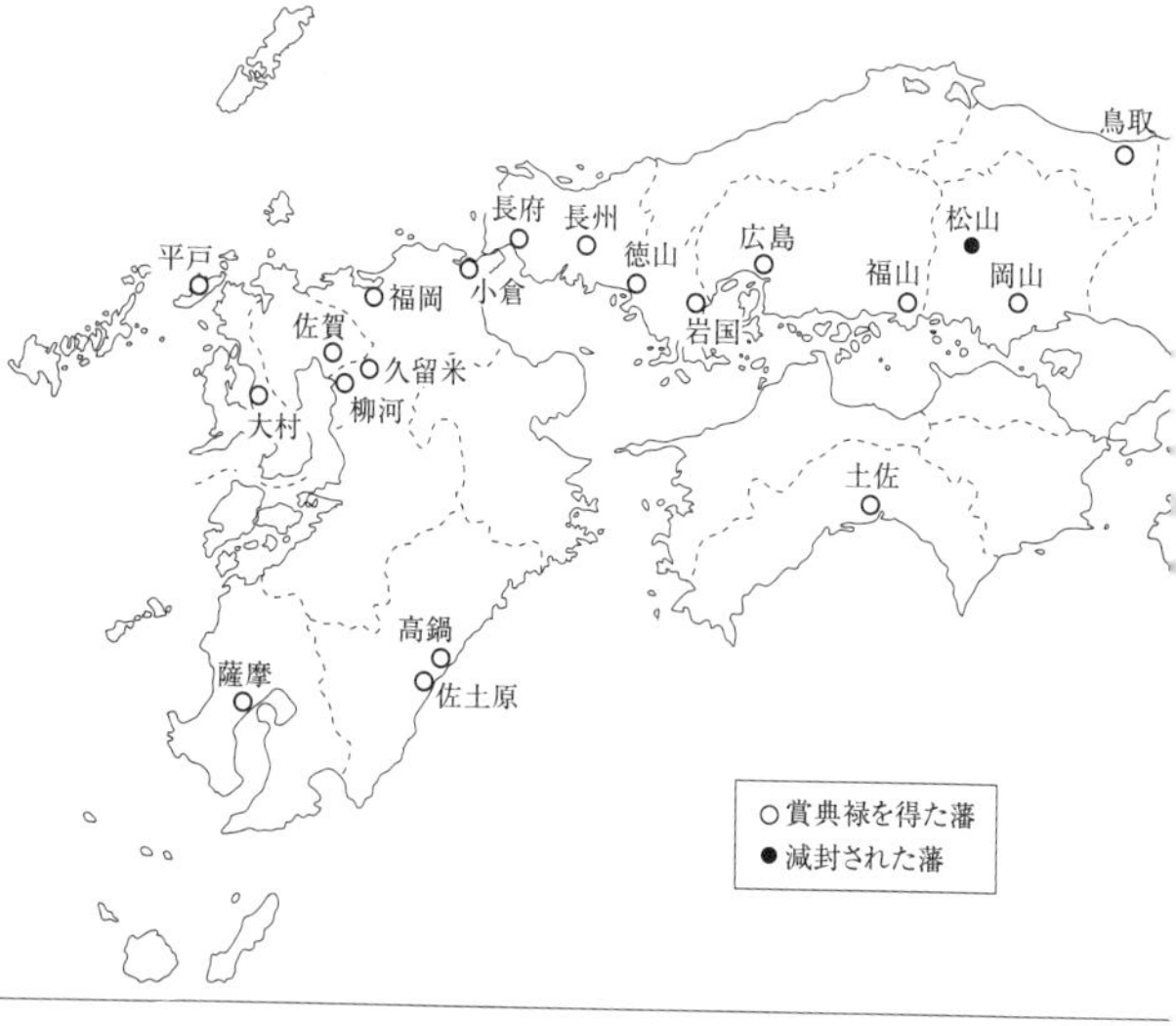

おわりに

「歴史小説は真実でない」というのは自明のことである。ところが、日本ではきちんとした歴史書や伝記があまり読まれずに、歴史小説やそれをもとにした時代劇で歴史を知ったつもりになっている人が多い。

著名な政治家すら、もっぱら司馬遼太郎などの小説を愛読書とし、その知識で歴史を語りがちである。尊敬する人物が坂本龍馬だという人のほとんどは、『竜馬がゆく』の主人公のことを語っているにすぎないし、ユニークな用心棒集団に過ぎない「新撰組」が青春のヒーローや英雄のように扱われるのもばかげている。

小説家もそれがフィクションと分かっているはずだが、講演やエッセイであたかも自作のストーリーが事実であるように語ることも多々あり、ますます正しい歴史認識を妨げている。あえていうが、もし、正しく歴史を知りたければ歴史小説は読まないほうがよい。少なくとも、それに倍するまっとうな歴史書や伝記を読んでからにしてほしい。

幕末維新史は、どの時代よりも歴史小説と時代劇によって歪められて理解をされている。さらにそれぞれの藩の動きといったことになると、「郷土史家」たちが、小説並みの主観的な議論を展開し、それがまかり通ることがある。

とくに佐幕的だった藩では、地域の発展が遅れたことも、自分たちの栄達が適わないのも、すべて官軍と明治政府による虐待の結果だと喧伝する。しかも、会津のような意地を通しての玉砕こそ美しいという美学があおり立てられる。しかし、ほとんどの藩は、勤王の論理が正論であること、幕府には恩義があること、自藩の存続繁栄が現実問題としては最も重要であることなどの間で揺れ動きつつ、冷静にそれぞれの選択をした。

本書は、殿さまたちというフィルターを通して、生々しい権力闘争を生き残りをかけて戦い、近代日本を築くために呻吟した全国各地の人々の真実を描きだしてみたいという思いで執筆したものである。

残念ながら、歴史の真実は小説のように爽やかでも格好良くもないし、美しいロマンスもあまりない。しかし、「賢者は歴史から学ぶ」(ビスマルク)というように、小説よりはるかに得るところが多いはずだ。

最後に、資料整理を手伝っていただいた高野博子さんに御礼を申し上げたい。

平成十六年二月吉日　　八幡和郎

主要参考文献（本文のなかで別掲してデータを紹介したものを除く）

『江戸300藩 県別うんちく話』（講談社プラスアルファ文庫）は、私自身の著作であるが、これはむしろ、各藩や大名家の由来が主体で、戦国から江戸初期にかけての時代をより重点的に扱っているので、併せて読んでいただければ幸いである。

『47都道府県うんちく事典』（PHP文庫）、『性格がわかる!・県民性』（ナツメ社／図解雑学シリーズ）もそれぞれ四七都道府県の歴史などを扱っているが、とくに後者は現代の県民性に重点を置いた。『葵の呪縛』（同朋舎刊／角川書店発売）は、江戸時代の通史である。

『徳川300藩最後の藩主人物事典』（別冊歴史読本）は、最後の藩主すべてについてのプロフィールを載せており、この種のものとしてはスタンダードである。ただ、順序がアトランダムなのはどうしてだろうか。別冊歴史読本シリーズのほかのいくつかの号もそれぞれ参考にした。

『三百藩戊辰戦争事典・上・下』（新人物往来社）は、すべての藩についての詳細な記録である。ただし、戊辰戦争だけを対象にしているので、そこに至るまでの幕末史は書かれていない。また、主に地元史家による分担執筆なので、一貫性がないし郷土愛が暴走しているものが多い。

『幕末諸州最後の藩主たち（東日本編・西日本編）』（人文社）は、ビジュアルで楽しい。

『よくわかる幕末維新ものしり事典』（「主婦と生活社」編）、『新版幕末維新新聞』（幕末維新新聞編纂委員会編／日本文芸社）は、それぞれの視点から幕末維新の流れを分かりやすく解説したものとして秀逸である。

『城郭みどころ事典（東国編・西国編）』（西ヶ谷恭弘・多椛正芳／東京堂出版）は、城跡を丁寧に訪ね歩いたもので、情報も新しいので、お城マニア向けの観光案内として最適の本である。

『参勤交代』（山本博文著／講談社現代新書）、『廃藩置県――「明治国家」が生まれた日』（勝田政治／講談社選書メチエ）は、それぞれのテーマについての基本図書として参考にさせてもらった。

人名辞典も各種使用したが、『明治維新人名辞典』（吉川弘文館）、『日本史諸家系図人名辞典』（講談社）は、本書に関連する記述が多く便利である。

『物語廃藩置県』（高野澄／新人物往来社）は、維新から廃藩置県の間の時期の主要藩の動きについて書いたユニークな視点の本である。

『日本の名門２００』（中島繁雄／立風書房）は、明治以降の殿さま列伝として最高の出来である。

このほか、各藩関係のさまざまな資料や、ホームページも多く参考にさせてもらった。

国別出身大名一覧

三河　青山家・阿部家・安藤家・石川家・板倉家・稲垣家・井上家・植村家・大岡家・大久保家・大河内家・奥平家・加藤家・加納家・久世家・酒井家・榊原家・土井家・徳川家・戸田家・鳥居家・内藤家・永井家・成瀬家・西尾家・林家・本庄家・本多家・牧野家・松平家・三浦家・水野家・三宅家・米津家・渡辺家

尾張　浅野家・池田家・織田家・木下家・小出家・高木家・丹羽家・蜂須賀家・久松家・土方家・堀田家・前田家・蒔田家・山内家

美濃　青木家・市橋家・一柳家・稲葉家・遠藤家・加藤家・関家・仙石家・竹腰家・土岐家・堀家・溝口家・森家

駿河　阿部家・岡部家・森川家

遠江　井伊家・内田家

甲斐　間部家・土屋家・米倉家・柳沢家

信濃　小笠原家・真田家・諏訪家・保科家

伊勢　分部家

志摩　九鬼家

近江　片桐家・京極家・朽木家・建部家・谷家・藤堂家・毛利家・脇坂家

京都　新庄家・北条家・細川家・本庄家・松平家

摂津　有馬家・中山家

大和　柳生家

備前　有馬家・黒田家

出雲　亀井家

安芸　毛利家・吉川家

周防　山口家

伊予　久留島家

筑前　秋月家・立花家

対馬　宗家

肥前　有馬家・大村家・五島家・鍋島家・松浦家

肥後　相良家

薩摩　島津家

日向　伊東家

下総　増山家

武蔵　秋元家・太田家・大田原家・黒田家・中山家

下野　大関家・喜連川家・田沼家

常陸　佐竹家

越後　上杉家

出羽　秋田家・戸沢家・六郷家

陸奥　岩城家・相馬家・田村家・伊達家・津軽家・南部家

蝦夷　松前家

取新田《とりしんでん》)藩 327　鹿野《しかの》(鳥取《とっとり》新田《しんでん》・鹿奴《しかの》)藩 327

島根県:津和野《つわの》藩 249　浜田《はまだ》(鶴田《たずた》)藩 249　松江《まつえ》藩 322　広瀬《ひろせ》藩 324　母里《もり》藩 324

山口県:長州《ちょうしゅう》(山口《やまぐち》・萩《はぎ》)藩 242　長府《ちょうふ》藩 247　清末《きよすえ》藩 247　徳山《とくやま》藩 248　岩国《いわくに》藩 248

香川県:高松《たかまつ》藩 295　丸亀《まるがめ》藩 296　多度津《たどつ》藩 296

徳島県:徳島《とくしま》藩 293

愛媛県:宇和島《うわじま》藩 287　吉田《よしだ》藩 289　松山《まつやま》藩 290　今治《いまばり》藩 291　西条《さいじょう》藩 292　小松《こまつ》藩 292　大洲《おおず》藩 292　新谷《にいや》藩 293

高知県:土佐《とさ》(高知《こうち》)藩 282　土佐新田《とさしんでん》藩 287

大分県:府内《ふない》藩 270　臼杵《うすき》藩 270　日出《ひじ》藩 271　佐伯《さいき》藩 271　杵築《きつき》藩 272　森《もり》藩 272　中津《なかつ》藩 273　岡《おか》藩 273

福岡県:福岡《ふくおか》藩 264　秋月《あきづき》藩 266　久留米《くるめ》藩 266　柳河《やながわ》藩 267　三池《みいけ》(下手渡《しもてど》)藩 268　小倉《こくら》(香春《かわら》・豊津《とよつ》)藩 268　小倉新田《こくらしんでん》(千束《ちづか》)藩 269

長崎県:対馬《つしま》(府中《ふちゅう》・厳原《いずはら》)藩 260　平戸《ひらど》藩 261　平戸新田《ひらどしんでん》藩 262　大村《おおむら》藩 262　五島《ごとう》藩 263　島原《しまばら》藩 264

佐賀県:佐賀《さが》(肥前《ひぜん》)藩 255　蓮池《はすのいけ》藩 258　小城《おぎ》藩 258　鹿島《かしま》藩 258　唐津《からつ》藩 259

熊本県:熊本《くまもと》藩 251　熊本新田《くまもとしんでん》(高瀬《たかせ》)藩 254　宇土《うと》藩 254　人吉《ひとよし》藩 254

宮崎県:佐土原《さどはら》藩 239　高鍋《たかなべ》(財部《たからべ》)239　飫肥《おび》藩 240　延岡《のべおか》藩 241

鹿児島県:薩摩《さつま》(鹿児島《かごしま》)藩 230

沖縄県:琉球《りゅうきゅう》藩 274

都道府県別藩名一覧

八幡和郎（やわたかずお）
1951年滋賀県生まれ。東京大学法学部を卒業後、通商産業省に入省。北西アジア課長、大臣官房情報管理課長、国土庁長官官房参事官などを経て退官後、評論家として活躍。著書に、『遷都〜夢から政策課題へ』（中公新書）、『逃げるな、父親——小学生の子を持つ父のための17条』（中公新書ラクレ）、『江戸300藩 県別うんちく話』（講談社＋α文庫）、『図解雑学 性格がわかる！県民性』（ナツメ社）など多数。

江戸《えど》三〇〇藩《はん》 最後《さいご》の藩主《はんしゅ》 うちの殿《との》さまは何《なに》をした？

2004年3月20日初版1刷発行
2004年6月20日　　6刷発行

著　者——八幡和郎
発行者——加藤寛一
装　幀——アラン・チャン
印刷所——萩原印刷
製本所——明泉堂製本
発行所——株式会社光文社
東京都文京区音羽1　振替00160-3-115347
電　話——編集部03(5395)8289　販売部03(5395)8114
業務部03(5395)8125
メール——sinsyo@kobunsha.com

ISBN 4-334-03241-9

121
ナンバ走り
古武術の動きを実践する
矢野龍彦・金田伸夫
織田淳太郎

従来の常識とはかけ離れた「捻らず」「うねらず」「踏ん張らない」古武術の難解な動きを、実際にスポーツに取り入れて成功したコーチ陣が、豊富な写真とわかりやすい言葉で解説。

122
リンボウ先生のオペラ講談
林望

行った気に、観た気になるオペラ入門。『フィガロの結婚』、『セヴィリアの理髪師』、『愛の妙薬』、『トラヴィアータ』、『カルメン』、『トスカ』を収録。オペラはこんなに面白い。

123
不可触民と現代インド
山際素男

何千年もの間、インド人の約85％の民衆が低カースト民として奴隷扱いされてきた。今、その民衆たちが目覚め始めた—。大国・インドで何が起こっているのか。現場からの迫真の書。

124
ケータイ「メモ撮り」発想法
山田雅夫

一日20枚、月300枚、カメラ付きケータイで目に留まった情報をメモるように撮りまくる。膨大な〝デジメモ〟の蓄積が、コップから水が溢れるように、貴方に発想の爆発をもたらす！

125
剣豪全史
牧秀彦

各時代の奇傑として語られがちな剣豪。だが、彼らは現代人同様、組織と離れては存在し得ない一社会人であった——剣豪の歴史を紐解くと同時に、彼らの存在意義を解明していく。

126
カラー版
極上の純米酒ガイド
上原浩　監修

ホンモノの日本酒の姿を伝えて反響を呼んだ『純米酒を極める』がカラーガイド版で登場！　全商品、プロの唎き手のコメント付き。買える店、飲める店も掲載。

127
はじめて愉しむホームシアター
山之内正

自宅に非日常の至福の時間をもたらすホームシアター。本書は、初めてホームシアターに取り組む人に向けて、基本から使いこなしまで、予算別・スペース別にわかりやすく説明する。

光文社新書

135
「知財」で稼ぐ！
特許、ブランド、著作権…価値創造ビジネスの全貌
読売新聞東京本社経済部 編
特許、商標、意匠、著作権、ブランド、ノウハウ…これら知的財産をいかに戦略的に活用していくか？ 企業、大学、行政、司法の最前線の取り組みを追う。連載「知力国家」の書籍化。

136
蕎麦屋酒
ああ、「江戸前」の幸せ
古川修
蕎麦屋で飲む酒、酒とともに味わう蕎麦はなぜ美味い？ 切っても切れない蕎麦と酒の関係、その愉しみ方を解説。老舗からニューウェイブ店まで「蕎麦屋酒」が愉しめる店案内付き。

137
読んで旅する
世界の名建築
五十嵐太郎
日本の関西国際空港、マレーシアのペトロナス・タワー、パリのアラブ世界研究所など、21世紀の世界を代表する建築物を気鋭の建築学者が豊富な写真を交えながら紹介する。

138
北朝鮮報道
情報操作を見抜く
川上和久
「事実」が「真実」となり〝世論〟となるからくりとは？ 北朝鮮に関する報道から見えてくるのは、情報操作しようとする権力者と、それに便乗するメディアの負の構造であった。

139
「格付け」市場を読む
いったい誰がトクをするのか
岩崎博充
大学や病院、地方債など、多分野に進出し始めた格付け。急成長する格付けビジネスの実態、問題点、展望は…？ 格付け会社や財務省へのインタビューを通して浮き彫りにする。

140
上手な文章を書きたい！
社会人のための文章力トレーニング
後藤禎典
「伝えたい情報や考えを、分かりやすく正確に書く」技術を、河合塾の人気講師が懇切丁寧に解説。文章が上手く書けないのは、単に学校で書き方を教わってきていないだけ。

141
江戸三〇〇藩 最後の藩主
うちの殿さまは何をした？
八幡和郎
尊皇攘夷の嵐が吹き荒れる幕末の動乱期、一国の命運を握っていた最後の殿さまたちは、なにを考え、どう行動したのか？ 江戸三〇〇藩無名の殿さままですべてを網羅。